富爸爸RD 018

富爸爸告訴你為什麼A咖學生當員工，C咖學生當老闆！

Why "A" students work for "C" students：and "B" students work for the government

作者◎羅勃特. T. 清崎（Robert T. Kitosaki）
譯者◎王立天

高寶書版集團

「每個剛出生的人都是天才，但是往後的生活讓他們變成了凡夫」

——巴克敏斯特．富勒（R. Buckminster Fuller）

當我五歲的時候母親一直跟我說「快樂是人生最大的關鍵」。
當我上學念書時被問到長大之後要做什麼，我都會寫下「快樂」。
這些老師就會告訴我說：「你看不懂作業」，我告訴他們：「你們搞不懂人生」。

——約翰．藍儂（John Lennon）

謹獻給

各位家長，你們是孩子第一個，同時也是最重要的老師。

目錄

導讀

喚醒孩子的理財天分

「每個人都是天才。但是，如果你拿爬樹的能力來評量一條魚，這條魚一輩子都會認為自己很笨。」

──亞伯特．愛因斯坦（Albert Einstein）

每當我想要寫本新書時，我都會問自己：「我為什麼要寫這本書？」

對我而言，這個問題的答案是很簡單的，而且始終如一。我一直琢磨為什麼金錢無法成為學校裡的一門學科。老師們日復一日地灌輸我們以下的觀念：

「上學念書才能找到工作。如果你上不了好學校，就找不到好的工作。」

為什麼要去上學？

就因為有這樣的想法，我會一直不斷地問老師：「找工作的目的不就是想要賺錢嗎？為什麼不直接講重點，教導我們和金錢相關的知識呢？」

老師始終沒有為我解答疑惑。

國王的新衣

《國王的新衣》是安徒生（Hans Christian Andersen）於一八三七年出版，丹麥著名的童話故事。

故事：

從前，有一個喜歡穿新衣裳並且愛到處炫耀的國王。有一天，從外地來了兩個裁縫師，他們宣稱可以用最神奇的布料做出世界上最美麗的衣裳，他們說這種布料非常獨特，傻瓜或低賤的人是看不見的。

國王怕自己看不見那塊布料，因此派遣了兩位心腹大臣先行去檢視。想當然，織布機上什麼都沒有，但是大臣們不願意被當成傻瓜，因此只好對這塊布料讚不絕口。

隨著這塊神奇布料的名聲不脛而走，全村的人都很好奇，自己平常認識的左鄰右舍到底是不是傻瓜。

國王放心的讓兩位騙子幫自己穿上由這種神奇布料所織成的新衣裳，並且在城裡遊行。雖然國王心知肚明自己一絲不掛，但是，如果開口承認自己看不到任何衣裳，就等於向民眾宣告自己的愚蠢與無知，國王害怕的是民眾會認為他是傻瓜。

理所當然的，全城民眾因為害怕其他人把自己當成傻瓜，因此所有的人都對國王這套神奇的新衣裳讚不絕口，直到有一個小孩大聲說：「國王根本沒有穿衣服！」

小孩的父母聽到了之後倒抽一口冷氣，並且拚命想要阻止小孩繼續發言，但是小孩不願意就此閉嘴。雙方開始互相拉扯，當小孩的嘴不再被父母捂住後又繼續喊說：「國王沒有穿衣服！」很快的，小孩的同學們也開始竊笑，有的甚至還跟著起鬨。

沒有多久家長們也開始跟著互相耳語說：「孩子們是對的！這老頭身上什麼都沒有穿。他自己不但是個傻瓜，同時還想把大家都變成和他一樣的傻瓜！」

美國人真正想要的是什麼？

一位專門研究美國當今主流意識，受人尊敬的民意調查專家法蘭克．藍滋博士（Dr. Frank Luntz）在二〇〇九年出版的《說真的，美國人真正想要的是什麼？》（*What Americans Really Want…Really*）一書中，做了以下的問卷調查：

如果你可以選擇，你會選擇成為企業主（老闆），還是美國前五百大公司的執行長（CEO）？

結果針對這個問題的調查結果是：

80％ 想成為擁有超過一百名員工的企業主。
14％ 想要成為擁有超過一萬名員工，前五百大公司之一的執行長。
6％ 不清楚或拒絕回答

換句話說，美國人是真的想要成為**創業家**。

但問題在於當今的教育體系，是要把我們的下一代訓練成**員工**或**職員**。

這也就是為什麼學校老師和許多家長仍然在強調：「好好上學念書，將來爭取高薪的工作。」

只有極少數的老師會說：「好好上學念書，將來要成為一位能創造出各種優渥、高薪工作機會的人才。」

一位員工所需要具備的技能，和一位創業家所需要具備的技能是南轅北轍的。絕大部分學校根本沒有教導成為創業家所需要的技能。

藍茲博士的研究發現，美國有超過七成的全職員工都曾認真考慮開創屬於自己的事業，許多人幻想成為創業家，但僅有少數人會鼓足勇氣跨出第一步；大多數人仍然選擇成為職員，最主要的原因，就是因為本身缺乏財務教育。當員工本身缺乏財務方面的教育時，就會對失去工作、收入不穩定感到恐懼，甚至「失敗」這個字眼都會讓他們恐慌。

財務教育以及它能給創業家所帶來的蛻變，是至為關鍵的。

把MBA丟一邊去

藍茲博士繼續宣稱：

因此如何讓下一代美國創業家成功？先把MBA丟一邊去。絕大部分的大專學院只會教你如何在大企業中獲得成功，而不是開創屬於自己的事業。從無中生有開創一個事業，並使其不斷茁壯，一直是我國最富創新能力的強項之一。

美國夢的粉碎

美國人大部分都想要成為創業家。

許多人選擇移民美國，其中有些人還得忍受令人無法想像的艱苦過程，只是為了一圓所謂的美國夢。數百萬人擺脫歐洲的君權統治，逃離全球共產獨裁者的暴政，只是為了一償所謂的美國夢。屬於**他們自己**的美國夢。

所謂的美國夢就如同藍茲博士所敘述的一樣：

> 從無中生有開創一個事業，並使其不斷茁壯，一直是我國最富創新能力的強項之一。

我們的學校早已把美國夢給遺忘了。問題出在我們的教育體系一直在訓練學生成為「A等生」（資優生），也就是學術化（academics），或者訓練成「B等生」（一般生），亦即官僚化（bureaucrats）。我們的教育體系不會把年輕人訓練成「C等生」（問題學生）：所謂的資本家（capitalists）。更甚者，通常就是這些問題學生才會踏上創業之路，傳承資本主義的薪火，同時創造全新的工作機會。

讀者請自行向創業家請教，多數的創業家可能會告訴你，時下的官僚政客一直不遺餘力的在摧毀資本主義下的創業精神。

他們也會告訴你，剛從學校畢業的年輕人，根本不具備在現實工作環境中所需要擁有的技能；事實上，絕大多數甚至還會「擺臉色」給資本家看。

對資本家的怨恨

二〇〇八年，美國首屈一指的智庫卡夫曼基金會（Kaufman Foundation）指派藍茲博士研究美國人對資本家的看法。他的研究結果顯示：

> 對創業家的景仰，與對企業總裁的怨恨，這兩股情緒難分軒輕。

二〇一二年十一月，美國著名食品公司 Hostess Brands（生產甜食 Twinkies 與 Wonder Bread 產品）關廠並申請破產保護，該公司總裁宣稱被迫關門大吉的原因，是因為勞工工會不斷要求提高薪資並增加各種員工福利。

這次事件的負面影響，不僅僅只是一萬八千多名員工被辭退而已，當公司被迫關門時，是一萬八千多戶家庭的生活受到了衝擊，如果每戶平均有四口人，那麼直接受到衝擊的人數就暴增至七萬兩千多人。隨著漣漪效應在各個家庭中逐漸擴散，進一步也會影響到與那些家庭相關的學校、牙醫、生鮮市場、乾洗店、零售業、汽車保養廠，甚至教堂等社區裡的各個層面。

不久之後有人揭露該公司的總裁以及高階幹部一直在自肥，不斷發放給自己高達數百萬美元、各種名目的鉅額獎金。

難怪美國人現在會**痛恨**大公司的總裁，而這些總裁絕大多數又畢業自美國最好的數間商學院，因此不禁讓人懷疑：這種情況是不是從我們的頂尖商學院教出來的？

很不幸的是：的確如此。

許多腦筋靈光的學生升大學時選擇進入商學院，研究所繼續修讀MBA，畢業後就開始以**員**

工的身分（而非**創業家**的身分）進入大公司並開始向上爬；這些人當中最具野心的人，最終會成為大企業的總裁或者是高階幹部。

總裁（CEO）根本不是資本家

書中稍後我會闡明為何絕大多數的總裁根本不是資本家。絕大多數的企業總裁要歸類成**管理型資本家**，是專門替**真正的**創業家，例如賈伯斯、愛迪生、迪士尼、祖克伯（Mark Zuckerberg）等工作的員工罷了。這些總裁並沒有把自己私人的資金投注在公司之中。

更有趣的是：愛迪生與迪士尼根本是高中肄業的學生，賈伯斯與祖克伯也沒有完成大學學業。

大部分「A等生」（資優生）畢業於最頂尖的學府，並成為「**管理型資本家**」，他們是員工，而非「**真正的資本家**」；這種管理型資本家大多是角逐高薪職位的「A等生」（資優生），是他們使資本主義蒙上了陰影。

管理型資本家讓人不寒而慄

藍滋博士在《說真的，美國人真正想要的是什麼？》一書中寫到：

……現今世界中的「資本家」總是讓人們心驚膽跳；許多總裁在自肥的同時簽名辭退上萬名員工的這種行為，也和「資本主義」這個名詞畫上了等號。

很不幸的，許多人並不了解管理型資本家與真正資本家兩者之間的區別。

大家應該認真地想想，當這些總裁坐領鉅額獎金的同時，有數百萬人失去了工作、房屋以及退休保障。是不是我們的學校把最聰明的年輕人塑造成這一類的總裁？

再次強調，答案是：「是的。」是我們的學校讓資本主義蒙羞，因為在學校裡面所教導的內容與方式，根本不是真正的資本主義。

很不幸的，當「小明」或「阿芳」在二十六歲以優異成績從明星學校畢業，被財星前五百大公司聘用並享有高達六位數的薪水，努力開始在大公司裡出人頭地時，絕大多數的父母內心感到無比驕傲。很多父母才懶得管自己的小孩是被訓練成一位管理型資本家，還是像賈伯斯或愛迪生這一類真正的資本家。我們如今為何面臨全球性的金融危機，是因為：

- 學校教育偏重貪婪而非慷慨。
- 學校教育強調「我能賺到多少錢？」，而非「藉著服務他人我能賺到多少錢？」
- 學校教育灌輸如何**謀求**高薪職位，而非如何**創造**高薪職位的觀念。
- 學校教育著重在大公司**職場中的競爭能力**，而非**成立大企業**和**創造新職場**的本事。
- 學校教育推崇**穩定的工作**這種觀念，而非**財務自由**，這也就是為什麼絕大多數的員工成天活在害怕「失去飯碗」的恐懼之中。
- 學校教育幾乎沒有涉及金錢相關的內容，這也造成了成千上萬的民眾盲信各種社會福利政策（例如美國的社會福利保障制度、醫療健保制度）。而且有上百萬人擠破頭爭取軍職與政府職位，目的不是為了報效國家，而是為了享有退休金保證與各種福利制度。

全新的經濟大蕭條

二〇〇七年，新經濟大蕭條震驚各國，發生經濟大蕭條的原因眾多，列舉其中一些理由如下：

1. 各國政府不斷的印鈔票。
2. 政府與民間部門背負數兆債務。
3. 資金來源不足的社會福利制度（例如美國的社會福利保障制度與醫療健保制度等），以及「政府理當應該照顧我」這類錯誤的觀念逐漸蔓延全球。
4. 年輕人高居不下的失業率，以及會傷害年輕人一輩子信用評等的助學貸款。
5. 全球化因素，其中包括第三世界低薪勞力迫使先進國家產業外移，壓縮先進國家當地工資水準。

以上就是你的孩子將來要面對的一些問題。

國王根本沒有穿衣服！

因此家長們應該要質疑的是：當今的學校體系，是否真的有助於我的孩子將來面對真實的世界？

答案是否定的。

因此整個局面將更加惡化，如同《國王的新衣》這則童話的結果：

沒有多久人們開始彼此耳語，最後群眾一起喊出：「國王根本沒有穿衣服！」雖然國王已經聽到這番話，也知道民眾是對的，自己一絲不掛的站在全國民眾的眼前，但是國王仍然堅持趾高氣昂地完成預定的遊行活動。

我個人認為，學校絕對不會承認自己無法協助孩子面對將來真實的世界，此舉無異於承認自己犯了錯誤，而我們都知道在學校體制中犯了過錯之後的下場會如何。

這就代表著當學校體制認為你的孩子不夠聰明時，其實是你的孩子沒有完全照著學校體制的意思「聽話照做」罷了。

如果缺乏財務教育，你的孩子就等於一絲不掛地從學校畢業一樣，雖然他或她可能是A等生，但是他們會像國王一樣赤裸著走完自己的人生，就像童話中的場景：

雖然國王心知肚明自己一絲不掛，但是，如果開口承認自己看不到任何衣裳，就等於向民眾宣告自己的愚蠢與無知，國王害怕的是民眾會認為他是傻瓜。

既然學校體系絕對不會承認沒有確實協助孩子面對將來真實的世界，那麼就完全得看家長們，也就是孩子們最起初與最重要的老師，來給予孩子真實世界所需要具備的財務教育，面對這個「沒有錢萬萬不能」的時代。

真實的世界

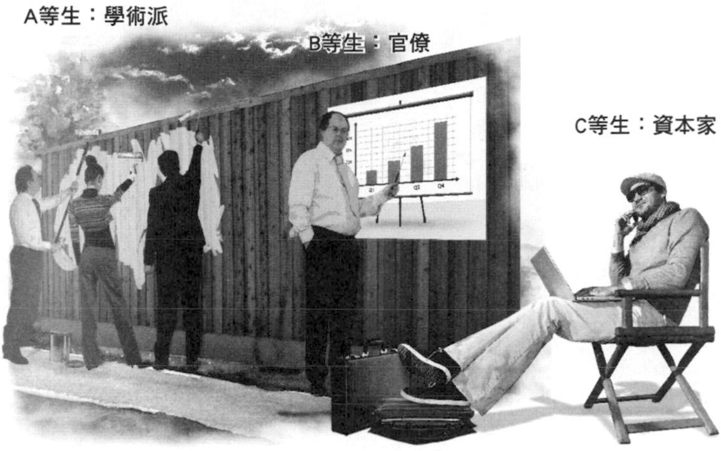

第一篇

學校是否真的在幫助你的孩子迎接將來真實的世界？

—現代版的《湯姆歷險記》一八七六年馬克．吐溫

簡介

對一些孩子來說，求學期間是自己一輩子不會忘記的美好經驗。但對另外一群孩子來說，上學是他們這一輩子難以忘懷的痛苦經歷。

每個孩子都擁有獨特的天賦才華。很不幸的，他們所具備的天賦不一定會被當今的教育體制所認同，有些孩子的天賦甚至還會被刻意的抹煞。

當代天才型科學家之一的愛迪生，年幼時還曾經被他第一位導師冠上「昏亂」的標籤。「昏亂」的意思是「腦袋不清楚或混淆不清」。愛迪生沒有把學校念完，反而靠自己成為一位發明家與創業家。他所成立的公司，也就是奇異公司（GE），發明了許多徹底改變世界的產品。愛迪生早期一些深具代表性的發明有：留聲機、電影攝影機，以及燈泡等等。

愛因斯坦也是一位不被老師喜愛的學生。從小學一直到大學都是這樣，他的老師們都認為愛因斯坦是一位懶惰、邋遢，以及不順從的學生。許多老師都說：「他將來必定一事無成」。但是愛因斯坦後來成為少數幾位大大影響了人類歷史發展的科學家之一。

「天才」一詞是「上天所賦予的才能」的縮寫，亦即人人所具備的某種天分或才華。任何為人父母的，都必定見識過孩子們內在的天賦才華。我們在小孩早期發展的時候都會觀察到一些讓孩子欣喜、著迷、樂此不疲的各種挑戰、想法與事物。

加以保護並培育孩子的天賦才華，應該是為人父母最重要的職責之一。

我寫這本書最主要的目的，就是要協助你開發孩子們財務方面的天賦才華。

問：C等生要如何才能贏過A等生？
答：要致力研究A等生不會碰觸的課題。

第一章
教學單元#1：教育的危機

當歐巴馬總統與前麻州州長羅姆尼代表兩黨角逐二〇一二年美國大選時，兩位候選人財務教育的水平就逐漸浮現台面之上。

雖然兩位都受過高等的教育，但是在財務方面很明顯其中一位非常老練，另一位則不然。

20.5%的歐巴馬與14%的羅姆尼

在競選期間歐巴馬總統揭露自己為3百萬美元的收入繳納了20.5%的稅額；羅姆尼雖然擁有2千1百萬美元的收入，但只繳了14%的稅額。

兩位競選者收入與稅額之間的差距激怒了眾多的選民，特別是那些貧窮、中產階級以及年輕的選民。與其質問羅姆尼是如何賺到更多的錢，以及為什麼他可以符合較低的稅率級別，絕大多數的選民只是感到氣憤不已。許多人忘了問：「羅姆尼是怎麼辦到的？」或：「為什麼他只需要為2千1百萬美元的收入繳納14%的稅？」或者：「他這麼做合法嗎？」或者更進一步問：「若從理財的觀點來看，到底是誰比較老練，是歐巴馬還是羅姆尼？」

歐巴馬總統在第二個任期看起來似乎堅決地要提高有錢人的稅率，而不是加強教導年輕人有關於金錢與資本主義等觀念，亦即讓人愈來愈有錢，而且同時所得稅愈繳愈少的知識。與其教導年輕人如何釣魚，看來歐巴馬總統寧可直接給年輕人魚吃。

累積財富的關鍵在教育

許多人認為有錢人是大奸大惡之徒，事實上有些的確是如此。但有為數更多的有錢人都是非常誠實而且認真工作的好人，絕非奸佞之輩。他們藉著傳統的方法：教育、認真工作、撙節理財、打造事業、創造就業機會，以及繳納稅金（當然是合法地繳愈少愈好）等等方式，來實現自己的美國夢。他們也藉著鑽研傳統教育體系中所欠缺的內容來累積自己的財富。

在歐巴馬總統與羅姆尼兩者之間就能看出這兩種教育的差別。

兩位都上過頂尖的學校。歐巴馬總統是哥倫比亞大學與哈佛法律研究所的畢業生，羅姆尼是哈佛商學院與哈佛法律研究所的畢業生。

歐巴馬總統與羅姆尼兩者之間最大的差別，則是歐巴馬總統出身於貧窮的家庭，而羅姆尼則出生於富有的家庭。

他們兩個人的故事與《富爸爸，窮爸爸》一書中所敘說的情節非常相似，一般人們有關於財務教育方面的知識，其實都是在家裡傳授的而非學校。

這本書是寫給那些想要給自己的孩子擁有財務方面優勢的家長所寫的，讓他們可以一起在家裡鑽研絕大部分從傳統教育體系畢業的學生（就算是A等生也一樣），一輩子都難得接觸過的內容。

生活現場

「教育」是當前全球最大的行業之一，暫且不論其造成的影響是好是壞，它確實一直不斷衝擊每個人的生活。以美國為例，光就公立中學和小學來說，就聘用了三百三十萬名全職員工，並且於二〇一二至二〇一三年度產生了5千7百11億美元的支出。以上數字只是一個於二〇一〇至二〇一一年間造就出四百萬個學生進入高中就讀的美國地區罷了。以全球來看，這些數字會以幾何般的增長。我經常會思索在這些學生當中，到底會有多少完成高中學業，又有多少會在中途輟學？會有多少學生進入大學念書，又有多少會完成學業？現在的學生背負著龐大助學貸款的新聞，也曾經在全球各媒體上成為頭條新聞，其中又有多少學生甚至得付出更龐大的代價來持續深造，期待將來加入職場時能獲得更優渥的收入？

不光是在中學小學的教育上投注了數千億美元，軍方也一樣撒下數千億美元來訓練年輕的男女來報效國家。公司企業的員工訓練也是規模數千億的行業，其他不斷地培育技師來維護我們的汽車、冰箱、電器系統，以及電腦等等的技職學校，其教育經費也不遑多讓。

但是財務教育這一環，尤其是在傳統、正式的教育體制當中的課程大綱裡頭，幾乎完全地被忽略了。我一直不斷地琢磨這個問題：為什麼會這樣？

- 會不會就是因為缺少了財務教育，所以才會產生當今的金融危機？
- 次級房貸風暴發生的原因當中，有多少是因為缺乏財務教育的關係？
- 許多房子被查封拍賣的家庭當中，有多少是因為缺乏財務教育所造成的？

- 會不會就是因為財務教育不足，因此造成這麼多民眾需要仰賴政府所提供的各種制度，例如社會福利制度、勞健保、津貼、退休金等等，造成當今全球各個城市、省／州、甚至國家財政上的困難？
- 美國（以及世界上許多其他的國家）之所以會逐漸邁向破產，是不是因為有太多的民眾仰賴政府提供社會上、醫療上以及經濟上的照顧？
- 不斷累積的國債，是否反應我們政府與各界的領導人缺乏正確的財務教育所致？
- 美國經濟是否一直在凋零衰敗，並且準備和希臘、義大利、法國、日本、英國以及西班牙等國面臨同樣的命運？

*** *** ***

有錢人的福利制度

我們都知道有一些福利制度是為了窮人所設立的，那麼有錢人的福利制度在哪裡？

- 為什麼當我們的領袖們，包括總統、國會以及其他官僚等等，不斷地增加自己的退休金以及各種福利津貼名目的同時，舉國上下反而有愈來愈多的家庭需要仰賴政府的補助與照顧？難道我國的領袖在財務上，也跟那些連基本生活需求都無法滿足的貧困民眾一樣，樣樣都需要極度仰賴政府嗎？
- 如果我們的領袖個個都懂得如何創造財富，而不是只會拚命花用民眾（納稅人）的辛苦錢，國家又會是怎麼樣的情景？

- 為什麼各公司總裁（CEO）不吝於給自己鉅額的加薪、公司股份的選擇權以及各種額外津貼，但同時又不斷地裁撤員工？這些總裁是因為缺乏財務教育才會這麼貪婪，還是因為傳統學校體制而變得如此貪婪？
- 那些賠掉了數億美元的銀行家，是否具備足夠的財務教育？
- 為什麼當數百萬民眾被公司裁撤、數千家中小企業關門倒閉的同時，那些造成金融風暴的銀行家反而可以獲得上千億美元的紓困資金？
- 為什麼要由教師工會和政府官員來決定我們的小孩該學習什麼樣的教材與內容？為何不直接問問小孩以及家長，現在的兒童想要學習哪些科目？
- 為什麼美國薪資最高的雇員，都不再是民間私營機構的職位？為什麼薪資優渥的員工，也就是「公僕」們，都是當今美國薪資水準最高的一群人？為什麼消防人員與警察退休可以享有數百萬美元的退休金與終身的福利？我們的政府機構到底出了什麼樣的問題？
- 到底是誰造成了這次的金融危機？

當今金融危機並非是由那些貧窮、沒有受過教育的人所造成的。在這次大混亂的背後，多半都是受過世界頂尖教育的一群人：例如美國聯準會主席柏南克，他之前當過史丹福與普林斯頓的教授，號稱經濟大蕭條的專家。但是很不幸的，他同時也是一個沒有什麼財務教育，並且缺乏在現實生活當中經營企業實務經驗的一個人。

這是一本和教育相關的書籍，但所談的絕非是在傳統學校體系中所進行的教育。

是教育的危機導致金融危機

我們所面臨的並非只是一場金融危機。我們經歷的是一場教育的危機。這次的危機肇始於孩子們踏入校園的那一天起，虛耗多年的光陰（有時候甚至是二、三十年），完全學不到關於金錢的正確知識，而且教導他們的那些人，本身對於金錢也沒有清楚的概念。

基於某些理由，我們傳統的教育體系對於金錢抱持著像宗教般的觀點。學校單位似乎都堅信：

「貪財是萬惡之根。」

——提摩太前書 6:10

學校單位卻完全忽視這句話：

「我的民因無知而滅亡。」

——何西阿書 4:6

民眾在財務方面不斷地邁向死亡，是因為我們的學校體系缺乏正確的財務教育。

中國道家創始人老子在西元五世紀就曾經說過：

「授人以魚不如授人以漁。」

很不幸的，前人教導人們如何釣魚，我們卻在教導孩子們「羅賓漢風格」的經濟學：

「劫富濟貧」。

這也是社會學家所抱持的觀點。

終究來看，這種慷慨的手段只會造就愈來愈多貧窮的人民。二〇一二年十一月二日《每週》（*The Weekly Standard*）刊登了以下的消息：

「申請糧票的人比找到工作的人，成長速度快七十五倍。」

一如往常，共和黨認為歐巴馬總統是這次危機的罪魁禍首，而民主黨則是指責共和黨應該為這次危機負起完全的責任。

這本書與政治立場無關。這是一本有關於教育的書籍，來探討為什麼「缺乏財務教育」才是導致這次金融危機發生的真正原因。

落後現實五十年的教育發展

學校裡的老師多半是優秀的人才，問題出在絕大部分的老師以及家長，都是同一個教育體制下的產物。

近年來許多老師都感到挫折不已，也有許多老師致力於在校園裡做出改變。但很不幸的在因應改變時，教育界與各行各業相比較之下，其速度是屬於最緩慢的一種類別。

不同的行業各自擁有自己落後遲滯的時間差。我們在本書中對於「落後遲滯的時間差」所下的定義，是當某個對象或組織引進了新的觀念或方法之後，直到能確實運用落實之際，這兩個時間點上的差異。舉例來說，我聽說高科技界的落後遲滯時間大約是一年半之久，亦即新觀念的形成到實際生產出產品所需要的時間。這也就是為什麼高科技公司之間的競爭（要拚命推出新的產品）這麼激烈的主要原因，同時也是眾多公司被市場淘汰的因素，因為市場上有其他的公司能以更新的技術、更迅速的製程，以及更廉價的成本來生產出更優良的產品。

在農業時代，落後遲滯的時間是以百年來計算的，工業時代，落後遲滯時間是以每五十年來計算，資訊時代的落後遲滯時間則是以每半年來計算。

我聽說汽車工業的落後遲滯時間是二十五年。意思就是說今年新款式的汽車上，你所見到的各種新設計與概念，是早在二十五年之前就孕育出來的，例如油電混合汽車就是一例。而隸屬政府的公家機構落後遲滯的時間，大約是三十五年左右。

眾多老師與家長之所以會感到挫折的原因就是：遍覽各行各業，傳統教育界的落後遲滯時間是第二久的行業——長達五十年。

落後遲滯時間唯一比教育界還久的行業便是建築工程業界，長達六十年之譜。

請各位讀者留意：汽車工業界、政府公家部門、建築工程業界，以及教育界等行業，通通具備後盾堅強的工會組織，而工會組織則是工業時代下的產物。

教育的未來

教育界落後遲滯的時間意味著今年剛剛入學的小孩，要等到成為祖父祖母的年紀，教育界才會落實執行本書所提供的建議。

藉著教導小孩這本書中所傳達的內容，家長就能讓自己的小孩擁有財務方面領先的優勢。如果落後遲滯時間長度不變，則要足足等到二〇六五年左右，本書所載列的觀念才會進入一般的教室之中。我認為我們不能再等下去了。

本書是給家長，那些知道自己必須負起責任（而非依賴學校體系），來教導自己孩子財務教育的家長看的。而且他們也知道當今的世界是個步調極快、不斷在改變的資訊時代，一個從未有人體驗過的世界。

本書也是寫給那些清楚知道自己孩子即將面對巨大財務挑戰——由幾個世代所共同累積出來的財務包袱——的家長們。

本書也是給那些想要理解為什麼歐巴馬總統3百萬美元的收入需要繳納20.5%的稅率，而羅姆尼2千1百萬美元的收入只需要繳納14%稅率的家長們所寫的。

一旦家長知道並且理解這兩位先生之間的差異，他們就能把這些知識傳遞給自己的後代子孫。

自從我成年之後就一直不斷地在提倡所謂的財務教育。當我於一九七三年打完越戰返回夏威夷時，發現我的窮爸爸正處於失業的狀態之中（他曾經是夏威夷州政府教育廳的廳長）。在這不久之前他加入了共和黨，並開始和原本隸屬的民主黨上司競爭角逐夏威夷副州長的職位，當競選失敗之後想當然也就失去了自己原本的工作職位。

我的父親由於出馬競選副州長而毀了自己的職場生涯。他寧可冒著「丟飯碗」的風險而這麼做，是因為他是一個非常有原則的人。他努力在教育體制中不斷向上爬到最高位置，成為教育廳的廳長，結果當他發現夏威夷州政府的腐敗之後感到非常的氣憤，就連《富比士》雜誌也曾經戲稱夏威夷州為「夏威夷共和黨的共和國」。該篇報導中指出：「該州政府對於任何會移動的事物都會予以上稅。卡斯楚若在這裡會覺得像如魚得水般的自在」。

歐巴馬總統是在夏威夷長大的。他是美國歷代總統當中唯一來自夏威夷的總統。或許《富比士》雜誌該篇報導能解釋為什麼總統對於政府、事業以及稅賦有類似觀念。

***　　***　　***

帝國的末日

我本人既不屬於民主黨，更不是共和黨的黨員。而且我也不會把我們所面臨的金融危機怪罪到歐巴馬總統的身上。我們即將面臨的金融危機是經過數十年的醞釀，人類歷史上也經歷過數次類似的危機。財政的弊端與政治的腐敗一直是幾世紀來各個王朝終結的原因。就因為財政弊端與腐敗的政治，美國政府也面臨了垮台的危機。

戰爭經濟

再強大的帝國只要在遙遠的國土發動幾次戰爭，就難以避免滅亡的命運。如今美國也正在這麼做，再次證明我們仍然沒有從歷史中學到教訓。

當我在念國中的時候，聽到艾森豪總統向全國民眾警告「軍事工業體系」對國家所造成的威脅。那時正值青少年的我，對這個警告並沒有產生什麼樣的感受。當我於一九七三年打完越戰返國之後，我才理解艾森豪總統當時所做出的警告。我們出兵越南並非是為了越南人民的自由而戰，我們是為了金權而戰。我們國家的領導份子對民眾撒了漫天大謊。我們根本沒有打越戰的理由，純粹只是因為戰爭本身是一個擁有巨大利益的商機罷了。當我從越南返國之後，就知道我這輩子再也不會盲目聽從別人的命令，我知道是應該開始要擁有自己思考能力的時候了。

我完全沒有批判自己當年軍旅袍澤的意思，我從軍時所遇到絕大部分的青年男女都是極為優秀的年輕人，也都立志要報效自己的國家。唯一的問題是：我們拚命打仗只是為了讓軍事工業體系變得更有錢罷了。只要軍事工業體系需要更多資金的時候，他們就會想辦法發動另外一場戰爭。

軍事工業體系

艾森豪總統於1961年1月17日向全國民眾發表被他形容成「威脅到民主政府生存」絕望般的警告。他把它稱之為「軍事工業體系」，一群由國防工業廠商與武裝部隊所構成，令人望而生畏的組織。艾森豪總統在二次世界大戰期間是率領盟軍發動諾曼地登陸作戰的五星上將，而這是他在白宮發表卸任告別演說時所提到的內容。

從我個人的觀點來看，每當我們印鈔票進行紓困時，也在犯類似的毛病。

當羅馬帝國摧毀了自己的貨幣，又在遙遠的國土上發動許多戰爭，同時又對國內民眾課以重稅之後，整個帝國就土崩瓦解了。

美國現在正在進行同樣的錯誤，再次證明了古代的名言：

「那些無法從歷史中汲取教訓的人們，是注定要重蹈覆轍的。」

鑽研A等生都沒有學過的科目

一九七三年我跟父親表達自己打算退伍的決定。父親聽到這個消息之後感到非常的失望，因為他希望我能為了軍方的退休金與福利制度繼續留任。如果細數從軍的日子已經過了十個年頭，我只需要再服役十年就能正式退休了。我只要再待十年就可以了。

我婉拒了他的建議，因此窮爸爸建議我加入民營航空公司，就像大部分其他從空軍退伍的駕駛員所做的一般。當我跟他表明我再也不會去駕駛飛機之後，他又建議我重返校園進修，攻讀碩士甚至博士的學位，然後進入大企業努力向上爬。

我很愛父親，但是他所提出的建議都是他當年自己的所做所為，也就是要跟隨他的腳步，再次證明：如果我們不從經驗汲取教訓，就注定會重蹈覆轍。

就算我再怎麼愛自己的父親，我不要重複犯下他所犯過的錯誤。

當年如果我聽從了父親的建議，那麼我現在或許就會變的跟他一樣，一位六十多歲受過高等教育但沒什麼錢的老人，每天擔心自己的退休金、儲蓄存款、勞健保是否能養活自己一輩子。

因此我在一九七三年決定追隨富爸爸的腳步，開始研讀窮爸爸從未學習過的科目。

本書就是在教導我多年來所學到的，別說一般人，就連A等生也不見得聽過的內容。因為學習連A等生都不曾學過的內容，會給你帶來無比的報酬。

我於一九九七年自行出版《富爸爸，窮爸爸》一書，原因是所有的出版社都不願意幫我出版這本書。就如你所知道的，這些出版社大部分的高階人員都和窮爸爸一樣，都是所謂的A等生。他們給了一堆婉拒的信件，寫著：「我們目前對你的書籍不感興趣，」有些更坦白的出版社甚至還說：「你根本不清楚自己到底在寫什麼」或者「你的想法簡直是異想天開」。

你所擁有的自用住宅不能算是資產

《富爸爸，窮爸爸》一書因為「你所擁有的自用住宅不能算是資產」等等言論飽受嚴厲的批評。在二〇〇七年也就是該書出版整整十年之後的美國，就有數百萬計的屋主慘痛地發現自己所擁有的房屋**不算是**一項資產。隨著全球房價的崩跌，成千上萬宣布破產的人們親身體驗到，自用住宅有可能一夕之間變成一筆龐大的債務。

存錢儲蓄的人都是輸家

我也因為宣稱「存錢儲蓄的人都是輸家」飽受批評。而今成千上萬的人也警覺到各國央行，尤其像是美國的聯準會，不斷地發行數兆美元的鈔票，直接傷害了數百萬民眾存款金額的實質購買力。

二〇〇七年市場崩跌之後，各國銀行調降了各種儲蓄帳戶利息。在市場崩跌之前，有許多人是靠著儲蓄金所衍生的利息生活。而今，數百萬家庭現在反而靠著提領儲蓄本金過活。

黃金的價格在西元二〇〇〇年間，每盎司還不到3百美元的水準。而今金價早已超過1千5百美元（譯注：本書是在二〇一三年寫成的）。同時銀行的儲蓄利息還不到2％的水準，而通貨膨脹率卻超過5％（雖然各國政府都不承認通貨膨脹嚴重的程度）。這就是為什麼「存錢儲蓄的人都是輸家」。這是很簡單的數字觀念：每盎司金價1千5百美元比3百美元多，5％的通貨膨脹率大於2％存款利率。你根本不需要擁有微積分這樣高深的數學能力，也能算出來「存錢儲蓄的人都是輸家」。

負債是好事

眾多財經權威不斷建議大眾：「千萬不要負債」。對我而言，會說這種話的人必定是缺乏正確的財務教育。

事實上債務有著「好的負債」與「壞的負債」的區別。簡單來說，「好的負債可以讓自己變得更富有，而壞的負債會讓自己變得更貧窮」。很不幸的，絕大多數的人負債都是不良的債務，因為他們負債是為了買進債務而非資產。

稅賦可以讓有錢人更有錢

好的負債不但可以讓你變得更富有，同時也可以降低自己應該繳付的所得稅。學習如何利用良好的債務進行財務上的槓桿，並且如何降低自己的賦稅，就是財務教育何其重要的最佳證明。

既然稅賦是多數人最大的一筆開支，而學校單位又不針對它進行任何方面的教育，難道不會讓人覺得奇怪嗎？在本書中你將會知道哪種人的稅務負擔最輕、理由為何。這也會對歐巴馬總統必須為自己3百萬美元的收入繳納20.5％的所得稅，而羅姆尼雖然擁有2千1百萬美元的收入，卻只需要繳14％的稅這件事情，提供另外一種截然不同的觀點。

歐普拉打來的電話

當《富爸爸，窮爸爸》一書於二〇〇〇年榮登紐約時報暢銷書排行榜時，是榜上唯一自行出版（沒有出版社願意幫忙發行）的一本書。接著歐普拉就打了個電話給我，邀我上她的電視節目之後，就產生了所謂「歐普拉旋風」的效應。

從此《富爸爸，窮爸爸》成為個人理財叢書排行榜的第一名。該書名列美國《紐約時報》暢銷書籍排行榜長達六年之久。至今全球銷售冊數已經超過三千萬本，翻譯成五十三種語言並遍布一〇九個國家。

諷刺的是，我念高中的時候英文還重修了兩次。我被當掉的原因是因為我的寫作能力不好，拼字能力也差，而且老師無法認同我所寫的內容。

我之所以提到這些事情並非是在自吹自擂或是自誇。全球各地的讀者紛紛告訴我《富爸爸，窮爸爸》這本書真的講到他們的心坎裡，並且深深引起他們的共鳴。這本書喚醒了許多早就知道我們教育體系有所缺失的人們——尤其是欠缺金錢方面的知識。也有不少人說我的天賦在於簡化原本複雜難懂的觀念。這就是我寫《富爸爸，窮爸爸》，以及這本為各位家長所寫的書時，所堅持的一貫原則。

本書重點之一，就是每一章末給家長的行動步驟。編寫這些內容主要的目的，就是讓你們獲得各種主意、工具以及辦法，來教導自己小孩有關於金錢的事情。

本章小結

歐巴馬總統與羅姆尼前州長都是非常聰明的人，兩位從旁觀察都是好男人，也都受過最高等的教育，但是其中一位在賺到3百萬美元之後需要支付20.5%的稅，而另一位在賺到2千1百萬美元之後只需要繳納14%的所得稅。

由此看來，這兩個人的差異並非在學校教育，而是兩個人成長的過程中不同的家庭背景所致。從許多方面來看，羅姆尼與歐巴馬的故事與我的富爸爸和窮爸爸有許多雷同之處。

本書是專門寫給一些家長，想要給自己孩子補足一般大眾所欠缺的教育內容，甚至連A等生都從未曾獲得的知識。

行動金融家

將自己的家變成一個主動學習的場所

小孩子多半是藉著親自實作來學習的。很不幸的，在學校上課的時候，小孩都是乖乖坐在位子上學習，回家之後也一樣（再次的）被釘在書桌之前乖乖坐著。

請制訂一個「致富教育之夜」，將一週（或每個月）的某個夜晚規劃成主動學習有關於金錢方面的事物。把這個晚上變成一個家庭的例行活動，而且記得過程要充滿樂趣。玩一些類似「地產大亨」（大富翁）、「現金流兒童版」或「現金流101或202」之類的遊戲，讓大家玩玩遊戲並好好樂一樂。在玩遊戲的過程當中留意機會教育的時機，只要孩子的年齡合適，就拿遊戲當中所發生的事情做範例，和他們一起討論現實生活中可能面對關於金錢的各種行為、問題與挑戰。我鼓勵你們上網查詢富爸爸集團線上理財遊戲，以及行動裝置的教育內容。

每週或每個月花一個晚上這樣做，可為孩子培養一個很好的基礎，讓他擁有更美好的親子關係，成就更順遂的人生，並且培養出終身學習的良好習慣。

盡量利用本書當作教材或討論內容。富爸爸公司也發行了一套具備各種教材與課本，名字叫做《喚醒孩子們的理財天賦》的套組，提供了更深入的遊戲、親子活動以及練習等內容。關於金錢這個科目的好處，就是當今世界上完全不缺乏這方面的相關資訊。個人或家庭唯一要做的，就是下定決心安排時間來吸收消化。並且學會要如何分辨財務教育，以及銷售話術這兩者之間的區別。

我的富爸爸每週陪他的兒子和我玩「地產大亨」，玩了很多年。他藉著遊戲中許多有趣的教訓，來趁機分享現實生活中各種實際的例子。而我的窮爸爸卻永遠只會問我：「你的功課作完了沒有？」

給你的小孩財務方
面領先的優勢，而
不是給他們錢。

第二章
教學單元#2：神話故事已經結束了

父母在孩子生命中所扮演的角色，如今又進入了一個嶄新而且至關重要的階段。會導致這種現象發生的理由雖然很多，但絕大部分的人都會辯說是因為時代改變了的關係，而且生活不斷發生改變就是當今人們生活的寫照；從我個人的眼光來看，很多人在眾多的情況下，並沒有隨著時代的變化而做出適當的改變。我們從父母那裡承襲的理財觀念，在當今的世界中多半已經過時也不適用了。

生活現場

念書就能賺錢致富的神話故事已經結束了

在很久很久以前，人們只要好好上學、找份工作、認真工作，然後就可以等著退休。不久之前你所任職的公司，在你退休之後仍然會持續照顧你，你可以繼續支領薪資並享有醫療福利。如今這已經變成了神話故事。

在很久很久以前，人們只要願意買房子，房子的價格就一定會持續上漲。屋主只要躺著做夢，房價也會一直往上漲。很多人只要賣出手上的房屋，就能從中大賺一筆，大大增加自己退休帳戶裡頭的金額。接著只要換購一間較小的房屋，從此就能過著快樂的退休生活。如今這已經變成了神話故事。

在很久很久以前，美國曾經是全球最富裕的國家，如今這已經變成了神話故事。

在很久很久以前，美元跟黃金一樣有價值，如今這已經變成了神話故事。

在很久很久以前，只要念過大學，就必定能比那些沒有上大學的人賺取更多的收入，如今這已經變成了神話故事。

當次級房貸市場在二〇〇七年崩盤時，人類史上最大的一次金融危機就開始了。以往的神話故事瞬間變成了惡夢，而這場惡夢到現在還不能算是完全結束。

由於內心的恐懼，數百萬家長持續灌輸自己的小孩：「好好念書上大學，這樣你就能獲得一分高薪的工作。」這種觀念。惶恐的家長持續重複著這些話，完全無視於年輕族群失業率高居不下的現象，而其中還不乏找不到工作的大學畢業生。由於許多大學生畢業後找不到工作，因此決定繼續念研究所。但是當他們念完研究所之後，不但要背著更高的就學貸款，而且還是一樣找不到高薪的工作。

***　　***　　***

教育愈來愈昂貴

當全球各種物價一直崩跌的同時，為何只有教育的成本卻反而不斷的逆勢上揚？

- 二〇〇六年美國房屋平均價格是2百30萬美元。到二〇一一年時，房價持續下跌了26％，平均價格在17萬美元左右。隨著房價的下跌，大學學費卻在二〇〇六到二〇〇七年間上漲了4.6％，平均上來說為$22,218美元。
- 雖然道瓊工業加權指數於二〇〇七年十月九日再創歷史新高達14,164點，但在二〇〇九年三月時已經拉回了50％，跌回到了6,469點。雖然股市在二〇〇七至二〇〇八年間崩盤，但是大學學費再次上揚5.9％，平均價格來到了$23,712。
- 二〇〇八年七月間原油價格每桶創下1百47美元的新高之後，就崩跌到每桶40元的價格才開始回穩。當油價在二〇〇八至二〇〇九年間不斷下跌的期間，大學學費再次上揚6.2％，到了$25,177美元的水準。
- 二〇一一年大學就學貸款總金額首次超越了信用卡債務的總金額，光就美國地區來說，其總金額就超過1兆美元以上。

學貸是最壞的債務

當今成千上萬攻讀高學歷的學子們一離開校園就背負巨額的就學貸款，而這種債務是所有債務當中最糟糕的一種。就學貸款之所以是最惡劣的一種債務，是因為這種債務永遠都不能享有豁免或免責。其他諸如房貸或信用貸款等債務，人們可以藉著宣布破產來打消這些債務，但是就學貸款就不是這麼一回事。就算學生本人過世，其貸款的保人（多半是學生的家長），就必須扛起清償貸款的連帶責任。

一畢業就負債

一旦學生畢業後，就學貸款就會開始計息、利息也開始滋長，上百萬畢業生因而債臺高築而變得愈來愈貧窮，而非畢業後就開始累積財富。

就學貸款很可能會對學生的一輩子造成負面的影響。就學貸款會深深影響到學生將來所能購買的房屋好壞（如果他買得起房子），也會影響他未來家庭生活的品質（如果他養得起家人），以及他倆將來的退休生活是否有保障（如果他倆能放心退休）。

對許多人來說，就學貸款將會成為牢牢套在脖子上，一輩子都擺脫不掉的枷鎖。

大學教育究竟值多少錢？

有史以來，人們首次開始質疑大學教育的價值何在，有些人甚至認為大學教育的投資報酬率（ＲＯＩ，獲得報酬與投入資金的比值）完全不成比例。

在二〇〇六與二〇〇七年間，美國地區大學應屆畢業生的平均起薪為3萬美元。二〇〇九至二〇一一年間甚至還跌到2萬7千美元。

青年失業危機

青年失業問題已經成為國際化的危機，因而促使「茉莉花革命」（亦稱「阿拉伯之春」）與「占領華爾街」等等各種的群眾訴求運動。

二〇一二年，隨著美國總統大選選情白熱化，兩位候選人雙雙承諾要在美國創造更多的就業機會。當美國本土的工人每天平均索取1百25至2百美元的工資時（這個數字包括了各種福利），這種競選承諾要如何實現？許多工資低廉的國家裡，工人每天平均工資才2美元而已。

就連中國也深深受到這些工資低廉國家的衝擊。目前估計大約有十二個國家的工資水平甚至比中國還低廉。大家都懂得全球廠商都會競相尋找薪資低廉的工人，你根本不需要高深的數學能力就會知道，每天2美元的工資遠遠少於每天2百美元的工資。

《時代》雜誌於二〇一二年十一月五日發表了彼得・甘貝爾（Peter Gumbel）的一篇文章：

未來的衝擊

絕大部分的民眾認為自己孩子未來的財務狀況很有可能無法超越父母的水準。這是美國自開國以來第一次發生這種現象。

為什麼美國青年失業的狀況比歐洲嚴重得多

本週公布大西洋兩岸最新失業率統計數字顯示，歐洲失業率持續上揚的速度遠比美國要來的迅速，而且對於年紀未滿二十五歲的歐洲年輕人來說，前景更是堪憂。若從歐洲二十七個國家整體看來，年輕人口失業率在九月的時候上揚至22.8％，比去年同期的21.7％還來的高。就希臘與西班牙兩地來看，該數據甚至還超過50％。若同時以美國地區十月份的數據來看，失業率仍然維持7.9％不變，而根據勞動統計局於十一月二日所公布的數字顯示，美國未滿二十五歲人口的失業率只有16％。

但是以上這些數據有誤導大眾之嫌，因為這些資料無法描繪真實現況的全貌。以上的數據並不包括那些上百萬決定繼續求學，或參加技職訓練課程的年輕人。如果把這些年輕人一起算進來，就業狀況依然慘澹，但是美國年輕人的就業狀況，就會遠遠比歐洲要來得糟糕許多。

相較於過去，現代教育顯得重要許多。傳統學校所扮演的角色，就是培養有能力的職場人才來支撐社會與經濟。舉例來說，學校能培養出醫生、會計師、律師、工程師、老師、社會工作者、機械技師、土木技師、廚師、警察人員以及軍人，以上全都在現代文明社會中扮演著重要的角色。

但是，隨著全球經濟的萎縮，以上這些人當中，到底有多少能找到一份工作（無論是受過完整教育或者沒有）？美國應屆畢業生於二〇一二年四月間，超過一半的人找不到符合自己專長的工作機會。雖然其他大部分的畢業生都找到工作，但幾乎都是大材小用。

我們應該要問的是：到底什麼樣的教育才是最重要的？

當我們的工作機會不斷地外移至工資低廉的國家時，我們為什麼還要持續跟自己的小孩洗腦說：「要好好上學才能找到高薪的工作？」當現代科技能讓我們聘用工資低廉國家的會計師與律師時，為什麼還要自己的小孩成為會計師或律師？當先進的科技不斷地取代一些過時的工作時，為什麼我們還一直給他們灌輸「要找個鐵飯碗」這種觀念？而且更重要的是：為什麼在學校裡，幾乎完全沒有傳授有關於財務教育的相關課程？

資優生變總經理

絕大多數家長想讓孩子接受高等教育的目的，是希望下一代的未來有保障。他們希望自己的孩子能爬到食物鏈的頂端。幾乎所有的家長都不願意讓自己的孩子一輩子從事艱困卑賤、學非所用、薪資低廉、稅賦又高的工作，更別提他們還得面臨不斷惡化的通貨膨脹。

許多家長希望藉著扎實的教育就能讓自己孩子成為班上的資優生，成為眾人的領導者，最好是能讓孩子成為醫生、律師，或者是一家公司的總經理。

銷售學校

學校經常使用的銷售話術如下：

「你一定要完成學業」；

「你一定要具備大學文憑」；

「如果你沒有念大學，你這輩子都不會有成就」。

以下五十位雖然沒有念完大學，但是他們並沒有自暴自棄。他們到頭來還是大大的出人頭地：

喬治・華盛頓（George Washington）美國總統
哈里・杜魯門（Harry Truman）美國總統
柴克瑞・泰勒（Zachary Taylor）美國總統
約翰・葛倫（John Glenn）太空人與美國國會議員
班傑明・富蘭克林（Benjamin Franklin）美國大使
約翰・梅傑（John Major）英國首相
弗羅倫斯・南丁格爾（Florence Nightingale）護士
喬治・伊士曼（George Eastman）柯達公司創始人
大衛・湯瑪斯（Dave Thomas）溫蒂漢堡創始人
多麗絲・萊辛（Doris Lessing）諾貝爾文學獎得主
彼得・詹寧斯（Peter Jennings）美國廣播公司主持人
TD・傑克斯（TD Jakes）基督教牧師
約翰・D・洛克菲勒（John D. Rockefeller）標準石油創始人
泰德・透納（Ted Turner）CNN 創始人
彼得・傑克森（Peter Jackson）電影導演（魔戒三部曲）
里昂・尤里斯（Leon Uris）作家
卡莉・菲奧莉娜（Carly Fiorina）HP 總裁
安德魯・卡內基（Andrew Carnegie）工業家
李嘉誠（Li Ka Shing）亞洲首富
恩佐・法拉利（Enzo Ferrari）法拉利創始人
保羅・傑帝（J. Paul Getty）石油創始人
賴瑞・艾里森（Larry Ellison）甲骨文創始人
馬克・祖克伯（Mark Zuckerberg）臉書 FB 創始人
史蒂夫・沃茲涅克（Steve Wozniak）蘋果公司創始人
保羅・艾倫（Paul Allen）微軟創始人

亞伯拉罕・林肯（Abraham Lincoln）美國總統
高佛・克里夫蘭（Grover Cleveland）美國總統
安德魯・詹森（Andrew Johnson）美國總統
貝利・高華德（Barry Goldwater）美國國會議員
溫斯頓・邱吉爾（Winston Churchill）英國首相
羅伯特・佛洛斯特（Robert Frost）著名詩人
巴克敏斯特・富勒（Buckminster Fuller）未來家與發名家
雷・克洛克（Ray Kroc）麥當勞創始人
拉夫・勞倫（Ralph Laruen）服裝設計師與創業家
喬治・伯納德・肖（George Bernard Shaw）劇作家
克理斯多夫・哥倫布（Christopher Columbus）探險家
約爾・歐斯汀（Joel Osteen）基督教牧師
卡爾・羅夫（Karl Rove）美國總統顧問
昆汀・塔倫提諾（Quentin Tarantino）電影導演
馬克・吐溫（Mark Twain）作家
卡爾・伯恩斯坦（Carl Bernstein）華盛頓郵報記者
查爾斯・狄更斯（Charles Dickens）作家
威廉・福克納（William Faulkner）諾貝爾獎與獎得主
理察・布蘭森（Richard Branson）維京集團創始人
亨利・福特（Henry Ford）福特汽車創始人
傑克・倫敦（Jack London）作家
湯姆・安德森（Tom Anderson）聚友網 My Space 創始人
史帝夫・賈伯斯（Steve Jobs）蘋果公司創始人
比爾・蓋茲（Bill Gates）微軟創始人
林哥・史達（Ringo Star）披頭合唱團團員

出人頭地和從哪一間學校畢業無關

我並不是在鼓勵年輕人選擇輟學，或者貶低學校教育的重要性。教育是非常重要的一件事，但應該要問清楚的是：他們所受的是哪種教育？而且當孩子接受這種教育之後，他這輩子的人生又會因此而受到什麼樣的影響？若從理財保障這個方面來看，傳統學校的教育在未來瞬息萬變的社會當中，是否能對你的小孩提供實質上的幫助？

本書所要講的教育，是針對一般學校裡面完全不會碰觸到的領域。這種教育將會讓你的小孩將來所走的路，完全不需要爭取鐵飯碗般的工作，或者仰賴政府提供退休金，同樣的也能獲得保障與安全感。重點在於讓他們真正的出人頭地，而不是去為那些出人頭地的人工作。

本書所倡導的是資本主義。書中會解釋為什麼當代最偉大的一些企業領袖決定中途放棄學業的原因，大家最耳熟能詳的就屬史帝夫・賈伯斯、比爾・蓋茲與馬克・祖克伯。藉著本書，你就會知道以上這些人知道些什麼，以及他們選擇提早離開學校的原因。

學校欠缺的教育

很久很久以前，小孩子只需要專注於兩種教育即可：

1. **學術教育：**這種教育提供基礎的學習能力，可以習得書寫、閱讀與數學運算的能力。這是極為重要的一種教育。
2. **專業（技職）教育：**這種教育提供更專精的技職能力，讓人們習得可以賴以維生的一技之長。頂尖的資優生可以成為醫生、會計師、工程師、律師或企業高級主管等等。還有其他種類的學校屬於技職學院，專門培育機械技師、工程技師、廚師、護士、秘書和電腦程式人員等。

以上還缺了些什麼？

3. **財務教育**：傳統升學體系就是缺乏了這類教育。這是屬於替未來做準備的一種教育。再次強調，我們雖然常常灌輸孩子要認真上學將來好找份薪資優渥的工作，但是在成長過程當中，我們幾乎都沒有傳授他們任何有關於金錢方面的內容。

統計資料顯示一個令人難過又非常訝異的結果：就算有90%的學生想要學習有關於金錢方面的知識，卻有80%的老師對於教導這方面的知識感到不自在。或許有一天，財務教育會被納入傳統教育體系的課程之中，但是絕對不會是近期就會發生的事情。

我的故事

我從九歲起就開始接受財務教育，是我的富爸爸教我的，他並非我的親生父親，而是我最要好朋友的爸爸。他把「地產大亨」這款遊戲當作教具，每週我們會利用放學後的時間玩上好幾個鐘頭。

當我玩完回家後，我的親生父親，也就是我稱之為窮爸爸的父親，他就會問我：「你整天都在幹什麼？」

當我回答：「玩地產大亨」之後，他就會說：「別再浪費時間玩那款無聊的遊戲，你應該早點回家念書做功課。如果你不做功課成績就會不理想，無法進入有名的大學，將來也就找不到好的工作。」由於我的在校成績一直不好（都在及格的邊緣），因此我的窮爸爸經常會和我說以上的話。

我最要好的朋友邁克就是富爸爸的親生兒子。當時我們所念的，是專門給有錢人孩子上的小學。好消息是：我們的家庭卻反而很窮（我的富爸爸當時尚未飛黃騰達，而我的窮爸爸雖然很成功，但一輩子卻都沒有什麼錢）。就因為如此，富爸爸才要我們每週固定玩「地產大亨」這個遊戲來提升我們的財務教育，他要我們將來變得比那些富家子弟還更加地聰明和富有。

有一天他開車帶著他兒子和我出去「郊遊」。不是去參訪博物館或看文藝展覽，他帶我們去看了他自己所擁有的「綠色房子」，也就是他出租給別人的不動產。就在那個時候我才理解到富爸爸真的在現實生活當中玩起「地產大亨」了。他跟我們說：「總有一天，我的這些綠色房子將會變成一幢紅色旅館。」

那天回家後我跟父親說富爸爸真的在現實生活當中玩起「地產大亨」了，我的窮爸爸不禁大笑出聲。他認為這種想法簡直是荒誕無稽。他給我的建議是別再浪費時間玩遊戲了，好好去做功課就對了。

我的父親當時是夏威夷本島教育局的局長。幾年後他甚至還晉升為整個夏威夷州的教育局長。

我的窮爸爸求學期間是一位A等生、畢業生致詞代表，也經常擔任班長。他在求學期間稱得上如魚得水。他在四年制的夏威夷大學裡，只花了兩年就修完學分畢業了，後來也陸續到史丹福、芝加哥，以及西北等大學深造。

反觀我的富爸爸連國中二年級都沒有念完（因為他的父親突然去世，只好一肩扛起家庭事業的重擔）。雖然富爸爸沒有受過什麼樣的教育，但是後來他竟然成為夏威夷的首富。富爸爸在我十九歲的時候，買下了位於威基基海灘上屬於他的「紅色旅館」。在十年之間，他那些「綠色小房子」真的變成了一棟巨大的「紅色旅館」。

我當時無法想像「地產大亨」這款遊戲以及富爸爸給我的財務教育，會對我的人生產生這麼巨大的影響。富爸爸在陪我們玩「地產大亨」這款遊戲的過程當中，逐漸把我的思考模式調教成一位資本家。

我的富爸爸和窮爸爸就像南北極一樣的南轅北轍。兩位都是很好的男人，但是他們看事情的方式完全不一樣。他們在觀念上的衝突終於在我十歲的時候爆發了。當我跟親生父親說我陪著富爸爸一起去他所擁有的「綠色房子」收租金的時候，我的窮爸爸非常不高興。窮爸爸非常不認同我去參與收租金的行為，他很生氣，我的母親也一樣不高興。他們認為這對一個年僅十歲的孩子來說是一項殘酷的教訓。對我而言，那次的經驗讓我對於真實的社會和人生有了非常深刻的體驗。

後來，我才懂得為何我的父母當時會這麼不高興。因為我們家一直都是租房子，父母經常要面對房東前來敲門催租的窘境。直到幾年後我念初中，他們才存夠了錢買下生平第一棟房子。

***

我的不公平競爭優勢

對於窮爸爸和富爸爸來說，傳統的教育仍然非常重要，兩位爸爸都期待自己的兒子能夠上大學，因此我們也都照做了。富爸爸的兒子甚至在念夏威夷大學的期間，還得抽空幫助富爸爸管理家族的事業。

而我的爸爸卻沒有足夠的錢讓我念大學。高中一畢業之後，我就知道得完全靠自己了，這點也成為我申請軍校的動機之一。雖然我的在校成績非常糟糕，但幸好SAT成績還算不錯，而且又很會打美式橄欖球，因此我獲得了兩個國會獎學金的機會——其中一個是到馬里蘭州安那波利斯的美國海軍學院就讀，另外一個則是到紐約州國王角（Kings Point）的美國商船學院就讀。我決定接受美國商船學院的獎學金，後來在一九六九年畢業並獲得理學士的學位。

現在回顧以往，我才理解當年與富爸爸相處的時光，是如何讓我這輩子擁有一種不公平的競爭優勢（尤其是在金錢這一方面）。從我九歲開始直到十八歲離家去紐約念書的這一段期間，我每週放學後都要挑兩天，另加兩個星期六，免費去為富爸爸工作；如果你曾經看過《富爸爸，窮爸爸》這本書，你就會知道這讓窮爸爸坐立難安。窮爸爸堅信富爸爸是在壓榨、利用我，因為他沒有給我任何薪資。由於窮爸爸身為教師工會的成員之一，我對於他一直喃喃自語關於「兒童及少年福利法」等等的話時，一點都不會感到意外。

富爸爸從未給我或他兒子任何工資，是因為他在訓練我們成為資本家；他之所以沒有給我們任何薪資，是因為他不想把我們訓練成一個只會為薪資而工作的雇員；他想要把我們訓練成老闆、創業家和資本家，要能利用別人的才能與別人的金錢來替自己工作的人。

很明顯地，富爸爸有關於「為了學習而工作，而不是為了收入才去工作」的觀念讓比較偏社會主義（而非資本主義）的窮爸爸感到非常的憤怒。

下一張圖表是一九六九年由艾格．戴爾（Dr. Edgar Dale）的教育博士所研發的「學習的圓錐」圖表。戴爾博士（1900-1985）在芝加哥大學獲得博士學位，並多年任職於俄亥俄州州立大學。

根據戴爾博士的說法，我的富爸爸把「地產大亨」當作教具，並且還帶我們一起收租來教導我們有關於金錢的知識，是一種非常具有

學習的圓錐

兩週後大概還會記得		自然而然的投入程度	
90%自己所說過的話以及動手做過的事	實際操作（玩真的）	主動的	富爸爸的教導方式
	模擬真實的體驗		
	從事戲劇化的講演		
70%自己所說過的話	發表談話		
	參與討論		
50%自己所聽到的和看到的事	看他人實地演練操作	被動的	
	觀看別人的示範		
	觀看展覽會中別人的示範		
	看動態影片		
30%自己所看到的	看靜態圖畫		
20%自己所聽到的	聆聽別人所說的話		窮爸爸的教導方式
10%自己所閱覽的	閱讀		

資料來源：Cone of Learning adapted from Dale, 1969 經過授權獲准使用

效率的學習方式。

提問：這麼說來，你認為閱讀和上課不怎麼重要？

回答：不是這樣的，至少對我來說沒有這麼重要。「地產大亨」這款遊戲激發了我想要學習更多的渴望。至今我之所以仍然會閱讀更多書籍、研究更多課題、參與更多課程的原因，都是因為這款模擬真實生活各種狀況的遊戲，在當年激發我學習更多有關這方面知識的渴望。

雖然我當時很窮又很不會念書，我仍然吃力地讀完一般人絕對不會去碰的，一些有關於財經與創業方面的書籍。我把「自己能在現實生活當中，扎實地獲得財務教育的功勞」，完全歸功於當年玩「地產大亨」這款遊戲。

更重要的是身為一個小孩子因為「地產大亨」的關係，讓我想要學習更多、記得更多，並且在替富爸爸收租的過程當中，可以實際運用自己所學到的知識。就因為如此，這些學習心得就能被我牢牢記在心裡面。雖然後來我也得到了著名大學的理學士學位，但是在念大學的四年間我到底學了些什麼，我到現在壓根都想不起來。舉例來說，雖然我記得我修了三年的微積分，但是要現在的我解出一道微積分的題目簡直是比登天還難。俗話說的好：「不進則退。」如果我是一位火箭科學家，那麼我就得把微積分練好（但是我根本用不到任何微積分就發財致富了）。如果你想要變得很有錢，那麼小學水準的數學——加、減、乘、除等，就很夠用了。

我和太太金於一九八四年創立了一間教育培訓公司，並在美國、澳洲、紐西蘭、新加坡、加拿大與馬來西亞等地成立了分公司。我們藉著各種遊戲與模擬練習，來教導人們有關於投資與創業等方面的事情，整個學習過程充滿了樂趣與刺激。

一九九四年我們宣布退休，當時的我四十七歲而金只有三十七歲。我們之所以能退休是因為擁有被動收入，亦即從我們的投資組合當中所產生出來的現金流。就如同富爸爸一樣，我們在現實生活當中也開始玩起「地產大亨」的遊戲（我們到現在還是樂此不疲）。二〇〇七年金融大海嘯之後由於資產價格的崩跌，我們的收入（現金流）還因此大大的增加了不少。若想要在市場崩盤或者經濟環境極不穩定的狀況下，仍然要知道怎麼做才能增加自己的財富，那麼在這種時候你以前曾經受過的財務教育，就會產生決定性的影響。

我和金於一九九六年成立了富爸爸集團，製作、生產各種財務教育的產品，諸如**現金流101**、**現金流202**、**現金流兒童版**等等。紙盤式的桌遊一向都是全家一起遊樂學習的最佳方式。

我們同時也致力於將這些遊戲發行電子版本，來符合移動裝置與平版電腦的趨勢。遊戲的電子版本更提供了線上輔助教材與自我評量的工具，可以讓你評估自己的水準進而做出修正，不斷地學習與進步。

一九五六年當我和邁克只有九歲的時候，富爸爸就開始利用遊戲與模擬的方式來教導我們有關財務和創業方面的知識與技能。由於富爸爸的眼光在當時領先群倫，因此我和班上其他同學相較，他這麼做確實給了我們一種極為不公平的競爭優勢。

行動金融家

花點時間討論金錢以及它在生活中所扮演的角色

很不幸的在許多家庭裡面，幾乎沒有任何關於金錢方面的對話與分享。就算有，大部分也都是為了錢而爭吵。

我的幼年有很多痛苦的回憶，都是關於父母為了金錢而起的爭執。不管爸爸賺了多少錢回家，我們家的錢永遠不夠用。我最愛的兩個人——也就是我的爸爸和媽媽，永遠都在為了金錢吵架，而不是開誠布公地討論有關於金錢的事。反觀我的富爸爸，經常花費數個鐘頭的時間來認真討論家中所面臨的金錢問題。現在的我，也會把富爸爸所討論的內容帶到自己的婚姻之中。與其為了金錢而爭吵，我和金寧可開誠布公地討論任何有關於金錢的問題。

一旦你建立起「家庭財務教育之夜」這類的例行活動，記得要撥出一點時間來討論現實生活中，家庭所面臨的各種有關於金錢的議題。彼此分享任何與錢有關的問題與挑戰，並且討論這些問題產生的原因，以及如何解決的辦法。

花點時間讓自己的家庭成為討論金錢的所在，而不是為了金錢吵架的地方。

為什麼家長這麼
重要？

第三章

教學單元#3：讓孩子替最壞的狀況做準備

家長是孩子的第一個同時也是最重要的一位老師，並且也是打造孩子教育基礎的人。當孩子開口說出第一個字的時候，家長會滿心歡喜、大大慶祝一番，並且持續教孩子新的詞彙，進而還會教算術、走路、閱讀，以及如何騎腳踏車。隨著孩子的成長，許多的家長成為孩子請教智慧、良師益友、參謀智囊以及行為上的榜樣。無論是有意還是無意的，父母每天都會跟孩子進行互動，因此在塑造孩子人格與人生的方向上，都會產生巨大而且深遠的影響。當孩子親眼見到父母明理地接受新觀念，並且抱持著終身學習的態度等，孩子就會以父母為榜樣，並且在他們心中形成非常深刻的印象。當孩子的父母（或老師）藉著不斷問問題的方式，來協助孩子清楚理解事物，並且對別人不同的看法也抱持著開明的胸襟，同時不斷地鼓勵孩子（以及他的另一半）盡情追逐屬於他們自己的夢想時，這個孩子的生命就會完全不一樣了。

我經常看見父母在協助孩子面對現實生活與充滿不確定性的未來時，經常會在「積極協助」或「過度保護」之間掙扎。未來的世界，將會是那些可以處理大量資訊、看得出各種事物之間關係和趨勢、隨時保持靈敏知覺、並能隨著世界改變而負起本身責任等等的這些人所主宰。而且，就如同我們現在所處的世界跟當年我們父母所面對的世界有著非常巨大的差異，你的孩子將來所面臨的狀況也會跟你所遭遇的不盡相同。我們預期他們會面對全新且全然不同的挑戰，但同時也會有許多前所未見的嶄新機會。

生活現場

許多美國人都聽說過「一頭八百磅重的猩猩」這個比喻，如果你沒有聽過這種說法，這句話的意思其實很簡單：猩猩就是在比喻一個大家心知肚明必須要面對，或要加以處裡的大問題或者是挑戰，可是大家就是不敢（或者不願意）提起這件事的情況。

***　***　***

你的孩子將來要面對的四隻大猩猩

從我的觀點來看，你的孩子在未來至少要面對四隻巨大的猩猩。雖然只有少數人會跟你的小孩提到這些猩猩的事，但是牠們確實是存在的，而且你的孩子必須要為此提早做準備，因為他們在將來的人生當中必定得要面對牠們。

猩猩1號：壽命延長產生的新問題

人類壽命不斷的延長是一種新現象。

美國羅斯福總統於一九三五年簽署了社會福利法案（Social Security Act）。當時的社會認為活到六十五歲就已經算是很老的人了。而現在的人們卻把六十五歲當成四十五歲來看待（尤其是戰後嬰兒潮世代都是這

麼認為的）。以美國為例，許多人非常害怕一旦變老就會失去自己獨立自主的能力，甚至比失去生命還來得更加嚴重。由於現代醫療和科技的進步，將來你的孩子被人認為很老的年齡，很可能會變成九十、甚至是一百二十歲也不一定。換句話說，現代人有機會讓自己壽命不斷地延長，但同時也會創造出新的問題。

二〇一二年美國政府終於承認社會福利制度將於二〇三三年宣布破產。請問二〇三三年的時候你的孩子才幾歲？許多戰後嬰兒潮世代出生的人也不過八十幾歲而已。問題是：政府要如何負擔起這些高齡人口的居住、飲食，以及醫療衛生等問題？

美國社會福利局於二〇一二年所公布的數字當中，顯示有一千零八十萬的美國人正在支領失能給付，也就是說近十年來這個數字比原先增加了53％。二〇〇七年爆發金融海嘯之後，有超過五百萬的民眾也開始申請失能給付。當失業率不斷攀升時，將會有更多的人來申請這項津貼。萬一像許多專家所預期的一樣，在未來二十年間經濟都不會有太大的起色時，又會發生什麼樣的狀況？

今天有許多國家的財政都瀕臨破產，更找不到錢來支付目前在職公務人員退休時應該要發放的退休金。以美國加州公務人員的退休基金為例，完全是無法挽救的一筆爛帳。

政府要如何扛起未來人口老化時所需要的經費？這隻八百磅重的大猩猩，將來勢必成為孩子被迫要面對的問題。

年齡是一種資產還是負債？

在農業與工業時代，比別人年長是一種資產，因為年紀大就意味著比別人擁有更多的智慧與經驗。而在資訊時代裡，年齡反而變成了一種負債。

年邁的父母及啃老的兒女

多年來所謂的美國夢，就是要擁有一間屬於自己的房屋。而今一棟房屋可能需要容納好幾個世代共同居住才行。無論是兩代、三代，甚至是四代同堂的情況都有可能發生。這也就是為什麼有愈來愈多的建設公司會推出擁有許多獨立單元，但仍然在同一個屋簷下的新建築。

今天，許多美國家庭都有著所謂的「啃老族」——意指那些離家去念書的孩子們因為畢業之後找不到工作，又無法靠自己的本事在現實社會活下去，因此只好搬回家住的這群年輕人。除了啃老族之外，許多家長都還得擔負自己年邁雙親所需要的各種照護。以美國地區為例，長期照護的費用有時候每個月高達8千多美元，對很多人來說這比他一個月的薪水還要多。

多代同堂的生活形態將會成為你孩子要面對的問題。不知道屆時是你的孩子搬回來跟你一起住，還是你會搬進去跟孩子一起住？萬一你幸運地很長壽的話，不知道你的孩子們是否有能力可以長期的照護你？

難以想像的醫療保險

目前代價最昂貴的猩猩並不是社會福利或者是幾代同堂的問題。安安靜靜地坐在房間角落裡，有一隻叫做聯邦醫療保險制度（Medicare）的大猩猩。聯邦醫療保險制度於一九六五年創立，而截至目前為止，估計該制度「沒有資金來源的給付義務」（unfunded liabilities）高達1百兆美元，就算把全世界所有的錢加起來也都沒有這筆數目來得大。你的孩子將來勢必要挑戰這隻大猩猩，而且無論輸贏都會付出相當的代價。

當布希總統在幾年前簽署頒布了聯邦醫療保險D制度時，他創造了聯邦醫療保險制度中最大的負擔，也是美國史上最昂貴的社會問題。

而歐巴馬總統的全民健保（Obamacare）又再次創造出一個你孩子將來避都避不開，一個要由他來埋單的大麻煩。我個人相信歐巴馬總統的全民健保所衍生的問題，會比布希總統的聯邦醫療保險制度還來得嚴重許多。

隨著八千多萬的戰後嬰兒潮世代逐漸退休，他們會開始支領各種社會福利津貼以及醫療照護等補助。為了方便計算起見，讓我們用整數來計算看看：如果8千萬戰後嬰兒潮世代退休之後每個月可以向政府領取1千美元，那就表示美國納稅人每個月就得負擔8百億美元給這些退休的人，而這些錢將來都得靠你和孩子們埋單。

戰後嬰兒潮世代絕對會活得比他們的上一代還要久，而且他們的醫療成本必定也更加的昂貴。只要有人繼續埋單（就是你和孩子所繳納的稅金），這些人就能繼續享受著美妙的退休生活。這麼一來就輪到下一隻大猩猩出場。

猩猩2號：以複利累積的國債

大部分的人都聽說過「複利的威力」這回事，愛因斯坦甚至還說複利是「宇宙中最巨大的一種力量」。

而以複利計算的債務也是同樣的道理。你的孩子將來不但要面對以複利計算的國家債務，同時還得負擔以複利計算的國債利息。

美國的國債於二〇〇〇年時才剛剛超過5兆美元，而截至二〇一二年為止已經增長至16兆美元之譜。

當希臘政府於二〇一一年宣告破產後，希臘境內到處都發生爆動。看樣子美國、英國和日本等國也是指日可待。

因此這就輪到了下一隻大猩猩的出場。

猩猩3號：新的經濟大蕭條

在本書寫成的時候，美國聯準會的主席是柏南克，他毫無疑問地的是全世界最有權力的銀行家，這是因為他有權力可以命令美國國庫直接印製（發行）美元通貨。

他第一份工作是在普林斯頓大學出任教授之職，而且他當年專攻的領域就是經濟大蕭條。他相信上次經濟大蕭條之所以會這麼嚴重，就是因為當年的聯準會沒有發行足夠的鈔票才導致經濟崩潰。因此他堅信：如果想要挽救這次新的經濟大蕭條，唯有靠「量化寬鬆」的貨幣政策（換句話說就是大量印鈔票）才能予以解決。這也就是為什麼他綽號「直升機主席」，因為他經常強調說為了提振疲弱的經濟，就算派出直

升機在空中撒鈔票也在所不惜。

歷史上記載著兩種截然不同的經濟大蕭條：

1. 德國於一九二〇年發生的惡性通貨膨脹；2. 美國於一九二九年發生的經濟大蕭條。

簡單來說，美國經濟大蕭條發生的原因，就是因為印的鈔票不夠多。而德國的惡性通貨膨脹所導致的經濟大蕭條，就是因為發行太多的鈔票所致。

柏南克這位資優生竟然做出了一些讓人坐立難安的評論。諸如：

- 「美國政府目前擁有一種稱為印鈔票（如今是採用發行電子貨幣的形式）的科技，可以讓美國隨意發行任何想要的通貨金額，而且完全不需要任何成本。」（二〇〇二年）
- 「房價在這兩年間上漲了25%左右。雖然某些地區的房價確實有過度投機炒作之嫌，但是從國家整體來看，房價的上漲是因為經濟復甦強勁的緣故。」（二〇〇五）

結果房價於二〇〇七年開始崩跌。

- 「美國聯準會並不認為近期會發生經濟衰退的現象」（二〇〇八）
- 「外面謠傳我們的做法就是不斷地在印鈔票。我們沒有印鈔票。」（二〇一〇）

問：美國經濟大蕭條一共持續了幾年？

答：一共二十五年。美國道瓊工業指數在一九二九年崩盤前曾經創下三八一點的歷史新高。一直等到一九五四年道瓊指數才再次回到三八一點的水準。

如果上次經濟大蕭條歷時二十五年，那麼這次的新經濟大蕭條或許從二〇〇七年會一直拖到二〇三二年才能完全回復。

柏南克主席是一位非常傑出的學者，但很不幸的他並不懂如何做生意。從我個人的觀點來看，他以上的評論反映出他這個人是和現實社會「完全脫節」的。

二〇〇七年之後，我很明顯看得出來柏南克主席偏愛德國式的經濟大蕭條，也就是在這種金融危機過後（如果他能成功地挽救經濟）就會導致惡性超通膨。他相信美國之前印太多鈔票所衍生的問題，現在藉著印更多的鈔票就能加以解決。這就好比一個酒精中毒的酒鬼，想藉著喝更多的酒來解決酒癮一樣。

惡性通貨膨脹就是在短時間內通貨膨脹迅速上揚，導致國家貨幣完全失去價值的現象。對於那些為錢辛苦工作的上班族，以及那些拚命存錢的儲蓄者來說，發生惡性通貨膨脹的話，就會讓他們立即一無所有。這點非常重要。因為美國上次發生經濟大蕭條時，那些擁有一份工作或有一些存款的民眾，後來個個都成了大贏家。

當德國在一九二〇年發生經濟大蕭條的期間，那些能提供（或生產）民生必需品的人們（例如居住設備、融資借貸以及各種能源等），都能維持一定的生活水準。其中有少數的人甚至還藉著哄抬價格而大發利市。

反觀現在的新經濟大蕭條中，那些存款儲蓄、已經退休，以及依賴固定薪資等等的民眾，將會成為最大的輸家。那些債權人，或能生產食物、能源、居住設備等等，以及擁有實體黃金、白銀或鑽石（而非持有現金）的民眾，都將成為最大的贏家。

重點是：必須提早幫孩子準備迎接兩種不同形式的經濟大蕭條。

愛德蒙・博克爵士（Sir Edmond Burke, 1729-1797）曾經說過：

「那些無法從歷史汲取教訓的人們注定要重蹈覆轍。」

這次全球性的金融危機是全世界的報應，因為在我們的教育體制中沒有教導關於財經方面的歷史，而這些內容卻又是財務教育當中極為重要的一環。

經濟學家的警告

當今會倡議需要藉著「量化寬鬆政策」來挽救經濟的人，都是一些信奉凱因斯經濟的學派。他們的說法根本是一派胡扯，這些謊言是專門講給那些完全不懂凱因斯經濟理論是什麼的一般大眾聽的。

以下是英國經濟學家凱因斯（John Maynard Keynes）對稀釋貨幣價值的看法：

「列寧曾經說過顛覆資本主義制度最好的辦法，就是讓貨幣發生貶值……想要推翻原本既有的社會基礎，沒有比促使貨幣貶值更加隱密、更確實的辦法……藉著連續的通貨膨脹過程，政府可以祕密地、不被民眾察覺到的，逐漸沒收民眾大筆的財富……這個過程潛在地運用了各種具有破壞性的經濟定律，一百萬人當中也不見得能找出看得出問題根源的人。」

富爸爸的教誨

財務教育的內容必須要包括和財務相關的歷史。他說：「想要替未來做準備，就得先了解過去。」。

猩猩４號：不斷增加的稅賦

每當中央銀行宣布要發行更多的鈔票時，就會發生兩件事情：

1. 更高的稅賦。
2. 更高的通貨膨脹（其實通貨膨脹就是一種變相的加稅）。

納稅不算是愛國的行為

許多人認為納稅是國民應盡的義務，是一種愛國的表現。再次強調，這些人就是因為不了解財務的歷史而再次變成受害者。

美國國會於一九四三年通過了當今所採用的稅法，目的是要支應第二次世界大戰龐大的軍費。這是美國自開國以來，政府首次擁有可以在民眾尚未拿到薪水之前，就能先把稅金抽走的權力。美國民眾默許政府這麼做的原因，是因為當時政府利用「為自由和民主而戰」的名義頒布這項法令的。這也是為什麼美國民眾認為納稅是一種非常愛國的行為。但問題在於：第二次世界大戰早已經結束了，可是美國政府從來就沒有停止課徵這項稅收。

就如你所知道的，目前政府機構中的官僚都非常擅長於花銷經費，但是他們完全不懂得要如何賺錢，他們唯一的本事就是不斷地給民眾增稅。

毫無節制的浪費公帑並且不斷地加稅，並非只是有錢人或者是窮人的問題。有錢人跟窮人一樣都擁有各種社會福利和醫療健保。有錢人擁有的是公司企業的福利健保，而窮人擁有的是社會福利健保。不管它們的名稱如何，永遠都是由納稅人來埋單。

對有錢的人來說，這些福利健保制度也被稱之為「油水庫」。這些油水會被拿來興建「沒有人在行駛的橋梁」，或者「研製軍隊根本用不到的武器」等等。對有錢的老闆來說這些錢也可以變成他們擁有的另外一項福利：把這些錢用在毫無意義的專案之中，來幫助有錢人的公司獲得利潤。

如果現在斷絕有錢人和窮人的各種福利，那麼國家社會將會面臨比二〇〇七年更嚴重的金融風暴。我得承認，政府有些社福計畫的確是幫助了不少百姓，但問題在於這一切將來都要由你的孩子埋單，因為下一代必須繳納愈來愈高額的稅金，政府才有足夠的錢來維持這類的社福計畫。

家長應該要盡早和孩子討論有關稅賦的事，並且好好解釋大部分的稅都是哪些人在承擔的，以及為什麼會發生這種事情的理由。

富爸爸把現金流象限畫出來給我看，並且用它來解釋有關稅務方面的問題。

每個象限的英文字母所代表的意義如下：

E代表雇員，

S代表中小企業或自由業者，

B代表大企業（超過五百名員工），

I代表投資者。

所有的人都必定屬於**現金流象限**其中的一個（或者數個）象限之中。你屬於哪個象限完全取決於你的現金收入來自何處，這也就是為什麼這張圖被稱之為**現金流**象限圖的原因。一個人可能擁有來自不同象限的各種收入來源，而且本身也可能同時橫跨數個象限。

位於E象限的雇員（上班族）擁有穩定的工作並且仰賴固定的薪水。

位於S象限的人屬於自由業者，通常都是仰賴時薪、佣金，或者統包案件的方式來獲得收入。許多A等生，例如醫生和律師們，都是屬於S象限的。

B象限是賈伯斯或比爾・蓋茲等，這些能建立大型企業的創業家。

位於I象限的人是專業的、獨立自主的投資者，例如華倫・巴菲特就屬於這個象限。

許多人都會把錢投入退休基金或者「401（k）計畫」（編註：延後課稅的退休金帳戶計畫，明定在美國國稅法第401（k）條）之中，而這些人則是屬於被動式的投資者。他們既不是獨立自主的投資者，也並非專業的投資人，因此這些人的投資收益將會被政府課以更高的稅率。

絕大部分的執行長（CEO或總裁）都屬於E象限。這些人被稱之為「管理型資本家」，專門在為真正的創業家工作。真正能稱之為資本家的，就是像賈伯斯、比爾・蓋茲，或者是祖克伯等這類的人物，擁有超過五百位員工的大型企業，一路從S象限到B象限，最後到達I象限的這種人。

傳統教育體系是為了把人們導入現金流象限左邊，也就是E和S象限而設的。這也就是為什麼絕大部分的家長都會給自己的小孩「好好上學念書並找一份高薪的工作」（E象限），或者「長大要做醫生或律師」（S象限）這類的建議。

位於不同象限的人們所要承擔的稅率級別，簡直就是天差地別。

端看一個人的收入是來自於哪一個象限，就會決定他的收入要被課徵多高的稅率。下列的圖表能讓我們了解來自各種象限、不同種類的收入所要負擔的稅率，而且也會清楚知道現在社會中，是哪一個象限裡面的人要負擔最沉重的稅賦。

你現在就能清楚了解，為什麼歐巴馬總統適用20.5%的稅率，而羅姆尼只需負擔14%的稅。這兩個人在稅率上之所以會有差別，是因為他們擁有來自於不同現金流象限的各種收入。歐巴馬總統從E象限和S象限裡獲得的收入比較多，而羅姆尼的收入大部分是來自於B象限以及I象限。

許多社會學家都位於E和S象限之中。真正的資本家都是處在B或I象限之中。

就如你所見，當你不斷灌輸孩子到E象限「好好念書並找一份高薪的工作」，或者鼓勵孩子「好好上學成為醫生或律師」這種S象限的建議，你就是在建議他們將來要為一份薪水而工作，而這種收入還要被課徵最高的稅率。這些位於S象限的醫生和律師等等高材生，要擔負所有象限中最高的稅率。

每當大眾喊出「要給有錢人課更重的稅」時，每每增加的稅額都落在E和S象限裡，那些高所得者身上（例如大企業的執行長或總經理，以及醫生和律師等等）。而真正有錢的人，也就是位於B象限和I象限中真正的資本家，幾乎都用不著繳納任何稅。對一些人（例如歐巴馬總

我的親生父母希望我能夠在E或S象限中討生活。
E
B
S
I
我的富爸爸希望我能夠在B或I象限中成長。

統）來說，這聽起來好像是一件非常不公平的事情。在本書稍後幾章裡我們就會知道：為什麼給B象限與I象限裡的人們許多稅賦上的優惠不但是一種公平的作法，同時也是讓國家經濟持續蓬勃發展的重要原因之一。

藉著在年輕的時候就了解稅賦，就能讓你的孩子早點作出人生正確的決定，讓他們清楚知道自己要學什麼，並且了解自己最適合哪個象限。當然，人們不能只憑「想少繳點稅」的理由來選擇自己所處的象限，但是了解各象限之間的差異，也是財務教育當中非常重要的基礎。了解各種象限、不同的收入類別，以及這些收入各自適用的稅率，就能讓你的孩子將來在面對金錢、創業與投資的時候，獲得非常大的幫助。

若要讓你的孩子為B象限和I象限做好準備，就得花上不少的時間。賈伯斯、比爾．蓋茲、祖克伯等都是從青少年時期就開始做準備了。這三位都是在名校中途輟學（例如哈佛大學和里德大學），這是因為一般傳統學校的目的是要培養出E和S象限的人才，而不是為了B和I象限做準備。

為了讓你的孩子做好將來面對大猩猩的準備，要讓他知道人生還有其他許多不同的選擇，是一件非常重要的事情，而不是只有「好好

年薪 1 美元

問：為什麼賈伯斯的年薪只有 1 美元？

答：因為他才是真正的資本家。因為他的收入並非來自於 E 或 S 象限。

現金流象限與百分比

上學、謀得高薪職位、辛苦工作、然後付愈來愈多的稅」的這種辦法而已。

書中稍後我會說明為什麼不同象限的人各自擁有不同的稅率，你也會知道為什麼就算有人喊出「要給有錢人加稅」之後，稅務機關仍然都不會去驚動B和I這兩個象限裡面的人。不管歐巴馬總統多麼努力的嘗試，那些位於B和I象限的人，必定會找到合法的管道來大大降低自己所需要繳納的稅金。

資本家要學習的第一個教訓，剛好是《富爸爸，窮爸爸》這本書第一章的標題，也就是「有錢人從不為錢工作」。一言以蔽之，那些位於E和S象限需要為錢工作的人，注定要承擔比較高的稅率。而位於B和I象限的人才是真正的資本家。資本家都會協助政府實現需要完成的事情——例如創造就業機會以及提供民眾所需要的住宅等等。因此他們就能享受較低的稅率。這在任何受西方文明影響的國家中都是如此。

接下來幾章會更進一步解釋為何有不同稅率的問題，因為稅務永遠都會是財務教育中最重要的課題之一。

想要改變象限是不是為時已晚？

問：倘若某人想從E或I象限轉到B或I象限，是不是年紀愈小愈好？

答：年紀無關緊要。桑德士上校是在退休之後，才開始踏上這個轉變的過程。當他六十五歲的時候，由於新建的高速公路沒有經過他的炸雞店，因此他的生意一落千丈。就在這個時候他被迫離開S象限，並且成立位於B象限的肯德基加盟連鎖事業體。桑德士上校本身具備的優勢，就是當他進軍B和I象限的時候，他早就能夠在S象限裡做出非常與眾不同的炸雞。

B和I象限的要求標準非常高，這也就是為什麼扎實的財務教育，以及提早做準備是非常重要的一件事情。雖然很多人都踏上了這個轉變的過程，但是只有極少數的人能獲得成功。但是對於那些成功者來說，其報酬讓人嘆為觀止。在B或I象限裡獲得成功就如同攀登珠穆朗瑪峰一樣，等於到達世界的頂端，也就是整個食物鏈的最高處。如果你的孩子及早作準備，那他們的確會比別人更有機會到達這種境界。

好消息是：想要在B或I象限裡獲得成功，你不需要比別人聰明也一樣能做得到。你在學校的表現不需要達到A等生的水準，連及格也不需要（不過這點對E象限，尤其是S象限的工作來說就變得非常重要）。在B和I象限裡想要獲得成功，最佳的比喻就是需要團隊的合作，你唯一要做的，就是讓自己和聰明的、可信任的、同時認真工作的人們為伍就能獲得成功。雖然看似簡單，但這可以說是B和I象限的人們，最難克服的挑戰之一了。

啟發與激勵

啟發（inspire）：從拉丁文的字根來看，它的意思是「發自於精神」或「被神啟發」。
激勵（motivate）：從拉丁文字根來看，它的意思是「使……產生移動」。

我的故事

我於一九六九年從紐約海軍商船學院畢業，當時越戰早已經開打了。雖然我唸了四年的書來為這一行做準備，但是我依然決定從軍，而不是急著謀求商船上的主管職位。雖然美國標準石油公司給了我一個非常優渥的工作機會，但是我更想要報效國家。

因此一九六九年我沒有替美國標準石油公司駕駛輪船，而是自願參加美國海軍陸戰隊，並且被派到海軍航空學校。

當我穿過位於佛羅里達州賓夕科拉的海軍飛行學校的大門時，我就踏上了一次驚奇無比的學習之旅。

對我而言，念高中是一次痛苦無比的經驗。雖然海軍飛行學院的競爭非常激烈而且要求標準又高，但是在這裡我愛上了學習。無論飛行學校裡的挑戰有多麼艱難，我一直都抱持著高度的學習熱忱。這是我這輩子以來，首次變成一個開心的學生。

*** *** ***

學會如何熱愛學習是一件非常重要的事情，因為學習本身是一種過程，就如同下面的圖示一樣。

飛行學院不單單只是教育而已，它的確能讓人發生蛻變。飛行學院不斷地在心理上、情緒上、肉體上、以及精神上挑戰我的極限，而且我樂此不疲。真正的教育就應該是這樣的，啟發學生想要學習更多的渴望，並且讓個人同時獲得成長。

我相信家長最重要的職責之一，就是要找出辦法來啟發孩子的天賦，無論是藉著音樂、園藝、醫藥、藝術，或者法律等主題都無所謂（對我而言就是去唸航空學院），來喚起他們熱愛學習的精神。就如同前面所說的，在學習飛行的過程當中，又重新點燃了我熱愛學習的精神，就如同當年「地產大亨」這款遊戲啟發了我想要致富發財是一樣的道理。

很不幸的，如果你拚命利用外在因素來激勵人們，而不是啟發他們內在本身的精神，那麼這種激勵方式很可能就會變成一種操控。

在教育的過程中，最重要的一件事情就是要啟發孩子的學習精神，並且能給他展現屬於自己天賦才華的機會；而不是拿孩子不理想的考試成績來懲罰他，讓他覺得自己很蠢笨。

如果孩子能在家裡獲得扎實的財務教育，那麼他們必然可以追求自己所熱愛的事物，同時又能獲得財務上的成功。拿我自己來做例子，我現在真正從事的職業是老師。對很多老師來說，他們的收入來自於E象限。雖然絕大多數的老師都會嫌自己的薪水太低，但是我沒有這方面的問題。為什麼？因為我是位於B象限的老師，同時也跨足I象限，因此我完全不需要仰賴薪水。我絕大部分的收入都來自於I象限，這個象限的稅率

教育的過程

海軍飛行學院確實把毛毛蟲蛻變成一隻蝴蝶。

都非常低廉（有時候甚至完全免稅），並且完全合法。

孩子適合哪一個象限

對家長們來說，務必要懂得「象限遠比職業更加重要」。本書絕大部分的內容著重於各種不同的教育、技能以及經驗，期望能協助人們在B和I象限裡獲得成功。我們應該要探討的問題是：「哪一個象限最能啟發自己的孩子？」

當年E和S象限並沒有激發我學習的渴望，反而是B象限和I象限的事物才會。孩子選擇要從事哪種職業，基本上不會造成太大的差別。我雖然身為一個老師，但是我是一個位於B和I象限裡的老師，而不是E象限。

我從來就沒有想過要成為老師，但是我很清楚知道自己想去哪一個象限。賈伯斯也一樣。如果你閱讀過他的自傳，你就會知道，他從來就沒有想要成為一個優秀的員工，或是小企業的老闆，他的夢想比這個大太多了。

以夢想決定象限

人們之所以很難改變所處象限的原因，是因為絕大多數的人選擇象限時是基於內心的恐懼，而不是根據自己的夢想來做出選擇。舉例來說，許多人之所以會選擇E象限的原因，是因為他們害怕自己有一天沒有收入。這種在財務上的恐懼心理，會迫使他們尋求鐵飯碗般的工作、寄望獲得各種福利津貼，並且仰賴穩定的薪資收入。

很多人逐漸轉移到S象限的原因，是因為他們缺乏信任感。我的經驗告訴我，大多數S象限的人們都不容易信任他人。這些人喜歡按照自己的意思做事，讓自己成為老闆，這也就是為什麼他們經常會說這種話：「如果想要把事情做對，就一定得親自出馬才行。」

對S象限的人來說，你擁有的並非一個事業，只是一份工作罷了，如果你停止工作，在大多數的情況下也會同時失去你的收入來源。這就表示你擁有的是一個「忙碌的工作崗位」，而不是一個事業。

反觀那些位於B象限的人，就算停止工作，收入仍然源源不絕。

為人生做準備

為什麼金和我可以在三十七歲和四十七歲的時候退休，是因為我們有來自於B象限和I象限的收入。我們完全沒有屬於E象限與S象限的收入。

我這麼熱愛飛行學校的理由，是因為我們每天都得激勵自己面對心中的恐懼。我加入飛行學校的目的，並不是為了獲得穩定的收入以及退休後的福利（雖然我知道很多同期生加入的原因就是為了這些）。海軍陸戰隊裡的終身職，根本就等於是美國政府聘用的雇員。

我是因為受到了啟發，同時也為了替戰爭做準備，才加入海軍陸戰隊的飛行學院。我們的教官在每次的飛行訓練當中，都會強迫我們練習所謂的「緊急迴避動作」，而不是拚命追求安全感。訓練過程中，除了祈禱每天的飛行訓練能順利安全地完成，我們的飛行教官還會故意讓我們的直升機出狀況，有時候甚至還會突然把引擎整個關閉。他強迫我們要面對自己的恐懼，讓我們練習如何保持冷靜，並且繼續完成飛行訓練。這種訓練在我日後進入B象限和I象限時，讓我擁有最周全的準備。

許多人之所以會在財務方面遭遇困難，簡單來說就是因為這些人讓情緒左右自己的人生，他們一直在逃避這些切身的感受，而不是面對他們在財務方面的恐懼。許多位於E象限的上班族，是躲在每個月固定薪資和鐵飯碗的工作中而毫不自覺；那些位於S象限的自由業者，也是躲在個人主義的假象之中，因為他們一定要證明自己鶴立雞群、與眾不同。

讓孩子準備好面對大猩猩

與其過度保護自己的孩子極力避免接觸現實社會，或者不斷地鼓吹好好念書就能找到高薪工作的觀念，希望他們不需要面對現實生活的總總等作法，寧可好好的跟他說說未來必定會出現的這幾隻猩猩。只要講到錢，任何小孩都會變得非常靈光；讓他們為自己的未來作準備，就像我在飛行學院裡的教官一樣，讓我在打越戰之前做了最充分的準備。

我知道很多專家都會建議我們：千萬別拿這些內容來嚇小孩。但是我這麼做的目的並不是要嚇他們，而是要協助他們準備面對未來。藉著面對自己內心的恐懼並且為最壞的情形作準備，你的孩子就會比別人更有機會創造美好的人生。

如果你的**孩子**決定在E象限中尋求穩定的工作，或者在S象限裡尋求獨立自主的生活，那麼請你至少提供他們完整的資訊，好讓他們做出最佳的決定。如果他們認為自己很有機會在B象限和I象限裡獲得成功，那麼就讓他們像賈伯斯和比爾．蓋茲那樣，從青少年時期就給他們充分的時間好好作準備。如果他們真的想要成為創業家，最好讓你的孩子從年輕的時候就開始打基礎。

你的孩子將來所要面對的世界，會跟我們現在所看到的很不一樣。雖然他們的時代會擁有許多絕佳的機會，但是困擾的問題也不會少。許多國家面臨破產的情況才剛剛開始而已，先前希臘宣布破產只是冰山的一角罷了。

最近常聽到許多人這樣說：「這一代的美國人在財富上是無法超越上一代的」。這種情況之所以會發生，是因為傳統教育體系沒有辦法幫助孩子面對現實的生活，更遑論面對未來的世界。簡單來說，不要想辦法避免孩子面對未來所要發生的事，而是要協助他們為此作好充分的準備。

債務氣球爆炸了

尼克森總統於一九七一年取消了美元的金本位制。

因此從一九七一年起，美國的國幣就不再是真正的金錢。美元變成了一種法定通貨，一個從債務衍生出來的憑證，一個由美國納稅人背書的借據罷了。

好消息是自一九七一年之後，全世界的經濟開始蓬勃發展，不過這樣的經濟是建立在債務的基礎之上。

在二〇〇七年的時候，這個源自於債務的氣球就爆炸了。現在我們面臨了一場金融危機，一種全新的經濟大蕭條。

或許這就是我們得要付出的代價，因為我們沒有從歷史當中汲取教訓。

歷史會不斷地重複

於一七四四年出生的梅耶．羅斯柴爾德（Mayer Amschel Rothschild），也就是羅斯柴爾德銀行的創始人，解釋了這次發生全球性金融危機的遠因。

「如果讓我掌管一國的貨幣體系，我就用不著在乎是誰在制定法律。」

尼克森總統於一九七一年取消了美元的金本位制後，不管是誰來制訂法規也都沒用了。無論是民主黨或者是共和黨執政，都不會有什麼差別。這是因為全世界最強的國家——美利堅合眾國，已經徹底被跨國的大銀行所掌控了。

但是尼克森總統並非美國歷史上，第一個敗給跨國銀行的總統。美國開國元老同時也是獨立宣言的簽署人之一，亦出任美國第三任總統的湯瑪士．傑佛遜曾經說過：

「如果美國民眾允許銀行家，藉著先發生通貨膨脹然後再以通貨緊縮的手段控制貨幣，那麼這些無處不在、與民眾生活密不可分的銀行，就會逐漸剝奪民眾的財富，直到孩子們大夢初醒地驚覺自己已經無家可歸、無法繼續在先人所爭取到的這片土地上立足。」

傑佛遜也警告過我們：

「我個人打從心底堅信銀行機構對我們的民主共和遠比軍隊更具威脅性；而他們倡導先消費後付款的作法，根本是騙走了我們全體共同未來的一大部分。」

換句話說各國的中央銀行，尤其是於一九一三年成立，人類歷史上最有權力的美國聯準會銀行，一直不斷的騙取我們的父母、我們自己、我們的孩子，以及子子孫孫的未來。而這種掠奪的行為已經在全世界蔓延開來，也是導致我們當今所面臨的金融風暴。

美國聯準會並非隸屬於美國的機構，是一個聯合全世界最富有、最有錢的銀行家所形成的壟斷組織，完全不隸屬於美國政府的體制。你跟我，我們這些百姓完全沒有監督與管轄權；它也沒有任何儲備，完全不需要引進任何資金，因為它擁有印鈔票的權力。而它根本不是一間銀行。

美國於一九一三年通過憲法第十六條修正法案，這條法案給予聯邦政府的權力，就是可以直接向民眾開徵個人所得稅。由於這條修正法案，美國成立了國稅局，並賦予國稅局向人民課徵稅金的權力。

美國人民於一九一三年失去對國家貨幣的控制權。這世界上最有錢的人，不費吹灰之力就掌控了這個即將成為世界上最強霸權的國家，接著利用課稅的方式，展開歷史上最大的一次金融騙局。透過自己所控制的國家體系，再藉著課稅的名義，這些有錢人可以直接把他們的手伸進一般民眾的口袋裡。

我相信藉著全球銀行體系掠奪我們未來的這些竊賊，也就是讓我們在學校體系中學不到有關於財務教育內容的罪魁禍首。這也是為什麼家長必須扮演教導孩子財務教育的角色，協助他們準備迎接現實世界即將面臨的金融衝擊。

於一七四三年出生的湯瑪斯．傑佛遜早就警告過我們：

「這些無處不在、與民眾生活密不可分的銀行，會逐漸剝奪民眾的財富，直到孩子們大夢初醒地驚覺自己已經無家可歸、無法繼續在先人所爭取到的這片土地上立足。」

這就能解釋為什麼我們的政府只會給大銀行（例如高盛或美國銀行）紓困金，或者出手挽救大企業（例如AIG或通用汽車）的原因，而且這些錢都是要我們納稅人共同負擔，政府這麼做根本不是要挽救民眾的就業機會，而是為了挽救那些有錢人的大生意。

終結聯準會

二〇一二年美國大選期間投入總統初選的德州參議員，同時也是共和黨黨員的朗．保羅（Ron Paul），在他的書《終結聯準會》（End the Fed）裡主張要廢除聯準會。在書裡，他解釋為什麼一個像聯準會這樣的中央銀行擁有權力時，會傷害絕大多數美國民眾利益的原因。換句話說我們是否應該要弄清楚，柏南克主席到底在領誰的薪水？

就是朗．保羅激發了美國地區終結聯準會的民眾運動。

湯瑪斯・傑佛遜絕對會認同他的作法，早在一八〇〇年傑佛遜就曾經說過：

「應該要從銀行的手中把發行通貨（鈔票）的權力拿回來，並且把這個權力交還給原本的擁有者，也就是人民的手上。」

做自己的聯準會

雖然這是一個崇高的壯舉，但是努力廢除聯準會完全是在浪費時間，這個腐敗的體制有可能自己就會土崩瓦解，就如同第五世紀的羅馬帝國一樣。但是聯準會是否會瓦解，什麼時候瓦解？只有天知道。

與其努力廢除聯準會，我的富爸爸教導他兒子和我要「自己做聯準會」。想要「自己做聯準會」，就得接受更高階的財務教育，這也是為什麼富爸爸從我們很小的時候就開始教育我們。

當你看完本書後，你將知道如何激勵孩子「自己做聯準會」，而不是想辦法「廢除聯準會」。當你看完本書後，你也將知道我個人如何發行屬於自己的鈔票（就跟聯準會一樣），學會如何減少自己所要繳的稅金（就跟國內大企業一樣），而且完全合法。我會這麼說是因為藉著財務教育，一種真正能改變人生的教育，你和孩子也一樣可以「發行（印製）屬於你自己的鈔票」。

在這裡我必須要先澄清：我並不是說這種作法是公平的。在生命當中有很多事情都是很不公平的。我想說的是：「自由」對我來說是一個非常崇高的信念，而我也曾經為了這個信念從軍打仗。所謂自由，當然也包括了個人做出選擇的自由。從我個人的觀點來看，目前的教育體制並沒有提供四種現金流象限各自所需要的教育，因此學生沒有選擇自己想要去哪個象限的自由。當今的世界需要更多像是賈伯斯之流、提早離開學校進而學習和B象限與I象限相關能力的人物。但是他們當時為什麼非要輟學不可？賈伯斯可是創造了無數的就業機會。我們傳統的教育體制培養出來的總裁（總經理），也就是所謂管理型的資本家已經夠多了。他們也是一種需要謀求職位的雇員，並且經常傷害就業機會（裁員縮編、高薪自肥等）。

學校裡教的是經過篩選和被片面曲解的歷史，我認為這也非常不公平，為什麼不把真相說清楚？絕大部分的歷史事件都和錢有關，把戰爭都說成「為了自由而戰」，就是一種曲解歷史真相的行為。戰爭之所以會發生，幾乎都是為了金錢而開戰，戰爭本身就是一種非常有賺頭的事業。

如果只把哥倫布當成是一位探險家也是一種片面的、曲解歷史的行為。事實上他是由伊莎貝拉王后親自資助的創業家，目的是要去尋找通往亞洲的貿易新航線。

哥倫布就是他那個時代的賈伯斯，他在南北美洲所發現的財富，讓當時的西班牙成為全世界最富有的國家。

由於這地區的財富也被當時其他的探險家（或海盜）們搜刮（例如Francisco Pizzaro、Ferdinand Magellan、Hernando Cortes等），因此西班牙的經濟盛況空前。雖然西班牙曾經盛極一時，但如今已經淪為和希臘、義大利、法國一起的歐洲經濟共同體的一員。最近西班牙的經濟再度蓬勃發展後又再次衰退，並不是因為又發現了黃金和白銀，而是因為中央銀行印了太多沒有價值的鈔票，發行了太多的國債所致。而世界上其他國家也面臨同樣的問題。

如今大海盜仍然在擄掠這個世界。今日的海盜並非乘坐著三桅帆船航行於海面之上。現在的海盜都經營國際銀行。

再次重申羅斯柴爾德於一八三八年曾經說過的話：

「如果讓我掌管一國的貨幣體系，我就用不著在乎是誰在制定法律。」

換成是今天或許他會改說：

「讓我掌管全球的貨幣系統，那麼任何法律都管不到我。」

人生就是地產大亨遊戲真實版

在「地產大亨」的遊戲規則中確實有記載：「銀行永遠不可能破產。如果銀行沒有錢了，銀行家只要在普通白紙上面寫個數字就可以把它拿來當成錢用，而且完全沒有金額上的限制。」

這就是為什麼富爸爸利用「地產大亨」來教導兒子和我有關於金錢方面的事情。我的富爸爸經常會說：「我們的人生真的是在玩地產大亨的遊戲。」

貧富兩極化在世界各地都是進行式

當今的世界經濟都是依賴沒有價值的通貨、債務，以及納稅人的借據等來運作的。

那些打造出目前世界金融騙局的銀行家變得非常、非常有錢，當中卻有不少人享受政府的各種紓困金或補助，而成千上萬的納稅人卻反而變得愈來愈窮。

這不是只有在美國發生的事，目前全世界的國家也都發生同樣的事。

強盜控制了國家

以下描述幾個當今實例，亦即當海盜控制一個國家的貨幣發行權之後會發生什麼樣的事情。

日本

日本的經濟已經停滯了二十多年，就算該國擁有全世界最高儲蓄率也是枉然。因此，美國人想要藉著提高國民儲蓄率來挽救這次的經濟危機，簡直是緣木求魚。

希臘

當希臘政府於二〇一二年宣布破產後，有許多已退休的百姓，因為不願意面對晚年生活在貧困之中而選擇自殺。西班牙、義大利、葡萄牙等國也好不到哪裡去。目前很多國家最頂尖的人才，都離鄉背井到別的國家尋求發展機會，我們把這種危機稱之為「人才外流」的現象。

義大利

在二〇一二年初的某一天，每加侖汽油曾經在一天之內，從十塊錢飆漲到十六塊錢。這是因為政府需要向全國民眾徵收更多的稅，用以支付國家債務所積欠的利息。目前最大的問題出在受過高等教育的政府官員們，以為藉著提高稅率就能挽救該國的經濟；提高稅率反而會扼殺經濟的發展，同時也會讓銀行家和政客愈來愈有錢。

當銀行大量印鈔票時會發生三件事情：稅賦和通貨膨脹會不斷地上揚，而民眾會變得愈來愈貧窮。

法國

歐洲經濟體當中排名第二的法國，隨著經濟成長逐漸下滑，讓該國陷入更深的債務之中。但是與其更賣力地工作，法國國民更想獲得更多的休閒時間、更少的工作量，甚至還想要提早退休。隨著法國國民的經濟產出不斷地下跌，法國的經濟也必定會一蹶不振。

為了解決這個問題，法國已經開始對有錢人課徵高額的所得稅（美國政府也正在考慮用同樣的辦法）。當你向有錢人開徵更高的所得稅時，這些有錢人（以及他們的錢）必定會從這個國家出走。

中國

隨著失業率的增加以及不斷擴展軍備，中國經濟的成長引擎已經開始發出異樣的聲音。

墨西哥

緊鄰美國的墨西哥，眾多毒梟坐擁大筆的金錢與槍械，他們對民眾的影響力甚至比政府還大。很明顯地，該國環境並不適合成家立業。

提早幫孩子建立財務優勢

如果你想讓孩子在生命當中擁有財務上的不公平競爭優勢，請多教導他們有關於金錢，以及金錢如何影響歷史發展，請教教他們金錢和稅法的真相。

本書接下來的章節裡，你將會知道，財務教育如何讓你的孩子在現實生活當中，擁有財務上不公平的競爭優勢，一種連A等生都不見得會具備的優勢。

別讓大猩猩把孩子的未來搞垮

再次重申艾德蒙．博克爵士的警告：

「那些無法從歷史汲取教訓的人，注定要重蹈覆轍。」

對我個人而言，我寧可從金錢的歷史當中學到教訓，而不是將來被金錢所擊垮。

根據研究，從一九七一年至今，美元已經損失了九成以上的實質購買力。看樣子剩下的一成用不著四十年就會蕩然無存。

請仔細想想：如果你把孩子教育成資本家，教他們關於B和I象限裡，人們所擁有的「不公平的競爭優勢」，也同時告訴他們有關於稅法和金錢真正的規則，那麼悄悄躲在房間裡的那四隻大猩猩，或許就沒有這麼容易把他的人生搞垮。

行動金融家

讓孩子從買菜中，學習運用金錢的方法

我的父母竭盡所能地避免讓孩子知道，他們在金錢方面所面臨的問題。問題在於我們兄弟姊妹四人早知道雙親面臨了金錢方面的問題。與其學會如何正確面對金錢方面的問題，我們反而從他們身上學會如何避免面對金錢問題的方式。

當我的富爸爸面臨金錢或者是員工方面的問題時，他就會把現實生活中所面臨的挑戰，拿來當成學習的機會。他會花時間把問題解釋清楚，並且探討各種解決的辦法。

富爸爸經常說：「問題可以讓你變得更聰明，問題也一樣能讓你變得更貧窮。這完全是你自己來決定。」

當你的家庭面臨金錢方面的問題時，我建議家長利用本書或其他的資源，尋找解決財務問題的方式。接著討論問題本身以及解決的辦法，讓自己變得更聰明，更有能力解決相似的問題。

家人能把金錢方面的問題以及尋找解決辦法的過程，當成一起培養能力的契機。等你的孩子將來長大並且面對金錢方面的問題時，這種習慣會讓他們把金錢問題當成學習的機會，讓自己在財務方面變得更聰明。

如果你的孩子年紀還太小，還沒有準備好處理現實生活中，有關於金錢方面的問題，那就帶他一起去買菜，並且分享你如何平衡家裡的飲食預算。這也算是一種現實生活上的財務教育。

我們各自都會面臨財務方面的問題，就連有錢人也不例外。讓自己愈來愈有錢或愈來愈貧窮，端看我們如何處理金錢方面的問題。我學會了千萬不要白白浪費任何金錢方面的問題，因為每當我解決一個問題，我在過程當中就會變得愈來愈聰明。

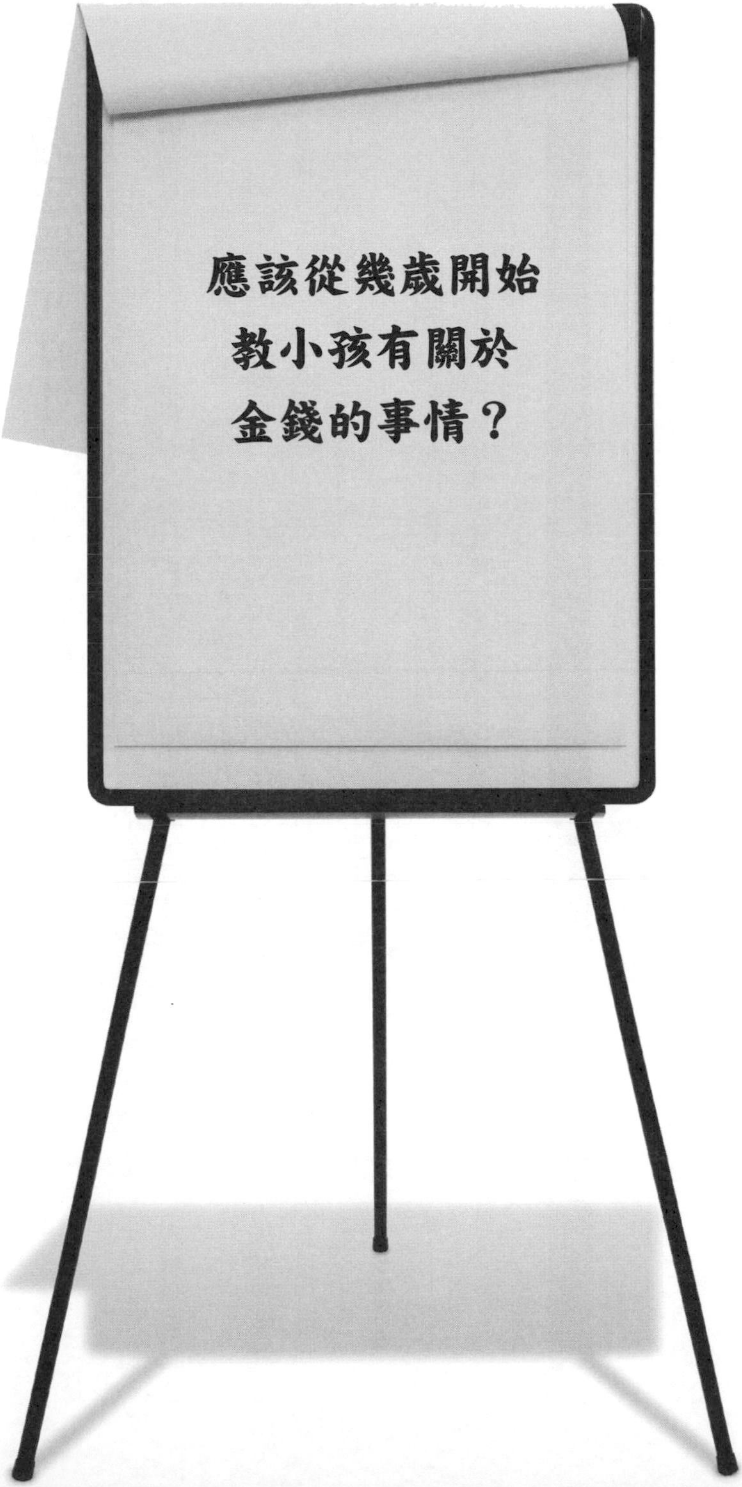
應該從幾歲開始
教小孩有關於
金錢的事情？

第四章
教學單元#4：學習時機

我相信大部分的家長都很清楚自己的小孩對金錢的認識到什麼程度。小孩早在嬰兒時期，就會被亮晶晶的硬幣所吸引，隨著年齡的增加，孩子也開始培養出物價和成本的概念。我們都還記得自己當年跟父母開口要新玩具或自行車時的反應：「你以為錢是長在樹上的啊？」

孩子也會在超級市場、電影院、加油站等地方，看到錢一直在進行換手的動作，因此很快就會懂得收入和支出的觀念。此時他們也開始會想要擁有屬於自己的金錢——無論是因為拔牙得到的零錢，幫忙爸爸做家事賺到的5塊錢、或者是祖母在生日給的零用金等等——都來者不拒。

問題：應該從幾歲開始教孩子有關金錢的常識？

答案：當他們開始能分辨1塊錢和5塊錢有什麼不同的時候。

生活現場

每個兒童都擁有三次關鍵的學習時機。這三次的時機是發生在：

第一個時機：從出生起至十二歲。

第二個時機：十二至二十四歲。

第三個時機：二十四至三十六歲。

***

一生有三次最重要的學習時機

在教導孩子的時候，事先了解學習的三個時機，同時了解孩子在這些階段經歷了什麼，是件非常重要的事情。

學習時機1：從出生起至十二歲「量子化的學習」

許多教育心理學家都同意：第一個學習時機是小孩進行量子飛躍的學習階段。對他們來說，任何看到的、嚐到的以及感覺到的事物，都是一種嶄新而且令他們興奮不已的學習經驗。他們或許還不了解什麼叫作**燙**，但是他很快的就會懂得燙手是什麼感覺。

在第一個學習時機的初期，孩子的腦部類似於一整塊的黏土。剛出生的大腦是合而為一的，要等到四歲左右，腦袋才會開始分成左半腦與右半腦兩邊。

如果一個人被稱之為「右腦導向」，那麼這個人就比較具有藝術感與創造力，而且在面對生活中的種種也會比較隨性一些。如果一個人被形容成「左腦導向」，那麼這個人比較喜歡閱讀，缺乏創造力，而且思考的方式是屬於直線性的；舉凡演說、寫作、閱讀，以及數學技能等等，都屬於左半腦所管轄。在傳統教育體制中，對左腦導向的學生是比較有利的。

而藝術、音樂，以及舞蹈等學校，反而比較適合右腦導向的學生。

如果孩子是個左撇子的話，他左腦或是右腦所具備的特質可能剛好完全相反。

不少研究專家都相信，偉大的天才都是左右腦同時並用的。有位專家研究過邱吉爾，研究顯示當他還是小孩的時候，腦中經常會閃過一些畫面，讓他張口結舌地停在當下。要等到幾分鐘之後，他才會精確地描述在當時的剎那間，獲得了什麼樣的靈感。簡單來說，靈光一現是發生在他的右半腦裡（也就是具有創造力的那一邊）；既然演說能力是屬於左半腦的，因此右半腦靈光一現的好主意，就必須從右半腦傳到左半腦之後，他才有辦法用語言表達出來。所以我們也都聽別人說過類似的話：「我腦中忽然靈光一現……」不過並非所有的專家都同意以上的說法。

為什麼遊戲是非常好的教學道具（例如**地產大亨**），是因為它同時會刺激左腦和右腦。玩遊戲的時候人們的確會把身心靈完全地投入（這對小孩和大人來說都是一樣的），而不是只會刺激左半腦而已。換句話說，學習是一個把肉體、情緒，以及心理完全投入的過程。

無論在這場爭辯當中，你屬意哪方的理論，相信從出生至十二歲第一次學習時機的階段裡，人人都會同意孩子似乎是一個拚命學習的機器人，父母根本用不著鼓勵孩子學習。他們在不斷地爬行、走路、講話、飲食，以及學騎三輪車的活動當中，一直是主動式的學習。這個小小的學習的機器，經常把父母搞得精疲力盡。而接著，孩子上學去了。

在第一個學習時機期間，孩子就會把語言和腔調學起來。舉例來說，在阿拉巴馬州長大的小孩很可能會有美國南方濃厚的口音，而在紐約長大的小孩則會發展出獨特的紐約腔。雖然孩子長大之後可能還會去學另外一種語言，但是當他在學習新語言的發音時，幼年時期所發展出來的口音依然會對他造成很大的影響。

在歐洲長大的小孩就有著語言上的先天優勢，因為他們在第一次學習時機這個階段中，經常處在各國文化的薰陶之下。由於擁有這樣子的學習環境，讓他們將來長大之後在學習新語言時，會比其他人更容易上手。相反的，在單一語言環境長大的小孩，若往後想要學習其他國家的語言時，難免會感到比較吃力一些。

在第一個學習時機中，孩子會開始累積對於文化、食物以及音樂等方面的個人偏好。對某個孩子來說是山珍海味的東西，對另外一個小孩來說可能會噁心無比；一個在城市長大的孩子跟一個在農村長大的小孩，對世界會有完全不同的觀感；一個在貧民窟長大的小孩跟一個在已開發地區長大的小孩，也會有完全不同的世界觀；同樣的，從小家裡沒有錢的小孩，也會和一個富家子弟發展出完全不同的財富觀。而一個在充滿愛的環境裡長大的小孩，也許一輩子都不能了解一個從小受到虐待的孩子，在成長過程當中所要面臨的各種挑戰。

從出生到十二歲，小孩的大腦皮層基本上來說都是很光滑的。隨著不斷學習，腦部就開始發展出各種神經路徑。簡單來說，神經路徑就像是在腦袋裡面的通路一樣，就像一個人搬到新城市之後會先把道路和方向弄清楚（譬如說要從家裡到超級市場、上班，或者上教堂等等應該要怎麼走），因此當孩子在學習如何爬行、走路、講話以及騎車的過程當中，腦袋也在形成各種神經路徑。

為什麼在十二歲之前的學習這麼的重要？因為三歲之後，腦袋就會開始抹消（或者是刪除）一些還沒有形成神經路徑的腦細胞區塊。換句話說，腦細胞也是「不進則退」的。

當腦中有些部分形成了神經路徑，而那些沒有使用的部分被刪除之後，想要再學習新的事物就會比之前來得困難，在十二歲之後，想要把所學到的新事物做連結則更加困難；在這個階段，神經已經不是點對點直接連結，這些神經必須跨越許多深谷和懸崖，才能形成新的路徑。

因此「老狗學不了新招」這句話的確有道理。隨著年紀的增長，學習的速度就會愈來愈慢，腦袋中想要形成新的神經路徑就會更加地困難。

這些不同階段之所以會被稱之為「學習的時機」，是因為它的確是為時短暫、難得可以進行學習的機會。舉例來說，想要學習如何走路是有特定時機的：當孩子在第一個學習時機這個階段中，基於某種因素而無法學習走路的話，那麼由於骨骼、肌肉以及運動能力缺乏完整發展的機會，很可能會讓他一輩子不良於行。這對語言和社交能力來說也是一樣的，如果孩子在第一個學習時機沒有辦法把閱讀和寫作學好，他可能一輩子都會面臨這方面的挑戰（事後甚至還沒有辦法彌補）。他們長大之後一樣可以重新學習這些技能，但是就會變得困難許多。如果錯過了正確的時機，學習的機會之窗就會關閉了。

我想起之前有一則新聞報導，說有個小孩從小被父母養在衣櫥裡。小孩長大之後雖然被別人救了出來，可惜這個孩子已經完全錯過了第一個學習時機，而第二個學習時機也即將屆滿。雖然她現在已經完全重獲自由，但是她在心理上、肉體上、情緒上以及社交能力上，都有著非常嚴重的缺陷。她的腦袋就是無法形成一般孩子在長大的過程當中，會自然成形的那些神經路徑。

學習時機2：十二至二十四歲「叛逆式的學習」

當孩子邁入青少年時期，他們就會藉著叛逆來學習。舉例來說，如果你跟一位年少的男孩說：「不要喝酒，」那麼幾乎可以肯定他一定會去嘗試看看，或者至少開始對於酒類抱持著躍躍欲試的態度；如果他們向你借車子，而你開口告誡他們說：「千萬不要超速，」那麼幾乎可以肯定他們一定會試試看超速的感覺如何；如果你跟他們說：「千萬不可以有性愛，」他們就會對性感到好奇。更別提青少年時期的孩子，還得應付龐大的同儕壓力。

第二個學習時機被稱之為**叛逆式的學習**，是因為孩子們在這個階段都會採用這種方式學習。他們只想學習他們**自己想要**學會或者想去做的事。他們想要自己做決定，而不是被別人告知要做什麼，他們開始運用自己的思考以及做出選擇的能力。

許多世代之間的衝突都源自於這個學習的時機。以音樂為例，青少年以及叛逆期的個性，就會創造出各種不同形式的音樂。五〇年代就是查克．貝利（Chuck Berry）和貓王的天下，當時這些搖滾風格的音樂，深深震撼了那些聆聽爵士樂的成年人；六〇年代，披頭四合唱團和滾石合唱團藉著電視這個新媒體，將搖滾樂推向了高峰；七〇年代，約翰屈伏塔成了迪斯可舞廳之王；八〇年代期間，涅槃樂團（Nirvana）的科特．柯本（Kurt Cobain）推出了邋遢率性的油漬搖滾（grunge）。而現在的饒舌歌和嘻哈音樂都是在九〇年代崛起的。別忘了還有麥可．傑克森這號人物，他完全打破了原本黑人與白人在音樂風格、個人舞步、舞台表演、音樂視頻以及編舞等方面的界線。

叛逆式學習時機對父母的挑戰

叛逆式學習所面臨的問題，就在於這些青少年對於「後果」這個字眼還沒深刻的領悟。

舉例來說，如果你跟他講：「開車千萬不要超速，」他們因為還不知道超速可能帶來的後果，因此在莽撞的行為之後，他們可能要承擔現實生活中超速罰款、交通意外、甚至更嚴重的死亡等等後果。身為家長的你很清楚各種事物的風險和後果，但是孩子並不知道。

很多青少年在叛逆式的學習階段中，開始偏離了人生的正途。不但開始染上毒癮、逃學輟學、未成年生子等等，有的甚至還走上犯罪這條不歸路。最主要的原因，是因為他們不清楚自己的行為可能招致什麼樣的後果。

無庸置疑的，第二個學習的時機是個非常重要的階段。在這期間，孩子和父母的關係扮演著決定性的關鍵。第二個學習時機就如同第一個學習時機一樣，家長就是孩子最重要的導師與榜樣。

這個意思並不是說孩子一旦在這個階段遇到了麻煩，就是孩子的父母（或是孩子本身）有什麼不對的地方。第二個學習時機期間由於天性使然，孩子在這個階段本來就會藉著叛逆來進行探索與學習。

當孩子惹出了麻煩，才是考驗家長與孩子關係好壞的時候（這也是親子關係最關鍵的時刻）。舉例來說：

- 當女兒把車子撞壞了，此時父母會採取什麼樣的反應？如果兒子因為酒駕而被警察抓到了，家長又會採取什麼樣的行動？親子關係就在這個時刻面臨考驗。也就是在這時候，家長才會知道自己之前到底有多盡責，還是多麼疏忽了孩子。
- 當家長發現他們彬彬有禮即將念大學的兒子，每個月藉著賣毒品而擁有數萬元的收入時，又會怎麼做？父母是否依法把孩子交給警方處理，還是會想盡辦法遮掩孩子的非法行為？

・當家長發現孩子逃學，或在學校裡一直惹麻煩時，又會怎麼辦？責怪學校管教無方，把孩子的問題都推給學校？還是會負責任地和校方、老師以及子女一起來解決問題？

・當自己未成年的女兒回家告訴你說她已經懷孕了，而且她也不清楚孩子的爸爸是誰的時候，這時候你又會做出什麼樣的反應？

很明顯的，上述的各種狀況沒有所謂的標準答案。每種狀況都不一樣，而且每個孩子也不盡相同。若家中有兩個以上的孩子，每個孩子之間的差異有時候會讓人難以置信。親子之間的關係不但獨特，有時還深具挑戰性，在這種時候，保持良好的溝通並且願意聆聽對方的觀點，是件非常重要的事情。

我認為人生當中最不穩定（最危險）的時期就是在第二個學習時機，亦即十二歲到二十四歲這個階段。如果孩子能平安熬過這個階段，他這輩子應該不會出什麼差池了。

所以現在的問題就是：身為家長的你，到底有沒有準備迎接孩子第二個學習時機，也就是他會藉著叛逆的方式進行學習的這個階段？如果你在第一階段已經盡心盡力做了該做的事，那輔導孩子走過第二個階段對你來說，就應該不會有太大的困難。不過所有的家長在這段期間內，難免都會產生這種想法：「真希望他快點長大，別再犯這種愚蠢的錯誤。」雖然大部分的小孩到頭來都會成熟穩重，但是有一些人就是長不大，這時候家長所扮演的角色會更加的重要。

學習時機#3：二十四至三十六歲「專業上的學習」

在這個學習階段就是：成人之後要學會「如何在世界上立足」的能力。很明顯的，這也是另一個非常關鍵的學習時機。這個時候，父母就能親眼看見，他們自己以及學校之前的努力是否得到了回報。我們大人都知道，現實的世界並不都是公平的、平等的或者是慈悲的，有時候現實生活是一個非常嚴厲的老師。

在第三個學習時機中，個人就會開始孕育自己專業上的根基。舉例來說，如果孩子之前念的是醫學院，他們在這個時候就會開始發現自己是不是做醫生的料，也會開始發覺自己是不是選對了行業。如果他們欠缺職業技能，或許在找到自己真正興趣和能力之前，會一直不斷地換工作（如果他們現在還找得到工作的話）。許多青年就是沒有辦法鼓足勇氣追求自己真正的夢想。一個孩子的天賦才華，或者個人特殊的能力，通常在這個階段永遠地被埋沒了。

年輕人通常也會在這個學習時機選擇結婚、成家立業，並且購買屬於自己的房子。而現實生活當中的各種財務問題，也都會在這個階段裡開始顯現。生活中的種種事物都跟金錢脫離不了關係，而且泰半都是因為錢不夠。當年輕人逐漸感受到愈來愈大的財務壓力時，這時候他就得仰賴自己在第一個和第二個學習時機期間，所學到有關於金錢的各種教育。

自二〇〇七年以來，有數百萬處於第三個學習時機的大學畢業生，找不到符合自己科系的工作，或者大材小用（從事一般人都能做的工作）。當一個人在第三個學習時機裡沒有辦法充分發揮所學的時候，極有可能會對他的後半生造成深遠的影響。這就是為什麼目前全球青年失業的問題，並不只是「找不到工作」這麼單純而已。若一整個世代的年輕人都無法充分就業，那麼在將來必定會產生眾多的問題，而這些問題都必須要由你的孩子來扛起。

學校裡的老師最多跟孩子相處一個學期或者是一個學年，但是家長卻是孩子一輩子的導師。由於家長在孩子三個學習時機的期間，都要持續不斷地提供孩子穩定的支持與輔導，由此可知家長確實是孩子這輩子最重要的導師。

我的故事

很明顯的，我九歲的時候壓根兒都沒有聽說過學習時機這回事，我只知道在學校裡就是少了一些什麼。而學校所欠缺的，就是有關於金錢方面的課程。這就是為什麼我會找上富爸爸，並且跟著他學習。我直覺上就知道自己需要找另外一種完全不一樣的老師。

當我七歲看見媽媽坐在廚房的餐桌前不停的哭泣時，我就開始產生尋找新老師的念頭。她會哭泣是因為我們家累積了許多未繳的帳單，可是我們又拿不出錢來，我還記得她把我們家的銀行月結單拿給我看，上面一行一行都寫滿了紅色的數字。

一九五〇年代的銀行就已經會把月結單寄給客戶，那時候的月結單採用的是一種金黃色的紙。在每個月的一開頭，我爸爸把薪水存進銀行之後，這些字就會變成黑色的。當父母不斷地開出支票，這些黑色的字就會變成紅的，表示在銀行的帳戶裡，已經沒有足夠的現金來支付他們所開出去的支票，也就是他們的支票戶頭已經透支了。

看到母親傷心哭泣，在我內心造成了很大的衝擊。七歲的我完全無法理解為什麼會有人為了錢而哭泣，這次的事件啟動了我人生第一個學習的時機。

當我問媽媽「爸爸要如何解決這個問題」的時候，母親還替他說話：「爸爸已經盡全力在做了。他不但很賣力的在工作，同時還要念碩士和博士的學位，這麼一來爸爸就可以爭取到一份收入更高的工作。」

當時只有七歲的我根本聽不懂媽媽在說什麼。我只知道家裡發生了不好的事情，而且是件非常重大的事。

如今已經長大成人的我，每當我聽到：「我準備要重返學園攻讀另外一個學位，」遇到那些認為利用這種方式就可以改善自己財務狀況的人時，我就會逼自己把說到嘴邊的話吞回去。

我耳朵裡響起了富爸爸曾經跟我說過的話：「如果上學念書可以讓你致富的話，那麼所有的老師早就應該變成億萬富翁了。」

*** *** ***

我的第一個學習的時機

就像前面所說的，富爸爸陪我和他的兒子玩完地產大亨這個遊戲之後，都會教導我們許多有關於金錢的事物。與其直接告訴我們應該要怎麼做，或者警告我們不要犯什麼樣的錯誤，他反而會討論我們在遊戲過程當中所犯下的錯誤，並從中學習教訓。

根據學習時機這個理論，我腦海中與金錢有關的神經路徑，就是當年在玩地產大亨這款遊戲的時候就逐漸形成了。

我的在校成績一向不理想，不管我多麼的努力用功，我的成績永遠都是平平。除了窮爸爸，連富爸爸也會對我的成績表達關切。因為富爸爸的兒子麥克在學校的成績和我不分軒輊。

有一天富爸爸把我們帶到一旁跟我們說：「雖然你們的成績很重要，不過讓我告訴你們一個現實生活中的祕密。」

我倆迫不及待的問他：「什麼祕密？」

富爸爸身體前傾之後低聲的跟我們說：「我的銀行家從來就沒有跟我要過成績單。我的銀行家也不在乎我曾經念過哪一所學校，或者在校成績如何。」

我們好奇的繼續追問富爸爸：「那你的銀行家**都會跟你要什麼**來看？」富爸爸回答說：「我的財務報表，」同時把手伸到書桌的抽屜中。他把自己的財務報表拿出來給我們看，並接著跟我們說：「當你離開學校之後，你的財務報表就是你的成績單。問題在於很多學生從學校畢業後，根本不曉得什麼是財務報表。」

當我跟太太金一起設計**現金流**這款遊戲時，我們刻意把財務報表當成遊戲的重心，就如同下面這張圖一樣。

職業 ________ **玩家** ________

目標：藉著讓自己的被動收入金額大於總支出，來跳脫老鼠賽跑進入快車道

收入支出表

收入

項目	現金流
薪資：	
利息／股利：	
不動產／事業：	

審計員 ________
（坐在你右手邊的玩家）

被動收入：$ ________
（從利息／股利＋不動產／事業獲得的現金流）

總收入：$ ________

支出

稅賦：	
自用住宅貸款：	
學費貸款：	
汽車貸款：	
信用卡：	
消費性貸款：	
額外支出：	
小孩支出：	
借貸支出：	

小孩個數：________
（遊戲一開始為零）
每位小孩的支出：$ ________

總收入：$ ________

每月現金流（發薪日）：$ ________
（總收入－總支出）

資產負債表

資產

儲蓄存款：

股票／基金／定存單	股數	每股成本

不動產／事業：	頭期款	成本

負債

自用住宅貸款：	
學費貸款：	
汽車貸款：	
信用卡：	
消費性貸款：	

不動產／事業：	貸款／負債
貸款：	

這是以財務報表為核心所設計出來的金錢遊戲，完全是地產大亨的一種演進，藉著這款遊戲，就可以模擬現實生活當中，如何運用金錢以及投資的方式。

在我的第一次學習時機中，富爸爸就把經過簡化的財務報表深深地烙印在我的腦海中。這個簡單的圖形變成了我腦海中的神經路徑，而這些神經路徑在往後指引了我人生的方向。

以下是富爸爸當年所畫給我看的財務報表，這張表就是你離開學校之後的成績單，也是銀行家唯一想檢查的成績單。

當年富爸爸在教我們有關於金錢方面的知識時，他利用一些非常簡單的定義來解釋許多財務方面的詞彙。舉例來說，與其教我們一般字典裡對於「資產」和「負債」等艱難晦澀的定義，他反而利用任何人都可以聽得懂的方式說明給我們聽。

舉例來說，韋氏字典對於資產的定義如下：

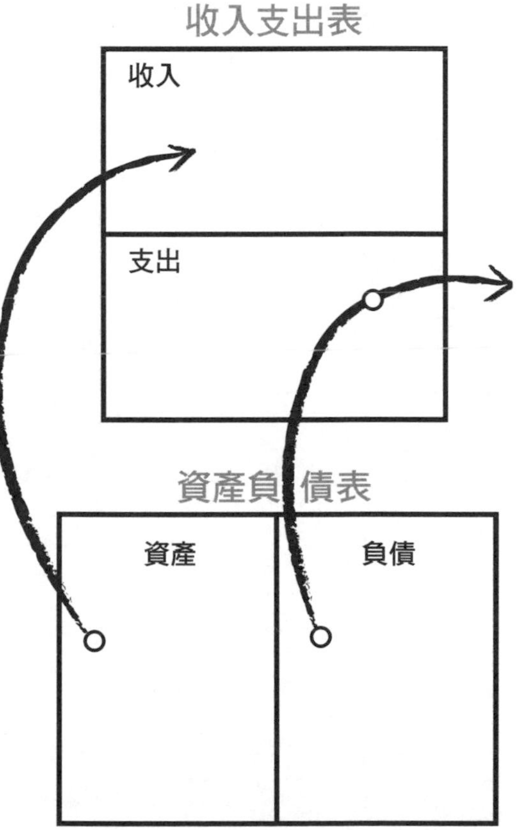

資產 as-set（名詞）

a. 根據法律，死者必須要拿出來清償債務，或實現未完成義務的全部產業或家當。

b. 個人、企業公司、協會社團或者地產等，可以用來清償債務的全部價值。

而富爸爸對於資產的定義則是簡單地教我們：「任何能把錢放到自己口袋裡的東西。」他對於負債的定義一樣簡單：「從你的口袋裡，把錢拿走的東西就叫做負債。」

前一頁圖形中的箭頭代表著現金流的流向，亦即從現金流進流出的方向，來決定何者為資產，而何者為負債。

對富爸爸來說，財經世界裡最重要的詞彙莫過於現金流這三個字了。如果你看不出現金流流動的方向，那麼你就無法判斷什麼是資產或者什麼是負債。

這也就是為什麼富爸爸說：「自己所擁有的自宅不能算是資產。」自己的房子不算是資產的原因，是因為就算你已經把貸款還清，你仍然得支付房屋稅、地價稅、水電費、清潔管理費以及房屋險等等。由於他自己所擁有的房屋，也就是所謂的自宅，每個月都會把錢從他的口袋裡拿走，因此他把自己的房子視為負債。

而富爸爸所擁有的可供出租的不動產，則完全是另外一回事情。那些房屋都算是資產（就算那些房子每個月還是得拿錢出來付房貸也一樣），因為他收到房客的租金後，不但能還清貸款、繳納各種稅賦以及修繕費，之後還會有多餘的錢可以放到富爸爸的口袋之中。

隨著時間過去，富爸爸變得愈來愈有錢，是因為他會不斷地買進許多可以出租給別人的不動產（他自己的綠色小房屋），直到他可以買下一幢紅色旅館為止。當他個人擁有好幾棟紅色旅館之後，他就不用再去買綠色的小房屋了。

富爸爸會一直重複跟我們說：「資產就是把錢放到自己口袋裡的東西。」然後他就會從財務報表中的資產欄位畫一個箭頭到收入的欄位中。他說的話、他的解釋以及所畫的圖形等，都把這個定義深深烙印在我的腦海中，形成了所謂的神經路徑。與其只採用書面上的解釋（左腦導向），藉著玩遊戲所得到的經驗，讓我在腦海中也形成了一張圖（右腦導向）。

最重要的是我擁有富爸爸這位傑出的老師。他是一位非常有耐心而且清楚知道自己本事的人，也是一個非常愛我們而且重視我們的人，一個真心希望我們在現實生活能過得很好的人。雖然他非常的忙碌，但是我們每個禮拜都花好幾個小時一起玩地產大亨。他不斷地協助我們，準備迎接一個沒有錢萬萬不能的現實社會。

富爸爸從來就沒有因為只教過我們一遍，就認為我們應該有能力學得起來。他一直認為在學習的時候要經常不斷地重複，才會產生扎實的效果而且歷久不忘。對於那些重要的觀念，不知道他已經教過我們多少遍，但是我們都知道他仍然還會找機會再次講給我們聽。他每次跟我們說：「資產就是把錢放到你口袋裡的東西」之後，他接著就一定會從資產欄位畫一個箭頭到收入的欄位之中，這樣子的過程他至少在我們面前做過千遍以上。每當我們玩地產大亨時，他一定也會跟我們說：「負債就是把錢從你口袋拿走的東西。」

現在的我清楚知道，自己所擁有的自用住宅是一種負債，因為它每個月會從我的口袋裡把一些錢拿走。我也知道我的出租公寓、商辦大樓、油井、企業以及書籍、遊戲、各種專利的智慧財產等等，都是每個月把錢放進我口袋裡的資產。就是因為我擁有這些資產所產生的現金流，所以讓我完全不需要依賴固定的薪水或者退休計畫就能過生活。

就如愛因斯坦所說的：「簡潔明瞭都是神來之筆。」我的富爸爸雖然不是學術界的才子，但他的確是財務方面的天才。他只不過在現實生活當中玩起地產大亨這款遊戲罷了。

幾乎任何人（就算是中輟生也一樣），都可以在真實生活當中玩起地產大亨這款遊戲。每個人是否能找到自己所熱中的遊戲來玩，是一件非常重要的事情。賈伯斯非常熱中於他自己的遊戲——也就是讓別人感覺到自己很靈光、很時髦、很出眾，因此這就是為什麼蘋果公司會設置「天才吧枱」，而不是一般公司的「客戶服務處」；桑德士上校熱愛炸雞，同時也熱中於加盟連鎖事業這個遊戲；迪士尼熱中於讓別人開心，因此打造出迪士尼這個魔幻的王國。這三位人士從未完成大學學業，但是他們都找到了自己所熱中的遊戲。藉著玩自己熱中的遊戲，他們都得以發揮與生俱來的天賦。

對許多運動員來說也是一樣的。他們或許沒有辦法在教室裡發揮本事，可是一旦他們站上籃球場、足球場，或者是高爾夫球場等，他們就能盡情展現自己的天賦才華。

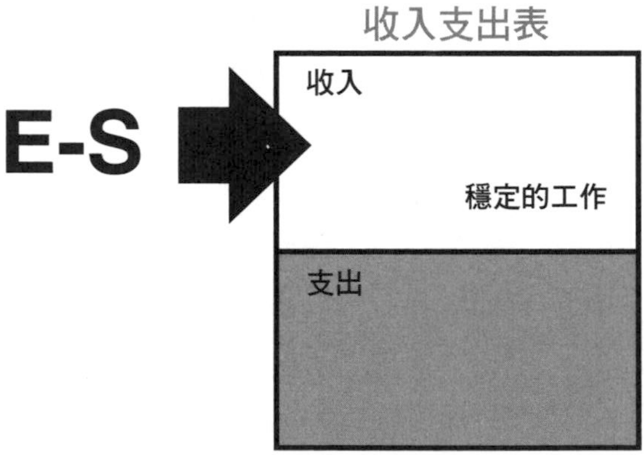

對熱愛音樂的人來說，可能要藉著把玩樂器或者是引吭高歌才能發揮自己的天賦。米克．傑格（Mick Jagger）原本想要成為會計師而且念的是名校，但是在他加入滾石合唱團之後，卻展現了他的天賦才華。

通常一個孩子的特殊才華，能從他們對未來所抱持的夢想中略窺端倪。一開始在玩現金流這款遊戲的時候，每位玩家都必須先選擇自己要追求的夢想。

我在第一個學習時機期間，發現了資本家以及其他人的不同之處，我找到了自己想玩的遊戲。我在十二歲的時候，這樣的印象早就深深地烙印在我的腦海之中。

E象限和S象限的人們專注於穩定的工作和收入上；

B象限和I象限的注意力焦點，擺在不動產、生產力以及資產之上。

我在十二歲的時候當然還不知道自己要如何累積資產或打造事業，但是由於我把注意力擺在資產欄位，因此我不斷地在腦海中形成神經路徑。當我跟著富爸爸一起去收租（或者把付不起房租的房客驅逐出去），我的神經路徑再次強化，同時也愈來愈清楚自己將來要走什麼樣的道路。雖然當時我還沒有搞清

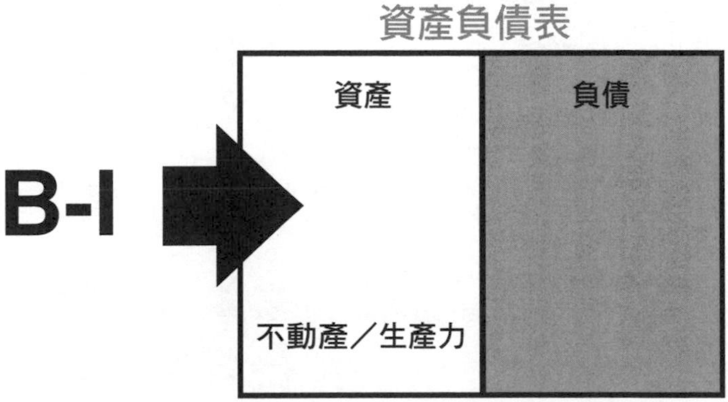

楚，但是我在那個時候就已經決定了要成為資本家。

我的第二個學習時機

十二歲到二十四歲這一段期間對我來說非常有意思。我讀高中時面臨了學業上的困難，並且在十五到十七歲期間英文還被當了兩次。我非常感謝出任教育局長的父親，要不是看他的面子，我可能十五歲的時候就被高中退學了。

當我第一次面臨學業上的困難時，我的爸爸並沒有驚慌失措或者是責罵我。他只是對我說：「人生當中你偶爾會遇到你不喜歡的人或者不喜歡你的人。從中汲取教訓，成熟面對並且學會放下，然後繼續前進。」我父親講的是我那位英文老師，他是一個非常糟糕的老師，全班三分之二的同學都被他當掉了。

我爸爸把這個老師開除之後跟其他的老師解釋說：「一個老師的職責應該是要把學生教好，而不是只會當掉學生。如果學生都不及格就表示這個老師不夠格。」

當我十七歲英文再次被當掉的時候，我的爸爸對著我微笑說：「現在你得完全靠你自己的本事了。」因此我就主動找上老師，做了幾次補考之後，最後勉強及格通過。

啟發天賦才華

多年以後在紐約的美國海軍商船學院裡，我遇到了夢想中的英文老師。他是一位非常偉大的老師，是他鼓勵並啟發了我寫作的興趣。雖然高中期間我的英文非常糟糕，但是我在大學一年級以B的成績修完英文學分。如果不是當年的諾頓博士（Dr. A. A. Norton），我今天不可能成為暢銷書的作者。

我在十五歲的時候，富爸爸開始讓我和他的兒子，一起參加他在星期六所舉行的管理會議。富爸爸在這些會議當中，會請他的會計師、律師、建築師、工程師、銀行家、業務經理、不動產管理經理以及人力資源經理等，一起討論事業中所面臨的各種問題。

雇用一群A等生幫你工作

富爸爸的顧問團中如律師、會計師以及銀行家等等，都是所謂的A等生，在學校裡都非常的聰明；還有一些成績比較平庸的管理階層，這些官僚非常善於和人們打交道，而這剛好又是做生意最具挑戰的一環，有些經理甚至還擁有大學文憑，其他人都必須要從基層做起。富爸爸的團隊包含了律師、會計師、銀行家、經理以及各種領導階層，他經常會跟我們說：「從商做生意是一個團隊運動，擁有最佳團隊的老闆就會贏。」

富爸爸經常說：「你在E象限和S象限裡必須非常的聰明才行。而當你在B象限或I象限裡的時候，你不一定是那個最聰明的人，身邊有一群A等生便行了。」

如今我也擁有屬於自己的顧問，他們各自在生意上或投資領域當中擁有自己的專長。

思考是很辛苦的工作

另外一位沒有大學文憑的人就是亨利．福特，但是他擁有非常優秀的顧問群。有一個關於他的故事如下：

有一群學術界的專家在他的辦公室裡會晤，一起想要證明亨利．福特是個很「愚蠢」的人。當會議開始之後，這些學術專家不斷地問亨利．福特許多問題，對於每一個他們所提出來的問題，亨利．福特只不過是拿起電話，然後跟這些學術專家們說：「這個問題你要問他，」或者：「這答案你要找她來回答。」

一陣子之後，這些充滿挫折感的專家不經意的衝口而出：「這就是我們想要證明給別人看的——其實你什麼都不懂。每當我們問你問題的時候，你都要我們去問別的人。」

福特就在等這個時機。他沉默一陣子之後才開口說：「我的確會聘用你們的學校所訓練出來的聰明人才，他們會乖乖地把答案告訴我，就像你們訓練他們回答問題時一樣。而我最主要的工作卻是用腦思考。」

接著他說出了他的名言：

「思考是最艱鉅的工作……也許這就是沒有什麼人願意做的原因。」

那場會議到此結束。

培養和各種人打交道的能力

我在語文方面並不靈光，不但英文被當掉兩次，法文、西班牙文和日文一樣統統都不及格；雖然如此，每當我參加富爸爸的會議時，我仍然留意到不同的專業人士經常會講不同的語言。舉例來說，律師所講的都是律師的行話，會計師說的也都是會計學的名詞，而銀行家講的都是有關於銀行業務的術語（園藝師講的話也都是和造景有關的語言），因此我體會到：如果我想要成為一位資本家，我就必須藉著英文來學習不同領域各自的專業術語。我知道我一定能比A等生賺到更多的錢，只要我能把有關於金錢方面的語言弄懂就行了。

我在第二個學習時機念高中的期間，心裡默默留意不同行業人士所用的各種術語。換句話說，雖然大家講的全都是英文，但是我知道如果我能了解不同行業的各種名詞和語言，那麼我就會擁有一種不公平的競爭優勢。

在十二到二十四歲第二個學習時機，我不斷地觀察富爸爸（他從十三歲之後就沒有上過學）是如何領導那些絕頂聰明、非常有才華和經驗的專業人士。

當我問他，一個像他沒有受過什麼教育的人如何領導團隊的時候，富爸爸回答說：「尊敬。我們每一個人都有自己最擅長的事物，我們都各自擁有別人所沒有的能力。他們知道我需要他們，也知道他們不可以沒有我。所以，彼此尊重可以讓這種關係維持的長長久久。」尊重甚至比金錢還更加的重要。如果一個人認為他的才華受到別人的尊重，他們會比原先努力工作十倍不止；如果他們覺得不受尊重，他們就會想要拿更多的錢卻不願意做更多的事情。

我在第二個學習時機裡所學到的另外一個關鍵重點，就是多樣性（差異）的重要。擁有兩個不同的爸爸，讓我學會觀察到：窮爸爸只懂得沉浸在同一個行業的文化之中，在窮爸爸身邊的人物，個個都是老師或者至少擁有大學學位的人，而那些擁有博士學位的，一般來說都瞧不起那些只有碩士或者學士學位的人。

多年之後我才真正理解到「物以類聚」這句話的道理。我會留意到，警察經常只會跟警察打交道，律師也都會跟律師一起相處，而不動產業務通常也都只會跟其他不動產業務來往。

當我十八歲加入美國海軍商船學院時，我就知道如果自己想要成為一位資本家，就必須要學會如何成為眾人的領袖以及一個通才，而不是像醫生、律師、水電工，或老師一般的專才。我知道我必須要懂得如何跟來自於不同教育背景、種族以及經濟環境等各種形形色色的人物打交道。

在商業與領導的領域中，目前我個人心目中的榜樣就是唐納・川普。雖然他既富有又成功，但是無論在面對有錢人還是窮人，他都會給予對方相當的尊重。我在跟他打交道的過程當中發現，就算場面很難堪或者很火爆，他在溝通的過程當中，時時都充滿了尊重。

我跟川普之所以會一致認可並且支持多層次傳銷這個行業的原因，是因為想要在該行業裡獲得成功，個人就必須要有非常大的成長，同時也要培養出非凡的領導能力。換句話說，如果你真心想要學習這種本事，那麼在這行業中會有很多人或組織來協助你成功。

我想表達的重點是：絕大部分的學生進入傳統教育體制受教育之後，都逐漸專精於某種領域或事物，而放牛般的資本家們，一般來說都培養出廣泛的通才，而不限於某種專才。如果你想要成為一位資本家，那麼領導能力以及與各種形形色色的人物打交道的能力是不可或缺的。如果你是一個非常內向的天才，寧可給別人傳簡訊而不願與別人面對面溝通，那麼你想要成為資本家的機會是微乎其微的。

我的第三個學習的時機

一九七三年我二十五歲的時候剛打完越戰回來，我知道我必須要做出一些人生的決定。有一點我非常清楚：當我飛行生涯結束後，我一定要成為一位資本家。

當時我看到窮爸爸竟然在五十三歲正值壯年的時候失業，同時又沒有任何其他不動產或謀生技能，我想要成為資本家的神經路徑就變得更加堅定。雖然知道我可以隨時回到自己原本在標準石油公司的職位，或者和海軍陸戰隊的同僚一起替航空公司飛民航機，但是這些情況都會變成某種專才（專注於一項狹隘的技能），結果會變成船長和船長們相處，而飛行員也只會跟飛行員混在一起。

我當時所擁有的不公平競爭優勢，就是我擁有一位富爸爸以及他所教給我的知識，讓我有能力選擇自己的人生。

四個象限就是四間教室

富爸爸會經常指著**現金流象限**的圖形說：「每個象限都是不同的教室。每個老師會教你不同的主題，讓你培養出不同的能力，而且每個象限都需要向不同的老師學習。」

當我開始邁入第三個學習時期，我知道是該做出選擇的時刻了，我得決定要進入哪一個象限並且選擇什麼樣的老師；如果我在那時候選擇要回去當船長或飛行員，我就是選了E象限。當年二十五歲的我，早已經準備好要到B和I象限中再次成為一位學生，重新體驗學習蛻變的過程。我雖

然不清楚從B和I象限畢業要用掉多久的時間，但至少我個人已經擁有了富爸爸從九歲以來，陪我玩地產大亨這款遊戲所累積的教育基礎。

一九七三年，二十五歲的我，知道是該為人生作出決定的時候了，也是我長大成人之後第一個重大的決定。窮爸爸建議我要回到標準石油公司做船長，或者進入民營航空公司做飛機駕駛員，就像任何E象限裡的人會做的一樣。當我跟窮爸爸說我不會再去開船或駕駛飛機時，他就建議我模仿他當年的作法，也就是重返校園念書，以獲得MBA或者博士的學位。

我一開始聽從了窮爸爸的建議，報名參加了夏威夷大學的MBA課程。過不了多久，我再次體驗到以前求學期間種種不愉快的感受。由於我曾經跟隨過，真正在戰場中生存下來的戰鬥機駕駛員，學習如何駕駛飛機，要我聆聽這些幾乎沒有在社會上打過滾，也沒有做過生意的大學教授講課，對我來說真的是件很不容易的事情。

我在第一個和第二個學習時機期間，早就在富爸爸的管理會議當中旁聽多年了。因此現在的我更能看出，我遠比這些從來沒有創業過、也沒有經營大型企業的大學教授來說，擁有更多實務方面的概念。

當我向這些大學教授提問時，我得到的通常都是課本上理論式的回答，而不是現實生活當中的實際經驗。MBA念了三個月之後，我的成績再次搖搖欲墜。我真的非常渴望學習，但是在這種教育環境之下念MBA，真的很不適合我這種人。

A等生或許聰明，但創業要的是勇氣和膽識

在一堂非常無聊的MBA課程中，我忽然想起富爸爸曾經召開過一次令人難忘的顧問會議。當討論開始情緒化而且團隊也無法形成一致的看法時，富爸爸終於拉下臉來說：「做生意並不是在搞民主制度，你們的薪水是我付的，照我的意思去做。要不然就請你另謀高就。」

我記得當時我只有十六歲，這樣的對話深深震撼了我。我從來沒有看過成人這樣子激動並且爭得面紅耳赤。我也記得在富爸爸威脅要開除他們之後，這些職員就不再極力堅持自己的意見。富爸爸說：「我唯一對各位的要求，就是要你們盡到自己的職責，我不需聽你們的藉口，如果你無法做好自己的工作，那麼就請你去別的地方上班。」

當會議結束後，富爸爸就把我和他的兒子拉到一旁，確認我們沒有受到剛剛會議的負面影響。就是在那個時候我第一次聽他說：「這就是為什麼A等生會替C等生工作的原因，或許A等生比較聰明，在學校裡的表現也比較優秀，但是他們並沒有開創、負責，並且經營自己事業所需要的膽量和勇氣。他們上學之後成為專才，因此他們只懂得法律、會計、行銷或者銷售等等專業知識，他們知道有工作就可以領薪水，但是他們不知道要如何打造事業並且賺到錢；他們很有腦筋，但缺乏膽識，他們不願意承擔任何風險，如果你不付錢給他們，他們就不願意工作；如果他們做了比份內多的事情，他們就會要求加班費或者更長的假期。他們要我依照他們的想法去做事，但是萬一失敗了，他們卻不願意分擔這個失敗的損失。」他接著說：「我個人必須要為自己以及他們的錯誤付出代價。如果公司失敗了，我一個人要扛下這個爛攤子、所有的債務以及財務上的損失，而他們只要換一間公司上班就沒事了。A等生和C等生最大的差別就在這裡。」

他接著說：「像你爸爸這種A等生在學校的表現都很傑出，因此他們都不願意離開校園的環境。而那些成績平庸的B等生，後來多半會變成所謂的官僚。這種人因為職位的關係要負起相當的責任，但對於承擔風險都是戒慎恐懼的。絕大部分的官僚都會進入政府或者其他官僚體系的組織工作，躲在那些默許結黨營私、陰謀權術、懶惰無能等現象的巨型組織或公司之中。絕大多數A等生和一般生無法在B象限和I象限裡生存的原因，是因為在這裡天天都必須要面對並管理風險，而你做出的任何決定都會影響結果，所有的成敗也都完全要由自己來扛。」

富爸爸同時也批評窮爸爸出任教師工會理事長一職的事。雖然他並沒有多加著墨，但也沒有隱藏他對工會成員的感受。有一天，富爸爸手下一些員工，準備要替公司旗下的旅館和餐廳等公司組織員工工會，富爸爸用以下的話讓他們知難而退：「如果你們成立工會，我一定會關閉整個事業體系，結果是大家都失去了原本的工作。我可以重新另起爐灶而且我也不缺這些錢，但是你們每個人都需要穩定的工作。我一直對你和你的家人都很公平，我現在唯一的要求，就是請你們公平對待我和我的家人。」當員工投票之後，這個工會提案就流產了。

當我念MBA課程時，我已經是邁入第三個學習時機的成人了，也是經歷過越戰的老兵，而這些課程讓我無聊的不停打哈欠，因此讓我更加體會到富爸爸當年的教誨。我理解到富爸爸一輩子都把心力集中在自己的資產欄位裡，藉著累積不動產和事業來增加自己的資產。他真的是一位資本家。

反觀我的窮爸爸以及富爸爸的員工，他們都把心思放在穩定的工作以及固定的薪資收入上面。他們雖然擁有大學學位以及工作崗位，但是名下並沒有任何資產（沒有不動產、公司或者是產品線）；難怪這些人迫切地需要安全感、各種福利津貼以及退休制度等等。

在ＭＢＡ課堂中，聽著教授敘述課本中的理論而非經商的實務經驗，我理解到我正在向一些我無法打從心底尊敬的人們求教。並不是這些人不好，許多老師就像我的窮爸爸一樣，都是非常善良並且專攻於自己專業領域的學者。我無法接受這些ＭＢＡ課程講師的原因，是因為他們是一群活在Ｅ和Ｓ象限裡面的Ａ等生，而我卻想要跟著處於Ｂ和Ｉ象限裡面的老師學習。

因此ＭＢＡ課程三個月之後我就退學了，也是我這輩子第一次輟學。想當然了，窮爸爸感到非常失望，但是富爸爸則不然。

我馬不停蹄地繼續我在現實生活裡面的教育。我聽從富爸爸的建議報名參加一個為期三天的不動產投資課程。我記得當時還跟他辯駁：「我對不動產沒有興趣。」我同時也提醒他說我現在身邊沒有什麼錢。富爸爸只是微笑著跟我說：「這就是為什麼你要去上這堂不動產投資課程。不動產的重點不在於房子本身，而是要學會如何利用債務以及別人的錢來致富。」

我此時才體會到富爸爸的用心。他又在引導我去接受我一直想要獲得的教育，一個將來要去Ｂ和Ｉ象限所需要的教育。容我藉著簡單的圖形來說明這一點。

教育是一種過程。如果你想要成為一位醫生，你就得念醫學

院。如果你想成為一位律師，就要念法學院。如果你想成為一個B象限和I象限裡的資本家，你必須要慎選自己的老師、教室以及你的教育過程。

一九七四年當我還在海軍陸戰隊飛行時，我就已經開始應徵IBM和全錄公司的工作，因為他們提供了最佳的銷售與管理培訓課程。結束海軍陸戰隊的服役合約時，我被全錄公司錄取了，並且飛到維吉尼亞州李斯堡的訓練中心報到。全錄公司是我另一次的學習蛻變，同時也是為了形成B和I象限所需的各種神經路徑。

在全錄公司推銷影印機的過程中，我必須很努力的克服我原本害羞的個性，學會如何陌生開發，還要學會如何處理異議等等，好不容易在兩年之後我才開始對業務工作感到自在。我的內在有一部分開始發生蛻變了，我繼續朝著自己的夢想，也就是成為B象限和I象限裡的資本家，邁進了一步。

提早開始就是優勢

要不是因為在第一和第二個學習時機接受過富爸爸的教導，或許我早已經跟隨窮爸爸的腳步念完MBA，努力在大企業裡向上爬，不斷地和A等生以及一般生的官僚纏鬥，而不是雇用他們來為我工作。

與其努力工作來獲得富爸爸口中的資產（不動產和生產線），或許我到今天還得為了一份薪水而努力工作，並且支付愈來愈高的所得稅，同時還得每天擔心退休之後錢夠不夠用。

我要再次強調這個重點：我個人非常崇尚教育，但並非傳統教育體制裡的教育。如果你要孩子將來成為E象限裡面的上班族，或者成為S象限裡面的律師或醫生，那麼讓孩子去接受傳統教育絕對沒有什麼問題。如果你想要讓孩子可以自由選擇他心目中任何形式的成功，那麼他就必須要擁有選擇各種教育的機會。而在大多數的情況下，這個觀念就意味著，要讓孩子跳脫傳統教育體制，進入一些非傳統的、現實生活當中的學習經驗和教室。

我所學到的重點就是：每個象限都是不同的教室，而且各自需要不同的老師來教。

問：如果我無法找到類似全錄或IBM的工作怎麼辦？我要如何接受銷售培訓和業務經驗？

答：銷售培訓和業務經驗，對任何想要在B象限和I象限裡成為創業家的人來說都很重要。有好多種不同的方式可以獲得銷售訓練。

如我稍早所說的，川普和我都建議在尋找銷售訓練時，可以參考各種多層次傳銷公司的課程，很多傳銷公司提供非常好的個人成長、克服恐懼、異議處理以及銷售技巧等課程，非常適合那些害怕銷售，或者從來就沒有做過業務工作的初學者。

傳銷公司最大的優點就是，如果你的業績不好，他們是不會開除你的。而當年如果我沒有達到全錄公司產品和服務的業績目標時，他們就不會繼續聘用我。不管我在全錄公司做了多久的業務也是一樣的，每位業務員都很清楚的知道：如果自己這個月沒有達成業績目標，假使下個月無法彌補回來，就只好捲舖蓋走路了。

問：如果我的錢不夠怎麼辦？

答：這就是為什麼我建議你參加不動產投資課程。如果你真的懂得B象限和I象限所需要的技能，那麼你就會知道你根本不應該自己拿錢出來投資。你的職責是要學會如何利用別人的錢來籌措資金（以不動產來說就是銀行的錢），而不是自己的。

簡單來說，資本家知道如何利用債務來讓自己變得富有，關鍵就在於利用別人的金錢。想要成為資本家是件非常辛苦的工作，而且能做得到的人不多。這就是為什麼要在你自己和孩子身上投資，接受恰當的教育是這麼重要的一件事情。無論這個人目前的生活和工作屬於哪一個象限，只要他不再積極學習和進修，那麼他註定要面臨被社會淘汰的命運。

當你聽到一些偉大資本家或企業家的故事（例如賈伯斯、比爾．蓋茲和祖克伯等），他們自己在第一個和第二個學習時機的期間，就開始踏上了成為資本家的教育過程。披頭四合唱團和許多職業運動員也都是這麼做的。

我的意思並不是說，你的孩子非得要在第一個和第二個學習時機的期間裡，就要清楚知道自己將來要從事什麼樣的職業，而是說不論他們所選擇的職業為何，所有的孩子長大之後必定要面對金錢的問題。既然如此，為什麼不早點給他們足夠的財務教育，讓他們長大之後，可以自由選擇自己最適合的象限或者是教室？

富爸爸給我和他兒子極大的幫助，讓我們有能力面對現實生活當中的金錢問題，但是很多學校並沒有做到這一點。家長也應該要讓孩子從小在家裡開始學習有關於金錢的事物。這也就是為什麼家長的愛心、耐心以及引導能力，在孩子三個學習時機的期間裡如此重要。

老狗學不了新把戲

今天我身為一隻老狗，開始注意到我學習的速度變慢了，而且不擅長應用新的科技。我經常需要別人來幫我設定電腦或者是手機。我原本存在的神經路徑，阻礙了產生新路徑的能力。

我有個七十多歲的醫生朋友，他在二〇〇七年的金融海嘯裡損失了許多錢。他從來沒有理過財，是因為他把畢生的積蓄都交給一位理財專員幫他投資。由於這位理專做了一些錯誤的決定，因此我這位朋友現在很可能沒有機會退休了（要不然也得繼續工作多年之後才行）。

他一直無法理解的各種概念當中，有一項就是現金流。每當我跟他解釋說，現金流就是每個月會自動流到我銀行戶頭裡的金錢時，他就一臉茫然。就算我拿地產大亨這款遊戲來跟他解釋現金流的概念（一幢綠色房子代表每個月可以收10塊錢租金）的時候，他的腦袋就是轉不過來，無法理解自己不需要一直投注大量的時間，一樣也可以持續獲得收入的這種概念。

他唯一能理解的概念叫做資本利得，就是買賣任何事物時（以股票為例），買進成本和賣出價格之間的差別。他在大學時代修投資課程的時候就是這麼教的。他本來進行的還算順利，直到股市從1萬4千點跌到7千點為止；他現在不敢再進場投資股市，也不確定股價會不會上揚，同時更害怕股票會下跌。他所擁有的自宅也發生了同樣的情況。該房子的市價從4百萬元跌到如今只剩下1百50萬元左右。

當我跟他解釋說，我擁有數千棟出租的公寓，住戶每個月都會把房租匯進我的戶頭時，他又是一臉茫然的樣子，他就是無法接受這種觀念。他腦中的神經路徑只懂得什麼是資本利得，但是無法形成和現金流有關的神經路徑（就算他小時候玩過地產大亨也一樣）。雖然他也知道一幢綠色房子每個月能給他10塊錢，但是在他腦海裡和地產大亨相關的事物，只不過是個小孩子玩玩的遊戲罷了。

把過往經歷轉換為個人智慧

千萬要記住：學習時機這扇窗既然能開啟，同樣也是會關上的。隨著年齡的增加，雖然學習變得愈來愈不容易，好在人們是會逐漸增長一些智慧的（但並非每個人都一定會如此）。

我們是否能妥善運用「智慧開啟的時機」，完全取決於我們的智慧品質。意思就是說，如果我們早年擁有豐富的經歷（不管是好是壞），並從中學到了很多經驗，那麼從這些教訓所培養出來的智慧將會非常有價值。我相信你曾經聽別人說過：「我很高興在人生當中有過那樣的經歷。雖然當時的我不這麼認為，但是就是因為它，才讓我變成了今天的自己。」

以身作則成為孩子的榜樣

壞消息是：如果從年輕時擁有的都是一些不好的經歷，而我們又無法從中學到教訓，那麼我們在心中就會抱著悔恨、忿怒以及排斥感，而在這之後所學到的任何事物，也都會染上這些因以往的不良經驗所帶來的負面情緒。

我認識一些還活在過去悔恨之中的人，他們經常會說：「我真希望當初……」或者「老天爺就是不讓我喘口氣……」或者「早知道如此我就……」或者「我已經太老了，沒辦法……」等等的話。如果你能察覺到這一點，或許就有機會把這些事件轉化成前進的動力，超脫生命中原有的悔恨和憤怒。如果你能繼續前進並且充分活出自己值得享受的生命，那麼為什麼一定要死抱著這些負面的情緒不放？

我相信因為以往不好的經驗而自我設限，或者劍拔弩張的負面能量，都不是家長想給孩子的榜樣。我也相信家長強烈希望孩子將來可以過著美好人生的心意，也會轉化成家長振作起來的動機。孩子都會模仿家長的言行舉止，而家長所做出的任何選擇，也都在給孩子傳遞特定的訊息，當孩子親眼看到家長不斷地學習新事物，對各種不同觀點抱持著開放的心胸，承認自己的錯誤並從中學習教訓等，那麼家長傳給孩子的訊息就會非常清楚：原來認真學習是一輩子的功課。

孩子非常需要像以上所說的學習榜樣。也就是一個能從現實生活的各種挑戰，以及從許多不好的經驗當中汲取教訓的家長，那麼這個小孩就會得到一位「表裡一致」，非常傑出的人生導師。將來這個孩子也就會擁有做出改變的力量，以及做出正確選擇的能力。

行動金融家

從日常生活中，讓孩子熟悉運用金錢的智慧

我們可以在家裡、銀行、看電影、購物逛街、度假，甚至上教堂時來進行，利用本章學習時機的概念做為基礎，來決定何時要跟孩子討論什麼樣的話題，或者從事什麼樣的練習。

家長可以把一個新的觀念設計成某種遊戲或練習，並且在從事遊戲的過程當中，正面的強化這個觀念。同時尋找日常生活當中，各種可以介紹新名詞與觀念的機會，讓孩子從小自然而然地熟悉這些事物。

學習時機＃1：從出生起至十二歲「量子化的學習」

撥出時間來跟孩子玩遊戲、玩耍或進行討論，不但能增進親子關係，而且還會對將來第二個學習時機有非常大的幫助。在第一次學習時機中，整個腦袋是渾然一體的，而且不斷地在形成各種神經路徑。十二歲之後，學習就會開始面臨一些挑戰。想要學習任何新事物，腦海就必須從頭開始形成嶄新的神經路徑。

「老狗學不了新把戲」這句話所言不虛。這也是為什麼這個階段非常重要，要把握時間讓你的孩子學習新的詞彙和解釋，讓他從小培養對於負債、資產、債務、利潤、發明、創業等的基本概念。在《富爸爸—喚醒孩子們的理財天賦》（*Awaken Your Child's Financial Genius*）這本書裡，提供許多遊戲、拼字謎題以及猜謎等，可用以增強這些名詞的學習效果。

學習時機＃2：十二至二十四歲「叛逆式的學習」

這個階段的重點就是要鼓勵他們多方面的去探索。因此當孩子有問題的時候，要鼓勵他自己去尋找答案。提供孩子各種工具，讓孩子能自行探索在某種行為之後會產生什麼樣的後果，並且開明地跟他們一起討論探索的過程與結論。

在這個階段非常適合跟孩子介紹所謂「後果」的觀念。在這種叛逆式學習的期間，跟孩子直接講什麼不能做，根本就是在刺激他立即這麼做。與其說：「你絕對不可以做這件事，」寧可換成這種方式來問：「如果你這麼做了，你認為會產生什麼後果？」

鼓勵孩子自己做出決定，而且如果他們不幸失敗或者跌倒了，也不要急著出手挽救。我們都得從現實生活當中所產生的結果來汲取教訓，了解我們當初的決定和行動會招致什麼樣的後果，以及問題發生了之後又要如何解決等過程當中，培養出生活的能力。想辦法把「後果」這個詞彙，納入自己跟孩子每天的溝通之中。

想要讓孩子培養出終生學習的觀念的最好辦法，就是跟孩子一起學習一起成長，直到他長大成人為止。

學習時機＃3：二十四至三十六歲「專業上的學習」

當孩子長大並找到了自己人生的方向，此時你跟孩子之間的關係，也應該進展到另一個階段了。如果你跟孩子的關係良好，並且曾經費心安排家庭財務教育之夜的時間等等，那麼你在這個階段就應該能看出來你的付出是否有了收穫。你甚至能親眼看到自己的孩子，身體力行當年在第一個和第二個學習時機的階段，你所教導他們的觀念的成果。

如果在家中培養了扎實的財務教育，孩子在長大的過程當中就比較能做出正確的決定，尤其當孩子脫離第二個學習時機之後，你就能看出他們是否懂得如何讓金錢為自己工作。

在這段期間，父母就能見到孩子正在探索並尋找自己人生的熱忱，而在這時候，家長可以利用機會支持他們的決定和選擇，讓孩子得以自由選擇自己想要過的人生以及生活方式，讓他們可以無後顧之憂的展現他們本身所擁有的天賦才華。

許多年輕人大學畢業後，就算擁有了文憑，也仍然不清楚自己將來要做些什麼。而現在的孩子比起我們當年，擁有更多的工作、更多的選擇性，以及更多的職業可以做選擇。如果他們對於學習不感到害怕或者逃避，那麼他們或許就懂得把學習看得比金錢還來得重要。

過去的成就並不
保證未來的成功

第五章

教學單元#5：為什麼A等生會失敗

優秀的成績和在學術上的成就，有時候會成為人生的雙面刃，短期來看，一個受到各方讚美的A等生，或許可以迅速地在大公司裡獲得晉升，爬到眾多大專學院一致認為是「傑出校友」應該擁有的職位上。雖然學術上的成功可以讓一些學生準備好E象限裡的生活，但是當你離開學校之後，除了準備進入職場外，還有更豐富及美妙的人生在等著你。現實生活完全是一個嶄新的遊戲，一個讓人興奮無比、步調迅速，並且擁有不同規則的真實遊戲。

大部分的人都會同意世界級的創業家（例如賈伯斯、布蘭森、蓋茲、以及祖克伯等）完全不符合以下的描述：

「他們恪守規定，辛苦工作，並且喜歡學習，但是他們都不會是打破成規的人。他們在既有的體制內工作會有很不錯的表現，但是不太可能會有所改革。」

將來的世界會被那些可以坦然地接受改變，能看出未來世界有什麼樣的需求，能發揮本身的創造力、靈敏度以及熱忱，來迎接新的挑戰與機會的人所主宰。

生活現場

A等生為什麼無法成為創業家？

一九八一年波斯頓大學的凱倫．阿諾德教授（Karen Arnold），著手研究伊利諾州高中的模範學生和畢業致詞代表，在離開學校之後的表現如何。阿諾德教授說：

雖然這些學生擁有在學校獲得成功的特質，但是這些能力並不能讓他在現實生活裡獲得一樣的成功。

我認為我們教育體制所發掘出來的人才，是一些「忠於職守並且順從」的人，那些知道如何在既有體制內出人頭地的人物。

擁有模範生的頭銜只是在告訴我們，若以成績作為評判依據時，這個人將會有非常傑出的表現。但是身為模範生完全不能代表他在面對人生變遷的時候，會有什麼樣的反應與作為。

***　　***　　***

A等生讓世界持續運轉

在她所寫的《光明的人生——高中模範生往後的發展》（*Lives of Promise: What Becomes of High School Valedictorians*）這本書裡，阿諾德教授的研究告訴我們，大部分的高中模範生和畢業致詞代表，升上大學之後在成績上都有很好的表現，平均成績高達3.6（滿分是4.0）；絕大部分在大學畢業之後，都會從事例如會計、醫學、法律、工程以及教育等方面的傳統職業。

阿諾德教授說：「雖然畢業生致詞代表沒有辦法改變世界，但是他們仍然可以讓世界持續運轉，而且會把它經營得很好，雖然他們在校的成績非常傑出，但是並不代表他們就能把學術上的成就帶到職場的表現中。」她在書中也提到：「他們也從未找到自己專屬的領域，值得把自己全部的熱忱投入其中……。例如身為一個會計師，想要成名致富或者改變世界的機會幾乎是微乎其微……。他們恪守規定，辛苦工作，並且喜歡學習，但是他們都不會是打破成規的人，他們在既有的體制內工作會有很不錯的表現，但是不太可能會有所改革。」

成績愈好愈快樂

而另外一個研究案例則是持續追蹤於一九四〇年，從哈佛大學畢業的九十五位畢業生，直到他們年老退休為止。該研究顯示在大學裡成績最優秀的那些同學，如果從薪資收入、生產力以及在該行業裡的地位等做評量，並沒有比其他成績低落的同學擁有更傑出的表現。這次哈佛畢業生的研究同樣也發現，優秀的在校成績並不等於在人生當中會擁有更多的快樂、更好的友誼、美滿的家庭關係以及更浪漫的親密關係。

《哈佛商業評論》報導這一篇關於學術成就的研究報告之後說：

「隨著深入研究，我們發現學術上的成就並不能做為預測將來工作能力的指標，甚至連學生的智商也並非決定性的因素。」

這篇文章同時也寫道：

「許多成績優秀的同學在離開教室之後，仍然無視於自己在真實世界裡不斷失敗的事實，還因為自己在校的優異成績而看不起別人。」

48億身價的輟學生

在湯瑪斯．史丹利（Thomas J. Stanley）所寫的《百萬富翁的思維》（*The Millionaire Mind*）這本書裡，他以統計學深入研究，是哪一些變數能讓人在創業的領域當中獲得成功，以及變得極度富有的原因。跟一般世俗觀念完全相反，研究顯示，在校成績、班上排名、聯考分數以及在校表現等等，跟成功致富完全沒有任何的關聯。

事實上，富比士最有錢的前四百位人士當中，有33％的人根本沒上過（或者沒有念完）大學。這些沒有念完大學的人比起同期畢業的學生，所擁有的財富遠遠超過同儕數倍；這些輟學生平均身價是48億美元，而同期有念完大學的畢業生平均身價是15億美元。如果拿輟學生和從常春藤聯盟名校（例如哈佛、耶魯、普林斯頓等大學）畢業的菁英來比較，這些輟學生也都比念完名校的人士擁有200％以上的身價。

以為出錯是愚事，就無法突破和創新

我們再次檢視學習的圓錐圖形，該圖能解釋為什麼模範生和畢業生致詞代表能在E象限和S象限裡擁有傑出的表現，但是無法在B象限和I象限裡獲得跟資本家獲得一樣的成就。

許多模範生在學習圓錐圖形的下方會有非常良好的表現，他們非常善於聽講，而且也非常會念書。

研究顯示只有四分之一的學生能藉著閱讀和聽講做為主要的學習方式，其他的學生並不擅長這種學習的方式。就算學生的學習效果和持久性都不理想，傳統教育體制仍然偏重於閱讀和聽講這兩種效果不

學習的圓錐

兩週後大概還會記得		自然而然的投入程度
90%自己所說過的話以及動手做過的事	實際操作（玩真的）	主動的
	模擬真實的體驗	
	從事戲劇化的講演	
70%自己所說過的話	發表談話	
	參與討論	
50%自己所聽到的和看到的事	看他人實地演練操作	被動的
	觀看別人的示範	
	觀看展覽會中別人的示範	
	看動態影片	
30%自己所看到的	看靜態圖畫	
20%自己所聽到的	聆聽別人所說的話	
10%自己所閱覽的	閱讀	

資料來源：Cone of Learning adapted from Dale, 1969 經過授權獲准使用

彰的學習方式。

模範生無法在學習圓錐較高層次上獲得成功的原因之一，是因為模範生從小受到的調教，就是認為出錯是件壞事，而且出錯就等於暴露了自己的愚蠢和無能，因此他們就會極力避免讓自己出錯。

就因為如此，許多A等生都無法在學習圓錐較高的層次上，亦即在「實際操作」時獲得成功。再次強調阿諾德教授所說過的話：「他們恪守規定，辛苦工作，並且喜歡學習，但是他們都不會是打破成規的人。他們在既有的體制內工作會有很不錯的表現，但是不太可能會有所改革。」

我的故事

我的父親就是A等生

我的爸爸出生於一個擁有六個孩子的家庭。這六個孩子裡面，其中有三位在高中畢業時獲得畢業生致詞代表的榮譽，我父親就是其中一位。這三位A等生後來都得到了博士學位，其餘三位有兩個獲得了碩士學位，最後一位也有大學學士的學位。

我的爸爸或許是學術上的天才，他拚命念書並只用了兩年的時間，就把夏威夷大學四年的學分修完了。雖然他成家立業並且從事全職的工作，他仍然擠出時間修完史丹福大學、芝加哥大學以及西北大學等進階課程。他後來又獲得了夏威夷大學的博士學位。在這期間，他也已經被公認為夏威夷州歷史上最傑出的兩位教育家之一。

他在五十三歲的時候失業，而且完全無法從事任何其他形式的工作。他打從內心就是一位好老師，一位公職人員，擁有除了教育之外少數的一些能力。

他決定動用自己的退休金和儲蓄存款，加入了一個國際著名的冰淇淋加盟連鎖事業。沒有多久他的小生意就宣告失敗。一九七三年我從越戰回來之後發現我的爸爸，一個非常優秀的男人，在家裡找尋報紙上的徵人啟事。

根據學習的圓錐，我的爸爸嘗試著在圓錐的頂端「實際操作」，卻賠光了所有的積蓄。身為畢業生致詞代表的榮譽對他在現實生活當中，面對生意上的種種明爭暗奪並沒有任何實質的幫助。他嘗試著從E象限直接踏入B象限，結果卻是滿盤皆輸。

我爸爸在念書的時候是個模範生。他在政府官僚體系之下也有很傑出的表現。很不幸的，如果講到關於金錢、創業以及投資等領域，他完全錯失了人生的三次學習時機。因此他無法在競爭激烈的B象限和I象限當中生存下來。

***　　***　　***

以往的成就並不保證將來也能成功

在這一章我想表達的重點很簡單：在一個象限裡獲得成功，並不保證可以在另外的象限裡獲得成功。以我的父親為例，成為畢業生致詞代表，對他在E象限和政府官僚體系當中工作有助益，但是他優秀的在校成績在B象限和I象限裡並沒有給他任何幫助。

這種看法完全符合波士頓大學以及哈佛大學的研究結果。這也就是為什麼許多A等生都持續待在E象限和S象限之中，而不像其他數百位在大學表現不佳的創業家（例如賈伯斯、蓋茲和祖克伯等），能在B象限和I象限裡大展身手。

富爸爸經常會跟我說：「許多A等生學會了二加二等於四之後都認為就是這樣子了，但是絕大多數的A等生都不知道如何把2加2變成4美元，甚至數百萬美元的收入。資本家想要學會如何讓 2+2=$4,000,000。對資本家來說，這樣子的數學才值得去學習。」

最後幾句話

如果A等生持續待在E或S象限裡，那麼他們就有機會獲得成功。但是一旦他們投入競爭激烈以及步調迅速的資本主義（也就是B象限和I象限）時，他們以前念過哪所大學或者在校成績如何，並不會給他們帶來多大的幫助。或許我過於嘮叨，不過我要在這裡再次強調這個重點：

在一個象限裡獲得成功，並不保證可以在另外的象限裡獲得成功。

若家長能愈早教導孩子關於不同象限的事情，孩子就可以提早為自己的未來做好準備。

行動金融家

跟孩子討論他的夢想，讓他知道在學校體制外還有很多不同形式的成功

我相信我們可以從孩子的夢想當中找到他的天賦才華。創造一個能讓孩子自由發表夢想的環境，就算是最誇張不實的遠景，都是非常有意義而且重要的討論。或許聽到孩子分享這麼鮮明而且具有豐富想像力的夢想時，你會感到無比的驚訝，在這個時候請你把握機會，鼓勵並且支持孩子創造出屬於他自己的未來。

學習的圓錐可以拿來當成討論的主題。跟孩子解釋為什麼閱讀不一定是唯一的學習方式；向他解釋模擬實際狀況和不斷地練習是一種非常重要的學習方式，可以幫助他替未來的現實生活做好準備。

或許你可以帶孩子去看看正在進行賽前練習的職業球隊。跟他解釋為什麼練習的目的，就是要盡量模擬真實的情境，而在這種狀況下出了錯也只不過是被拿來當成學習的機會，藉著不斷地改進，來學會如何應付將來真實世界中的各種逆境與挑戰。

轉變你的錢。
轉變自己的人生。

第六章
教學單元＃6：為什麼有錢的人也會破產

想要讓生活發生變化的第一步，就是要有所改變——調整自己的架構氛圍（譯注：context，亦可做「器量」或「來龍去脈」解）、修正我們看待事物的方式，以及改變我們腦袋處理資訊和經驗的各種篩選過程。我們通常都會用毛毛蟲變蝴蝶的比喻來描述改變。這是一個非常好的視覺說明，因為改變是一種過程，而發生改變的整個過程，就跟改變之後的結果同等重要。

藉著學習如何把自己的一般收入轉變成被動收入和投資組合收入，你就掌握了開創自己（以及孩子）未來的關鍵。在第七章裡我會說明不同種類的收入，以及了解不同收入是多麼重要的一件事情。當今我們處在一個非常令人興奮而且會一直不斷發生改變的世界。這表示隨時都充滿了各種機會與挑戰。而協助孩子替未來的世界做準備，是家長們在孩子生命中所扮演最重要的角色之一（有時候這個角色也會人讓感到非常氣餒）。想要面對這樣子的挑戰，首先必須要了解自己的思想和行動（我們會把什麼樣的觀念放進腦袋之中，根據這種想法又會作出什麼樣的行為），也都必須因應世界的改變而有所變化。

生活現場

兩千年之前，希臘曾經是地球上最強大的帝國。現今許多英文詞彙都可以追溯到希臘時代，諸如民主、劇院、奧林匹克、馬拉松等等，甚至連英文字母的名稱（alphabet）都是。希臘人也建立了「由陪審團審判」的概念，以及劇院中著名的古希臘悲劇。如今這個依附著歐洲共同體，曾經盛極一時的國家瀕臨破產，這件事情本身就是一個希臘式的悲劇。

***　　***　　***

退休金不夠的悲劇

在世界的舞台上，日本、英國、法國以及美國等等，都在希臘式的悲劇裡擔綱演出。如果這些大國當中有任何一個垮台，全球都會跟著上演同樣的悲劇。

全球各地數千萬退休的人士（尤其是曾經繁榮過的戰後嬰兒潮世代），現在都活在退休金可能會不夠用的恐懼之中。跟我同一輩的人也都感受到這種恐懼，並且各自上演著屬於自己的希臘式悲劇。這些人的子孫目前都還只是觀眾，不斷地猜想這齣悲劇會有什麼樣的結局。

經濟蕭條促成暴君的崛起

如果不解決這次的全球金融危機，這齣戲的結局將會非常地悲哀。以往發生金融危機的時候，一般來說都會有新的領袖趁機崛起，而這些領袖多半也會成為專制的暴君。其中不乏惡名昭彰的人物，例如富蘭克林．羅斯福、希特勒、毛澤東、史達林、羅伯斯比爾（Robespierre）以及拿破崙等等。很諷刺的是：法文中專制的暴君（despotes）一詞，就是從希臘文「貴族主人」這個詞彙演變而來的。

我知道把小羅斯福總統也列為極權專制的人物，對一些人來說是極為褻瀆與不敬，我這麼做也經常遭到別人嚴厲的批評，因為他曾經是美國最受敬愛的總統之一。在闔上本書之前，容我解釋我這麼做的原因：

理由1：

希特勒和羅斯福都是在一九三三年，同時就任總統職位的領導人。

理由2：

兩個人都是因為經濟大蕭條而被民眾選上。

理由3：

兩位都無法解決這個問題。希特勒解決的方式就是向歐洲各國宣戰。小羅斯福總統解決的方法也是參戰，同時頒布社會福利制度。一九三五年的社會福利法案，是最受美國人愛戴的政府計畫。

問題在於小羅斯福的作法沒有真正解決問題，他的解決方式只是寅吃卯糧的緩兵之計，單純地把問題留給後世的領袖解決。如今社會福利和醫療健保兩個制度，已經是坐在房間內最巨大的兩隻猩猩了。希臘、英國、日本、以及世界上其他國家也都面臨同樣的狀況。目前最大的問題是這件事情已經沒有轉圜的餘地。不知道這種狀況會不會創造出現代專制暴君崛起的機會？

我這個世代（也就是戰後嬰兒潮世代）的人，宣稱他們理所應當地享有社會福利以及醫療健保等制度。他們的確有這個權利，因為他們對這些制度作出了實質的貢獻，問題在於所有政府規劃的健保福利制度，都是一種龐氏騙局（金字塔騙局）。所謂的龐氏騙局，就是把新進投資者所投入的錢，拿去當成既有投資者獲利的一種詐騙行為。

大家都聽說過伯納德・馬多夫（Bernard Madoff）這個人，他是近代民營騙局裡的重量級人物，也因此而鋃鐺入獄。他做的事完全是非法的行為，然而從我的觀點來看，美國政府所推行的制度同樣也是非常不道德的。社會福利制度不斷地摧毀美國立國的精神，如今已經像癌症一般的蔓延，侵蝕了原本的創造精神；社福計畫無法讓民眾變得更加堅強，反而讓他們萎靡不振，持續依賴政府來幫他們解決自身所面臨的問題。

我知道的確有很多人需要得到政府的幫助，有需要對一些人伸出援手。問題在於有數百萬身心健全的美國人，同樣享有政府這項福利制度。這些人還包括了我們國家的領導人物，從總統到官員個個都有份。總統和國會議員所享受到的各種福利津貼的總額，如果馬多夫知道了都要甘拜下風。政府這種自肥的狀況還包括了軍方退除役人員、公職人員，還有警察、消防隊，以及教師等等。

我並不是在批判以上這些人所從事的職業，或者質疑他們的敬業態度。我個人對軍人、警察、消防隊員、老師以及政府部門裡的公僕，抱持著非常崇高的敬意，他們所從事的工作對社會來說是非常重要的。

我所擔心的是日漸滋長的「這是我理所應得」的心態，也就是「政府應該要負起照顧我的責任」的這種想法，目前已經瀰漫整個社會。如今當任何人失去工作時，他們所採取的第一個行動竟然是向政府申請失業給付。這個怎麼能算是一種「津貼」？

那麼社會上這種「理所應得的心態」跟本書的內容有什麼關係？此事又和家長必須協助小孩替未來做準備有什麼關聯？只要你稍加思考就會知道這個道理非常簡單。我個人經常強烈批判，目前學校體制以及傳統教育，根本無法教導民眾如何自己釣魚的現狀，相對於教導孩子如何釣魚（教他們各種技能和心態，讓他們變得更堅強而且完全不用依賴任何人），我們的傳統教育反而在強化這種理所應得的心態。就是這種理所應得的心態，腐蝕著這個國家的開國精神；就是這種「理所應得」的心態，正使美國以及世界上其他國家面臨垮台。

財務問題就是社會問題

二〇一二年美國選戰的塵埃尚未落定，財政懸崖的問題立即就吞噬了華盛頓特區。這場戰爭的一邊是想要「給富人增稅」的民主黨，另外一邊則是想要藉著縮減社會福利和醫療健保預算，來挽救政府財政的共和黨。目前這場危機的潛在因素尚未被解決，並且持續惡化當中。

這個問題之所以無法獲得解決的原因，是因為我們的財政問題根本就是一種社會問題。美國有太多的民眾不但期望政府要來照顧他們，而且還有很多人非得依賴政府的照顧才能活得下去，因為他們沒有辦法（或者故意選擇不要）自己釣魚來吃。

就如你所知，這個問題很快的就會變成你的孩子要承擔的問題（這只不過是下一代將要繼承眾多問題當中的一個罷了）。因此身為家長的你，現在應該要怎麼做？

工作外移、薪資停滯，你還堅持「讀書找工作」？

有些人說這是愛因斯坦給「瘋狂」所下的定義：

「瘋狂就是不斷地重複同樣的做法，而期待會有不同的結果發生。」

因此當工作機會不斷地移往海外或者被新科技所取代時，持續不斷地跟自己的孩子強調說：「好好上學念書然後找一份高薪的工作，」根本就是一種瘋狂的行為。

當你更加辛苦的工作，結果賺到更多錢時就得繳納更高的所得稅，那麼繼續堅持「認真辛苦地工作」，根本就是一種瘋狂的行為。

當鈔票不再是真正的金錢，而是由納稅人所開立的一種借據時，那麼一直強調要「存錢儲蓄」，根本是一種瘋狂的行為。

當自宅明明屬於一種債務，但仍然堅信「自宅是一種資產」的想法，也是一種瘋狂的行為。

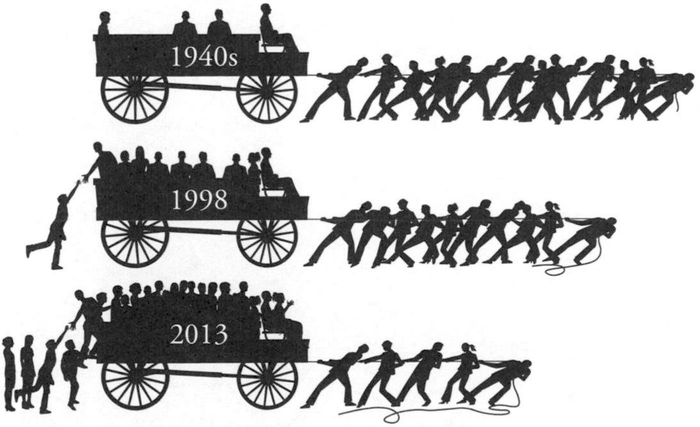

當專業投資機構買進價值數千萬美元的超級電腦設備，利用高頻率交易系統（HFT），以百萬分之一秒的速度買進賣出股票，占盡業餘投資者（有的甚至還是該公司客戶）的便宜時，仍然持續向民眾鼓吹：「投資股市要持股續抱並長期投資」，根本就是一種瘋狂的行為，你乾脆去拉斯維加斯豪賭一番，贏面可能還大一些。

愛因斯坦也曾經說過：

「想要解決問題，就不可以採用當初製造出問題本身的思考模式。」

以下就是一些如何解決老問題的新思維，幫助你解決如何協助孩子替未來作準備的問題，以及金錢在這過程當中所扮演的角色。以下容我們提出對於教育的嶄新看法。

想要解決問題，就得先改變我們對問題所抱持的「架構氛圍」

容器與內容物

以下的圖是裝了一些水的玻璃杯。

以下頁圖為例來說明，杯子中的水就是所謂的「內容物」，而杯子本身代表著「架構氛圍」（容器或器量）。

傳統教育只會灌輸「雇員思維」

傳統教育著重於內容物：閱讀、寫作以及數理科目等。

傳統教育並非著重於架構氛圍（容器）之上：也就是學生本身。

我在學校開始遇到困難，就是因為我不喜歡老師往我腦袋裡塞的內容物（也就是水）。每當我提出異議問他們：「我為什麼要學這個？」的時候，所有老師的回答都是制式化的一成不變：「如果你不好好念書，將來就找不到好工作。」

我長大之後才了解，這些老師為什麼會這樣回答我，因為他們不在乎我這個學生。他們先入為主的以為，我長大之後會想要成為一個上班族。

想成為哪種人，就要用那種方式思考

架構氛圍就是包覆所有內容物的東西。架構氛圍也許是可見的、不可見的、以人為本的，或者人以外的任何事物。

所謂某個人的架構氛圍包括了：

- 人生哲學
- 信念
- 思想
- 規則
- 價值觀
- 恐懼
- 懷疑
- 態度
- 選擇

一個窮人的架構氛圍，經常可以從他們所用的詞彙中看出端倪：

- 「我絕對不可能會變成有錢人。」
- 「有錢人絕對不會上天堂。」
- 「我寧可過得快樂自在些。」
- 「金錢對我來說沒有這麼重要。」
- 「政府有義務要照顧人民。」

有這麼多人活在貧窮之中，是因為他們擁有的是貧窮的架構氛圍。在大部分的情況下，把大筆的錢拿給貧窮的人也沒有辦法讓他致富；在很多狀況下，把錢直接拿給窮人反而會讓他們一直處在貧窮的狀態下，甚至一輩子都難以翻身。

這同時也是為什麼會有這麼多樂透獎得主，最後還是淪為窮人的原因。對很多前明星球員來說，也是同樣的道理。

請留意在優先順序、價值觀以及所用的詞彙上，中產階級在架構氛圍上的不同之處：

- 「我必須接受良好的教育。」
- 「我必須找到一份薪資優渥的工作。」
- 「我想要擁有一棟不錯的房屋，環境也不能太差。」
- 「穩定的工作對我來說是很重要的。」
- 「不知道今年我會有多少假期？」

一般來說，抱持著中產階級的架構氛圍是不會變成有錢人的。許多人為了不被其他同儕比下去，因此就會開始陷入債務之中；擁有中產階級架構氛圍的人可能會變本加厲地消費，而不是把錢拿來投資。他們會購買一幢更大的房子、參加豪華渡假之旅、開著名貴的車子，並且願意把錢花在更高的學歷與證照之上。

由於許多人都會使用信用卡，因此他們就會發現自己已經陷入了債務之中（不良債務、消費性債務），因而變得愈來愈貧窮。

每當他們聽到：「債務分為好的債務和不良的債務」時，他們就會封閉自己的架構氛圍。他們唯一知道的債務就是不良的債務，而且這種債務會讓他們更加的貧窮，這些人絕大部分都無法理解良好債務的概念，一種可以讓他們變得更加富有的債務。

對這些人來說，簡單的遵從一些理財顧問所建議的：「把信用卡剪掉並且還清所有的債務」或許是最好的選擇，因為他們的架構氛圍（容器），是可以接受這種內容物（水）的。

若是講到投資理財，絕大部分的中產階級所抱持的架構氛圍（或信念），幾乎都是「投資是具有風險」的這種想法。這也就是為什麼絕大部分的中產階級，都願意把錢投資在傳統教育以獲得文憑證照，卻不願意拿錢出來學習財務教育的原因。

而一部分能反映有錢人所擁有的架構氛圍的內容如下：

1.「我一定要變成有錢人。」
2.「我擁有自己的事業，而我所從事的工作就是我這輩子想做的事情。」
3.「自由比安穩更加重要。」
4.「我願意面對挑戰並把它當成學習的機會。」
5.「我想看看自己的人生能發揮到什麼地步。」

這些人大部分都是真正的資本家，他們知道如何運用別人的才華以及別人的金錢。

當一位中產階級把他的儲蓄和退休金放在銀行裡，銀行家就會把這些錢交給資本家運用。

這也就是為什麼富爸爸會說：「架構氛圍遠比內容物更加重要。」

我之所以會在學校裡過得很不如意，只因為我根本沒有想要成為一個上班族。我想要成為一個老闆，一位創業家。

每當老師們想藉著：「如果你的成績不理想，以後就會找不到好工作」這種話來激勵我的時候，我根本聽不進去，腦袋變成一片空白。我十二歲的時候就已經跟著富爸爸學了三年，我根本沒有抱持上班族的架構氛圍。

而把「你以後找不到好工作」這句話，拿來鞭策我那些想要成為上班族的同班同學卻非常有效。但是這個方法在我身上完全不管用。

如果老師當時跟我說的話是：「我會教你如何籌措資金，好讓你早日創業，」我肯定會全神貫注的聆聽，我每堂課必定坐在第一排，並且同時會要求：「趕快把這些內容通通塞進我的腦袋裡面！」

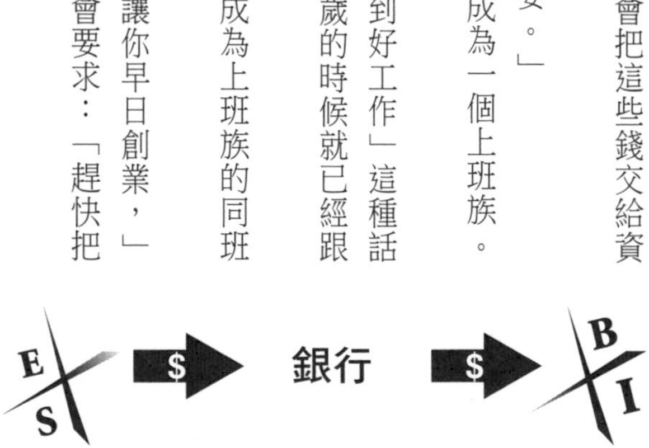

我的故事

不要教豬唱歌

富爸爸曾經提到：「千萬不要教豬如何唱歌，」他認為這是一種雙輸的情況。他說：「不但浪費自己的時間，而且也會把豬惹得很不高興。」

他想表達的重點是：

「你無法把一個窮人教成一個有錢人，除非他們願意先改變自己的架構氛圍。嘗試教導一個抱持著窮人或中產階級架構氛圍的人不但是浪費時間，而且也會惹得他們心裡很不高興。」

我教導別人如何創業和投資已經超過三十個年頭了，不斷地與人分享富爸爸教給我的內容。我個人可以證明富爸爸所講的內容確實是對的。當《富爸爸，窮爸爸》一書剛剛打算要出版的時候，不但接受的人不多，甚至還被出版界的那些資優生批評得一文不值。這也是為什麼在一九九七年，我還得自掏腰包來發行這本書。出版社絕大部分的編輯都是學術派的A等生，跟我們放牛班的資本家有著完全不同的架構氛圍。二〇〇二年《川普清崎讓你賺大錢》一書出版之後，我當時的感覺是「又來了，歷史重演」。我和唐納．川普共同合作的這本書，是要對大眾警告即將發生的金融危機，以及它會如何影響中產階級。當時的財經界完全不能接受該書的內容。當時我捫心自問：「為什麼財經界要攻擊這本書？」結果當我考慮過所有相關領域的架構氛圍之後（媒體老闆、上下游的廣告公司、記者

富爸爸的教誨

千萬不要教豬如何唱歌。不但浪費自己的時間，而且也會把豬惹得很不高興。

媒體以及觀眾群等），答案就很明顯了。

***　***　***

建立自己想要的生活場景

我們的人生都是由架構氛圍所塑造出來的。有些架構氛圍是無形的，也有很多是有形以及實質的。以下是一些架構氛圍的範例：

1. 美國憲法就是一種架構氛圍

美國憲法就代表了美國立國的精神以及價值觀，並成為政府運作的指標。

2. 宗教也是一種架構氛圍

舉例來說，基督教和回教就各自擁有不同的架構氛圍，這也代表了它們各自擁有的內容也不會一樣。基督教認為耶穌是上帝的兒子，而回教徒則認為耶穌是一位先知。

再舉個例子：如果我跟一位虔誠的基督徒說：「先知穆罕默德說……」他們的架構氛圍（器量）多半就會立即封閉起來。但如果我跟他們說：「耶穌說……」幾乎可以肯定所有基督徒的架構氛圍會保持開放的狀態。換句話說，當有人講：「我希望你們的思想保持開明，」其實他們的意思就是在說：「請你保持架構氛圍（容器）的開放。」

在二〇一二年美國總統大選期間，雖然歐巴馬總統是一位基督徒，但是他的對手故意稱他為回教徒。而反對羅姆尼的選民就會彼此耳語說：「他不能算是基督徒，他其實是個摩門教徒。」這就是架構氛圍所具有的力量。

3. 經濟理論也是一種架構氛圍

舉例來說，在上述競選的期間，許多人把歐巴馬歸類成社會主義者，其他人則把羅姆尼歸類成資本家。根據你個人的財經架構氛圍，你很可能因為一個候選人的財經架構氛圍而決定是否投票給他。舉例來說，如果你崇尚社會主義，那麼由於羅姆尼被貼上「資本家」的標籤，你立即就會排斥他；如果你是一位資本家，那把神聖的一票投給社會主義的傢伙，是無法想像的事情。

4. 教堂建築本身是一種實質的架構氛圍

健身房也是一樣。我們上教堂和去健身房都有各自不同的目的，前者是為了追求靈性上的成長，後者則是為了肉體上的健康。

5. 學校大樓也是實質的架構氛圍

辦公大樓也是一樣的。現在有很多學校鼓勵家長把孩子帶在身邊去上班。很不幸的，當這些孩子跟隨父母去工作場所，他們承襲的會是上班族的架構氛圍，而不是接觸給上班族創造工作機會的老闆（創業家）的架構氛圍。

6. 家也是一種實質的架構氛圍

身為家長的你，請你自問：「我們家裡的架構氛圍是什麼？是一個貧窮家庭、中產家庭，還是一個有錢家庭的架構氛圍？」

改變自己的思惟與生命

當我一九七三年從越南回來的時候，富爸爸建議我去參加一場不動產的培訓課程。他說：「如果你想要致富，你就必須先學會如何利用債務來致富。」

既然我本身的架構氛圍已經是「我要變成有錢人」，所以我聽從了他的建議。由於我本身的架構氛圍，因此我很容易就能接受「債務能使我富有」的思維。因此我報名參加了為期三天的不動產培訓課程。

如果我本身擁有的是貧窮或者是中產階級的架構氛圍，我或許會說：「我回去考慮看看。在決定上這堂不動產課程之前，我應該先重返學校獲得更高的文憑才行。」

如今當我跟別人說：「不動產的關鍵就在於債務，能讓你致富的一種債務。而當你累積愈多的債務時，你就可以繳愈少的稅。」一般人根本用不了多久，就會把他們的架構氛圍封閉起來。他們會像孩子一樣，把無形的手指頭塞進自己的耳朵裡，然後重複述說父母灌輸給他們的架構氛圍：「投資的風險很高、債務是不好的東西、有錢人都很貪婪、債務和稅不可能讓你致富。」

再次強調我想表達的重點：「架構氛圍會決定接受的內容，」或者「千萬不要教豬唱歌，除非他們想要成為會唱歌的豬。」

三天的課程內容非常棒，雖然我已經從富爸爸身上學到很多，我也已經買下自己所住的套房，但是在課程當中我又學到更多，同時也讓我知道，自己仍然有很多要去學習的事物。

講師本身就是一個非常傑出的老師。很明顯地他之所以會開這堂課，是因為他熱愛教學，他也是一個非常成功的不動產投資者，而且完全不需要靠薪水就能活下去。課程當中所教的內容他都身體力行，而該堂課程更特別的是，他並不是在教豬如何唱歌，教室內所有的學員都迫不及待地想要學習。

當課程結束時，講師微笑著跟我們說：「現在你們的教育才算真正的開始。你們接下來的功課是在九十天之內要去尋找、檢視、分析一百間有出租潛力的不動產，並且寫出評估報告。」

許多學員對老師所指派的作業感到興奮無比，有一些則不然。他們這些人讓自己「失敗者的架構氛圍」阻礙了自己。他們說了類似以下的各種藉口：

1.「我沒有時間。」
2.「我不能犧牲和家人相處的時間。」
3.「我還要上班。」
4.「我已經安排好要去度假了。」
5.「我的錢不夠。」

老師繼續微笑說：「我再次重複剛剛所說過的話。課程已經結束了，現在你的教育才算真正的開始。」

給自己九十天的改造機會

很多人認為架構氛圍只不過是自己的心態罷了，但是架構氛圍不單單只是你腦海中的想法，架構氛圍代表你的核心價值、你的身體、你的心智以及你的精神。雖然心態或許可以加以改變，但是想要改變架構氛圍必須對自己有更深一層的體認。

以金錢為例，會有這麼多貧窮的人，是因為他們在金錢方面抱持著窮人的架構氛圍。就算參加一場為期三天的不動產課程，如果沒有內化並運用自己所學，架構氛圍永遠不會有所改變。

當我跟富爸爸說，老師派給我們的作業是要在九十天內看一百棟房子，他微笑著跟我說：「這個老師好。」

富爸爸並沒有利用架構氛圍這個名詞來解釋這件事情。他反而說：「如果你去完成這項功課，你就會同時改變自己以及對世界的觀點，你就會開始透過有錢人的眼睛來看整個世界。做完這次的功課並不保證你一定會成功，或者你將來一定會致富，但至少你已經開始做一些有錢人才會去做的事情。」

或許你還記得上一章裡「學習的圓錐」。在圓錐的頂端，想要學習新事物最佳的方式就在圓錐的最上方，也就是「實際操作」。在九十天內看完一百間房屋的功課，就是一種模擬真實情況的練習。

九十天之後

在三天課程結束之前，老師把全班分成幾個小組。我這一組共有六位學員，我們說好要一起完成這個九十天的作業。

上完課一個禮拜之後，我們這一組就有兩位學員決定放棄，他們沒有出席我們第一次的聚會，我一輩子再也沒見到這兩位同學。他們原先的架構氛圍戰勝了他們自己（想要改變的意願）。

因此我們這一組只剩下四位學員。在課程結束四週之後，又有另外一個同學跟我們說：「我不適合投資不動產」之後就離開了。同樣的，他原先的架構氛圍贏了。

到了六十天，也就是邁入第三個月的時候，第四位同學在離開之前告訴我們說：「我想要跟家人有更多相處的時間。」

最後只有兩位學員完成了九十天的功課。我們總共看了一百零四間不動產。那位和我一起完成作業的學員約翰，後來也成為一個不動產開發商並且賺到數千萬美元，而我自己本身的表現也不賴。我們那三天的課程只不過投資了3百85美元而已。

蛻變

我對於教育做出的選擇完全改變了自己的人生。MBA課程才上了幾個月之後（當初這麼做純粹只是為了讓我的窮爸爸開心），我就對它完全失去興趣而半途輟學。這個課程本身的問題就在於，我清楚地知道它無法改變我的人生。我早就已經有兩個薪水非常高的工作隨時等著我去做：一個是美國標準石油公司的油輪主管，另外一個是民營航空公司的飛機駕駛員。就算我完成MBA課程，我仍然得成為別人的雇員。

我之所以報名參加不動產課程，是因為我想再次尋找類似海軍飛行學院的學習經驗。我想要再次發生蛻變。我想要蛻變成蝴蝶，而不是繼續像毛毛蟲地守著一份工作、一份薪水以及退休金，慢慢爬完我的人生。

富爸爸的教誨

想要改變自己的人生，就先改變自己的架構氛圍。

從心理、生理到精神的改變過程

現金流象限有四個不同的區域，各自都擁有不同的架構氛圍。對於每一個放棄原本工作並開始創業的人來說，他們都必須先改變自己的架構氛圍才行。想要從E和S象限轉變到B和I象限，就非得先改變自己的架構氛圍不可。

改變架構氛圍是需要時間的，並非一蹴可幾。這也不單單只是改變心態而已，光是憑正面思考也是不夠的。這是一個人在心理、生理以及精神上的演化過程。這需要無比堅定的信念、極大的勇氣、強烈的自信心，以及迅速學習的渴望。

我和川普都非常喜歡在大學裡向年輕人演講，我們也特別喜歡上台跟傳銷組織分享。因為在傳銷組織裡面的人，個個都有強烈的學習慾望，他們的能量都很高，而且都非常興奮、迫不及待的想要學習。他們的能量為什麼會這麼高?那是因為他們正處於蛻變的過程之中，而在這個過程當中除了教育內容之外，更需要大量的能量才行。裡面大部分的人正從E和S象限逐漸蛻變到B和I象限之中。他們知道學習並非是為了謀求一份工作，他們清楚了解他們即將踏入的世界裡，並沒有所謂穩定的收入。這就是為什麼他們會是我們最佳的聽眾，我跟川普和他們擁有一樣的架構氛圍，因此他們也非常喜歡並接受我們所分享的內容。

一個人想要改變自己的人生，首先必須從改變自己收入結構著手。當

富爸爸的教誨

如果想要轉變自己的人生，你必須要懂得如何轉變自己的收入。

一個人能改變自己的收入結構，就能改變自己的人生。

完整的財務教育，必須要了解有三種不同的收入形式。絕大部分的A等生也只不過懂得其中一種收入的形式，而有錢人則是為了其他兩種不同的收入形式努力工作。

關鍵在現金能不能自動流進你的口袋

在金錢的世界裡，總共有三種不同的收入：

1. 一般收入。2. 投資組合收入。3. 被動收入。

全球各地都有這三種不同的收入。在絕大部分的情況下，窮人和中產階級只是為了一般收入而工作，有錢人則是為了投資組合以及被動收入而工作。

就連地產大亨這款遊戲都告訴我們最重要的關鍵：當你在玩地產大亨時買下一幢綠色的房屋（假設你付了2百元買到），其他玩家踩到這塊地的時候，每次都得付你10塊錢，你就把自己原本所擁有的現金做了轉換，亦即你把2百元的一般收入轉變為每個月10塊錢的被動收入。你根本不需擁有像A等生一般的腦袋，就能了解這種收入上的改變。

為什麼很多有錢人也會落得身無分文

會有這麼多中了上億元的樂透得主，以及年薪極高的明星運動員，一朝醒來發現自己已經身無分文的原因，就是因為他們沒有轉變自己的收入形式。

為什麼會有許多醫生、律師以及S象限高收入的創業家現在面臨了困難，或者沒有自己想像中的富有，也是因為他們沒有轉變自己的收入形式。

許多財經專家會說：「認真工作、儲蓄存錢，然後把錢放到退休基金帳戶之中，」但是聽從這個建議的民眾，根本沒有轉變自己的收入形式。

當一個人為錢工作時，就是在為一般收入而工作，這種收入是稅率最高的一種收入。當人們存錢時，他們賺到的仍然算是一般收入，也就是存款的利息。而當美國人動用他們退休基金帳戶裡面的錢時，他們所領出來的錢仍然被當成一般的收入。

這種現象不只存在於美國，絕大部分的西方國家也都是同樣的情形（雖然各自擁有名稱不同的退休制度或計畫）。

父母必須清楚了解，不同形式的收入以及它們之間的區別，是件非常重要的事，同時也要教給孩子，讓孩子可以藉著改變收入結構來改變自己的人生。

這三種不同的收入最主要的區別在哪裡？

一般收入：

基本上就是所謂的薪資收入，這是三種收入當中所得稅率最高的一種。許多人上學念書都是在學習如何藉著工作獲得一般收入，在畢業之後，大多數的人會變成領薪水的上班族。只要是為錢工作，那麼你所得到的必定是一般收入。諷刺的是，把多餘的錢拿到銀行存起來之後，所衍生出來的利息一樣被視為一般收入加以課稅。當你退休之後，你退休基金帳戶裡面所有的錢，也都會被視為一般收入而予以課稅。從我的觀點來看，還有很多其他的好辦法可以用來替退休做準備，遠比把錢放進退休基金裡面好得太多了。

投資組合收入：

即資本利得。許多投資者拿錢出來的目的，是為了獲得投資組合收入或者是資本利得，所謂資本利得，就是藉著買低賣高獲得利潤。舉例來說，如果你以10元買進一張股票並以15元的價格賣出，你這次的資本利得是獲利5元，而這筆獲利會以投資組合收入的方式課稅。

我個人選擇不投資股票的原因，其中有一個就是因為股票課稅的方式。對我來說，我要承擔所有的風險來投資股票，好不容易賺到錢之後還得為此繳稅，根本就是一件很沒有道理的事情。目前在股票和不動產兩個市場中，資本利得的稅率是20％，股票發放股利的稅率也同樣是20％。

被動收入：

也稱為現金流。在地產大亨這款遊戲裡，玩家從綠色房子獲得10塊錢的租金就是一種被動收入（現金流）。被動收入是三種收入形式當中稅率最低的一種，有時候甚至完全免稅。

為了免稅的現金流而投資，就需要最高等級的財務教育以及實務經驗。我們在本書稍後幾章裡會對此進行探討。

讓自己的生命發生蛻變

三天不動產課程之後的作業，是一種蛻變的過程。就如同「學習的圓錐」內容所示，該作業是在「實際操作」之前，模擬真實情境的一種過程。

在運動界模擬真實的情況被稱之為賽前練習，在演藝圈內模擬真實的情況被稱之為彩排。在學校裡，反而沒有允許犯錯的空間。當學生接受測驗之後，老師就開始把任何錯誤當作扣分的依據，在給每個人打上分數之後，就繼續進行原本的課程教學。

有很多A等生無法在人生當中徹底發揮自己的潛力，是因為他們所擁有的架構氛圍（亦即經年累月培養出來的信念），讓他們相信犯了錯就等於證明自己的愚蠢。

而在創業時，創業家知道每次犯錯都是一次學習的經驗。而在大多數的狀況下，這些錯誤都可以在商業模式、產品本身以及服務品質等方面，提供非常有價值的回饋。

我之所以會建議至少玩十遍以上的現金流遊戲，並不是想要玩家在遊戲中獲勝，而是盡可能的把所有的錯誤都先犯過一遍，並且在錯誤當中汲取教訓。每次在玩的時候（尤其是你輸掉的那幾次），反而會讓你變得更加地聰明，讓你為將來真實的世界做好準備，就像「學習的圓錐」所示：模擬真實的情況（無論是遊戲、練習或彩排），就是在實際操作（玩真的）之前必經的步驟。

傳統教育體制限縮孩子的發展

不能保證A等生將來在人生當中獲得全面成功的原因之一，就是因為人類所擁有的各項智能當中，傳統教育體制只認同其中一種而已。

哈佛大學教育研究所的霍華德．嘉納教授（Howard Gardner）於一九八三年出版《發現7種

IQ》（*Frames of The Mind: The Theory of Multiple Intelligences*）這一本書，介紹所謂的「多元智能理論」。

以下節錄嘉納教授所描述的七種不同的智能型態。

1. 語文智能—語言方面

那些擁有口語和語文智能的人們，通常非常善於閱讀、寫作、記憶詞彙以及各種日期等。他們藉著閱讀、做筆記以及聆聽講演，就能獲得最佳的學習效果，這些人通常都是左腦導向的人。

如果你本身非常擅長這種智能，學校對你來說就像如魚得水。絕大部分的A等生都擁有這方面的能力。許多人將來會成為專欄作者、律師、作家或者是醫生等。

2. 邏輯智能—數理方面

擁有這項智能的人，在數理方面的表現就會很優秀。他們非常習慣運用數字、解決數理問題、邏輯推理，以及抽象的概念等，這些也是左腦導向的人。

擁有這項智能的學生在傳統教育體制中也能獲得出眾的表現，因而被當成A等生。許多人將來都會成為工程師、科學家、醫生、會計師以及金融分析師。

3. 肢體動覺智能（感受知覺方面）

這些學生通常擁有肢體上生俱來的才華，他們藉著親自操做以及到處活動，來獲得最佳的學習效果。

這種型態的智能通常會在體育館、足球場、舞蹈教師、話劇舞台、工藝教室或者汽車修理廠裡展現出來。職業運動員、舞蹈家、演員、模特兒、外科手術醫生、消防隊員、士兵、警察、飛機駕駛員、賽車選手以及機械修理工等等，都是擁有這種智能的人。

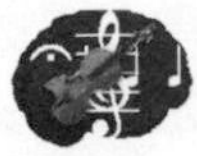

4. 空間智能

擁有這種智能的人在藝術、視覺、設計以及解決拼圖謎題等方面，會有出眾的表現，這些是右腦導向的人。

一般來說，擁有這種智能的學生，在傳統教育體制中不會有很傑出的表現。但是他們在藝術、設計、顏色以及建築方面等學院中，則會有很優良的表現。這些學生將來多半會成為藝術家、室內設計師、流行服飾設計者以及建築師等。

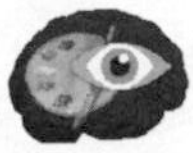

5. 樂音智能

擁有這種智能的人對音樂、節奏韻律、音頻高低、旋律以及音色等非常敏感，這類人通常非常擅長於把玩樂器或者是演奏。

一般來說，擁有這種智能的學生，在傳統教育體制中不會有很傑出的表現。擁有這種天賦的人，比較適合在藝術學院這種充滿音樂的環境中學習。

6. 人際智能

這種人就是天生的溝通者，通常非常受歡迎而且個性外向。他們對於別人所展現出來的情緒、感受、脾氣以及動機等，都非常敏感。

擁有這種智能的人多半能適應學校生活，尤其在比人氣的活動中（例如競選學生代表）

都會有所表現。這些人後來多半會從事業務、進入政治圈、當講師或成為社會工作者等等。

7. 內省自知智能

這種智慧通常被稱之為情緒智商（ＥＱ）。擁有這種智能的人具有自我反省的能力，並且也會經常自我檢視。這種智能也代表能清楚的了解自己，知道自己的優缺點以及獨到之處，並且擁有能力處理各種情緒上的變化和反應。

這種智商在高壓力的環境下非常關鍵。事實上，想要在任何職業領域當中獲得極高的成就，內省自知智能是一種不可或缺的能力。

成功的關鍵在自制

內省自知智能就是擁有和自己內心溝通的能力，也就是說，你必須要能跟自己內心對話的同時，控制自己的情緒。舉例來說，當某人發怒的時候，會在心裡面跟自己說：「在開口之前要先從一默數到十，」那麼這個人就正在展現他內省自知的智能。換句話說，他在自己口無遮攔地胡亂發洩情緒之前，會先跟自己的內心進行對話。

內省自知的智能是成功不可或缺的因素，尤其是當自己面臨艱鉅的挑戰，或是內心充滿恐懼想要放棄的時候更是如此。

我們都認識一些無法控制自己情緒的人，他們通常會讓情緒來左右他們的人生，而不是運用邏輯思考，並經常說出（或做出）事後讓他們後悔莫及的話（或事情）。

擁有情緒智商並不表示要完全壓抑自己的情緒。情緒智商是表示，你知道自己可以擁有並感受到憤怒的情緒，但是不可以因為這種憤怒而失去對自己的控制。你也清楚知道自己可以擁有並且體會受傷害的情緒，但是不能因此做出愚蠢的行為，或者報復。

我們也都認識一些非常聰明（舉例來說數學能力很強）的人，但是他仍然會讓自己的情緒，搞砸生命中其他領域的事物。

人之所以會上癮，多半是因為缺乏情緒智商的緣故。當我們感受到挫折、憤怒、恐懼時，人們可能會藉著暴飲暴食、酗酒、濫交或者使用毒品等，麻痺自己情緒上所感受到的痛苦。許多人在無聊的時候就會想去逛街購物，結果花掉的錢比自己賺到的還要多。

若從正面的觀點來看，我們都聽說過一些曾經遭受過極大痛苦或虐待的人，決心奮發出頭的勵志故事，其中最佳範例之一就是已故的曼德拉總統。他個人在南非曾經遭受過冤獄，但是仍然變成一代偉人，而不是一個充滿憤怒的受害者。他後來甚至還成為國家元首，領導這個曾經虐待囚禁他的國家。一個成功偉大的人物，通常代表著他擁有比一般人更高的情緒智商。

再次強調，情緒智商幾乎都會跟成功的智慧畫上等號，是因為成功的人士都有管理自己情緒的能力，特別是在面對極大壓力的情況下更是如此。

以下都是經常拿來形容擁有高度情緒智商的說法：

- 「她都能確實完成目標。」
- 「在面對壓力時，她仍然神色自若。」
- 「他很能控制自己的脾氣。」
- 「他都能接納兩邊的意見。」
- 「他五年前就戒菸了。」
- 「就算丟盡顏面，他也一定會說實話。」

- 「她一定會遵守諾言。」
- 「她從來都不會給自己找藉口。」
- 「他是個言而有信的人。」
- 「他向來都會承認自己所犯下的錯誤。」
- 「他是一個堅持不懈而且非常有紀律的人。」

以上的話通常也會拿來描述極為成功的人士。

從行為舉止開始像個成功人士

我們都曾經看過小孩做出以下的行為：

- 不高興的時候就哭泣。
- 當朋友得到新玩具時就會非常嫉妒。
- 說謊。
- 很多事情都認為自己理所應得（茶來伸手）。
- 自己犯了錯卻要責怪別人。
- 自私、不願分享自己的玩具。
- 累了就會放棄。
- 出了事就趕快尋求爸爸媽媽的庇護。
- 一直抱怨不如意的事物。
- 不願意收拾自己製造的髒亂（衣物）。

絕大部分的大人都能容忍孩子上述的行為，因為他們只不過是小孩子罷了。許多大人會說：「總有一天他們會長大。」很不幸的，許多人長大之後仍然擺脫不了這些幼稚的行為。許多成年人非常擅長在他們的外表和行動之中，隱藏（或者遮掩）自己幼稚的情緒。

我們都見過那些一開始接觸時臉上堆滿笑容、彬彬有禮的人，但是當你對他有了進一步的認識之後，你會逐漸發現在這個成人的外表之下，隱藏著一個被寵壞了的小孩；當我們跟他熟稔些並且不再被外表所欺騙時，我們通常就能看出這個人是否缺乏情緒上的成熟度。你或許曾經聽過底下這些說法：

- 「你絕對不可以信任他。」
- 「他這個人很容易發脾氣。」
- 「她老是抱怨個不停。」
- 「他背著老婆有外遇。」
- 「她非常貪心。」

- 「只要一有不順利他就會放棄。」
- 「他這個人無法接受別人的批評。」
- 「她就是喜歡在別人的背後說長道短。」
- 「她都只會挑你愛聽的話來跟你講。」
- 「他這個人雖然會對你笑，但是暗地裡會捅你一刀。」

換句話說，雖然很多人的身體長大了，但是在情緒上一直沒有任何的成長；許多成人的外表下仍然是一個小孩子。他們一樣會去上學、畢業後找工作，而這個小孩就會在工作職場中出現；每當他們拿到薪水之後，這個小孩子就會出現然後把錢花光。隨著時光流逝，他們連自己的人生到底是怎麼過的都搞不清楚；他們多年來雖然辛苦地工作，但是沒有任何可以示人的成就。

一般來說，就是因為缺乏了情緒上的成熟度，因此傷害了許多成人在現實社會當中的表現。許多成人一輩子都在做那些他們自己想要做的事，而不是在做他們應該要去做的事。

想要長期地獲得成功，具備情緒智商是非常重要的一件事。以日常生活來看就等於是：

- 寧可起床運動不再賴床。
- 就算百般不願意，仍然去接受財務教育。
- 就算別人出言不遜，自己仍然溫和有禮。
- 與其吃點心，寧可出去散散步。

- 就算很想來一杯，也堅持滴酒不沾。
- 就算把臉丟光也要說實話。
- 雖然心裡很不想這麼做，還是拿起電話撥打出去。
- 就算行程滿檔，仍然撥出時間從事志工服務。
- 能控制自己的情緒而不會爆發無名火。
- 把電視關掉並專心陪伴家人（尤其電視正要播放自己最喜歡的節目時更是如此）。

簡單來說，所謂長大成人就是要在情緒上更加成熟。

現實生活中比的不是學校成績

當我完成三天的不動產課程後，我就開始踏上了蛻變之旅。在九十天內看完一百零四間不動產並沒有想像中那麼困難，基本上任何人都能做得到。我唯一要做的，就是運用自己所學，堅持做完這九十天。但是我跟其他的人一樣：我當時身邊根本沒有什麼錢（海軍上尉的薪水並不算多），而且我那個時候白天還在海軍陸戰隊開飛機，晚上又要上夜校念ＭＢＡ的課程。

這個九十天的作業就是在考驗我的情緒智商，也就是成功必備的一種智能。

當我做完九十天的作業時，我很清楚知道我要選哪間不動產做為我第一次的投資，而且我也完全知道為什麼，我那時候充滿了興奮感。就如富爸爸經常

說的：「我已經看到了一個極少數人才能看得到的世界。」

那間套房位於茂宜島上，過條馬路就是該島最美的海灘之一。整個開發案面臨破產，而那間套房的拍賣價格是1萬8千美元。

我當時根本沒有這一筆錢，甚至連訂金的錢都沒有。

因此我運用在課程中所學到的知識：我利用信用卡支付10％的頭期款訂金（1千8百美元），而剩餘的1萬6千2百元由賣方提供貸款。當我付清了所有的費用之後（包含房貸），我每個月在口袋裡會多出25美元。這筆小小的生意永遠地改變了我的人生。

雖然當時得到的被動收入不多，但是發生在我身上的蛻變卻非常巨大。現在我知道我一定可以變得非常有錢，我已經擁有了富爸爸的架構氛圍。我知道我這一輩子再也不需要擔心收入的來源了，我也知道我這輩子再也不能說出「我付不起」這種話了。更重要的是，我的生命已經從一個傳統教育下放牛班的孩子，轉變成了資本主義世界裡的初學者。我有超凡的學習渴望。

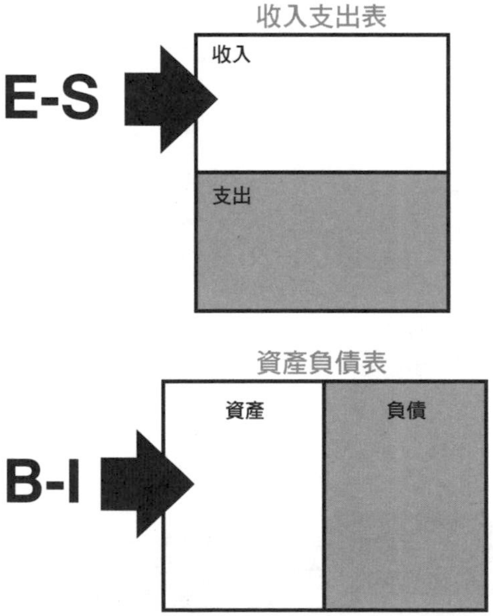

我再也不用擔心自己當年在高中和大學裡的成績表現。在現實生活中身為資本主義的初學者，我唯一要在乎的就是我個人的財務報表。

改變思維，你也可以四十七歲就退休

當我和金退休的時候，她三十七歲而我四十七歲。許多人都來問我們：「你們是怎麼辦到的？」我們根本無從回答起。這根本不只是個「很難解釋」的問題而已。請你試想看看，我們要如何跟一個受過高等教育、正常上下班的人解釋說，我們之所以能提早退休，是因為我們利用了債務和稅賦而致富的。

我們花了兩年的時間發明了現金流遊戲，而不是跟他們一直解釋。這是當今世界上唯一有用到財務報表的桌面遊戲。

該遊戲的目的，就是要教玩家如何把自己的一般收入，轉變成投資組合收入以及被動收入。許多玩過遊戲的人跟我們分享，這款遊戲改變了他們的人生。他們的人生之所以會發生改變，是因為當初設計這個遊戲的目的，就是想要改變人們的架構氛圍。

我的生命完全改變了

雖然我已經多年跟著富爸爸學習，但是我仍然得藉著那三天的不動產課程，以及後來九十天的作業，才讓我的腦袋豁然開朗。當我想通了之後，我就知道我已經開始發生蛻變。雖然每個月25美元的被動收入不算多，但是對我而言，卻是邁向B象限和I象限的一大步。

我個人的觀點產生了改變，我的焦點也改變了。我開始蛻變。

總結

全球都在上演希臘式的悲劇並不令人意外。每當一個國家、組織或個人沉浸在自己的光環之中時，就會發生這類的事情。會有這樣的結果是因為人們還活在過去的光榮之中，完全忘了世界是會改變的。

會有這麼多職業運動員、樂透獎得主以及眾多高收入的人到最後身無分文，是因為他們一直沒有學會如何轉變自己的收入形式，如果他們懂得如何轉變自己的收入形式，他們早就能改變自己的生命。

傳統學校的問題，就在於許多孩子都來自父母上班工作的家庭之中（架構氛圍），而父母當年上學就是為了謀求傳統工作來獲得一般收入（再次強化的架構氛圍）。這是一種制式教育，而非蛻變的過程。

蛻變之所以會這麼困難的原因（對A等生來說也一樣），是因為在蛻變的過程當中需要極高的情緒智商，在蛻變的過程當中，它比任何其他智能都來得更加重要。

當一個人學會如何把自己的一般收入，轉變成投資組合收入或是被動收入時，他們才開始讓自己的架構氛圍從E和S象限，轉變成B和I象限的架構氛圍。這種蛻變的過程就如毛毛蟲變成蝴蝶一樣的巨大。

如果你想要改變自己的生命，那麼請你改變自己的架構氛圍，並且學習如何轉變自己的收入形式。

而且別忘了：千萬不要教豬唱歌，除非豬本身想要學的時候例外。

行動金融家

教孩子：金錢不能讓人變得富有

很多人認為鈔票多了就能讓人變得有錢。但事實上在現實生活當中，錢多了反而經常會讓人變得比原來更加貧窮。

利用家庭財務教育之夜，跟孩子分享那些年薪千萬的職業運動員後來身無分文的故事。這種現實生活當中所產生的矛盾，會迫使孩子打開自己的思路並搜索各種答案，讓他理解「擁有金錢」和「成為有錢人」，完全是兩碼子事。

然後再利用地產大亨或者是現金流等遊戲，來解釋為什麼擁有最多綠色房子和紅色旅館的玩家（也就是在財務報表資產欄位裡面擁有最多項目的人），都是世界上最有錢的人。

跟孩子們討論到底是什麼原因讓人致富，並且利用本書或其他內容來解釋，為什麼有些有錢人最後還是會破產。在討論的過程當中，或許你的孩子就能開始理解到是「心智」，而非「現金」，才是讓自己致富的關鍵。而且在過程當中或許他們也能體認到：一開始就算沒有什麼錢，一樣也能發財致富。

貪婪還是慷慨…
學校到底在教什麼？

第七章
教學單元#7：為什麼天才總是很慷慨

想要教養出慷慨的小孩，其祕訣在哪裡？其實非常簡單：如果缺乏財務教育的基礎，當學生從學校畢業之後，就會面臨財務上極大的需求、渴望以及貪婪。財務教育是一種能轉變心理和精神狀態的一種教育，並且能開拓視野，讓我們看到不同的觀點。由此可知，能看到金錢的一體兩面是多麼重要的一件事。

我們的學校到底在教孩子什麼？學校是否餵魚給他們吃，以致讓孩子養成需索無度，甚至貪婪的習性？還是在教導孩子如何自己去釣魚，讓他們學會如何獨立自主、積極主動，以及將來負起養活自己的責任？

身為家長的你，可以指引孩子走上一條能充分發揮自己天賦才華、興趣以及熱忱的途徑，讓孩子有能力創造一個自由而且不需要擔心如何討生活的人生。藉著察覺並且協助孩子發展與生俱來的天賦，你同時也在教導孩子如何成為一個慷慨的人。

生活現場

每當我想到孩子在學校到底在念些什麼，以及現在教育制度是否能幫助孩子面對將來現實的生活時，我都會忍不住問自己許多問題。

- 為什麼絕大部分的學生從學校畢業之後，都需要謀求穩定的工作？
- 為什麼會有這麼多上班族或員工，期待老闆或公司要照顧他們一輩子？
- 為什麼社會福利制度是美國歷史上最大的公辦計畫？
- 美國為什麼沒有錢支付聯邦醫療健保等的福利制度，而有面臨破產之虞？
- 是不是因為學校無法真正幫助學生為將來的現實生活做準備，因此造成許多民眾都變得非常需要幫助（或需索無度）？
- 學校是不是在強化這種「這是我理所應得」的心態？
- 我們的學校是不是在扼殺民眾的美國夢？

***　　***　　***

美國：一個需索無度的國家

一百五十多年前，法國的貴族亞歷西斯．托克維爾（Alexis de Tocqueville）寫了一本書，內容關於美國夢的力量，以及為什麼全球各地數百萬人移民到美國，追尋屬於自己的美國夢。

當時歐洲和亞洲所有的人都被分成兩種階級：貴族統治階級以及其他所有的人。如果你的出身是平民，你永遠都不可能晉升成貴族，就算你工作再努力也是枉然。而所謂的美國夢，就是提供一般百姓可以成為「美國貴族」的機會，亦即可以擁有屬於自己的土地，控制生產線（擁有屬於自己的公司、產品或服務），並且只要努力工作就能實現自己夢想中的生活。所謂的美國夢就是創業家的精神，也是資本主義背後最大的推動力。

就是這個夢想所具備的精神，讓許多人甘願離鄉背井移民到美國。當時絕大部分的移民興高采烈地融入了美國的中產階級，可是美國也的確創造出許多國內的貴族——也就是福特、愛迪生、迪士尼、賈伯斯以及祖克伯等創業家。

亞歷西斯．托克維爾相信，只要民眾認為自己有希望從貧民晉升成中產階級，甚至還有機會成為巨富，美國人絕對可以容忍貧富之間的差距。

當市場於二〇〇七年崩盤後，美國夢也逐漸邁向死亡。經濟危機的陰魂仍徘徊不去，愈來愈多人失去自己的工作、家園、事業及退休金，也失去了美國夢，也就是推動整個國家的根本精神。

中產階級最重要的基礎，就是要擁有屬於自己的家園，而今天有上百萬棟房屋的市價，竟然比它們當初貸款的額度還低。同時也有數百萬民眾失去了自己的房屋，被迫租房子居住。時下有數不清的中產階級不但無法晉升為有錢人，還跌落到貧窮的深淵之中。

二〇一一年美國地區符合貧窮定義的人口數增長到四千六百二十萬人，這相當於每六個美國人當中，就有一位屬於貧窮戶，而且這個數字持續不斷地增加中。當民眾沒有屬於自己的不動產，他們就會被歸類成貧窮戶，並且開始仰賴政府來照顧他們。很不幸的，這其中有一部分的人會開始犯罪，衍生出各種街頭暴力或者白領階級的騙子。

隨著愈來愈多民眾失去自己的房子，共產主義、社會主義以及法西斯主義的思想，很可能會開始在美國像雨後春筍般地蔓延開來。在這種情況下，所有的資本家都會變成眾矢之的。

美國之所以會演變成一個偉大的國家，是因為全球民眾都聚集到這裡來，給自己一個機會追求更美好的人生。每一個人都想要獲得成功、都想要成為資本家。不幸的是這個精神逐漸發生了變化，現在的人雖然認真地工作實現美國夢，但卻有更多數的民眾認為這是他們理所應得的，認為他們本來就有權利享受美國夢的生活。

不光只有美國人這麼想，全球有數百萬人都認為整個世界虧欠他們。很多人從小接受良好的教育，畢業後去找份工作，然後就認為公司或者政府應該要照顧他們一輩子。

由於這種日漸猖獗的理所應得心態，使得人們對於自己應該在財務上負起的責任，產生認知上的改變。

因此，我開始思考以下這些問題：

- 無論是希臘、法國以及加州等地區所面臨的財務問題，其中有多少是因為民眾抱持著理所應得的心態而造成的影響？
- 為什麼這些最優渥的福利津貼，理所應當地讓我們的領袖們（美國總統、國會議員以及政府高層單位）所享有？一旦當選總統或者是國會議員，我們納稅人就必須養他們一輩子。我經常問自己這個問題：如果他有資格做我們的領袖，那麼為什麼他們連照顧自己生活的能力都沒有？
- 為什麼我們的公僕認為他們理所應得的，有權利可以享受財務上安穩的終身保障？這些所謂的公僕，何時開始變成了自肥的私僕？其中有多少公職人員工作的目的，只是為了保有穩定的工作以及將來的各種退休福利和津貼，而不是真正打從心底想要服務大眾？
- 為什麼各個公司的總裁和高階主管都一致認為，他們應該比一般員工享有更優渥的福利津貼和待遇？如果他們有這個資格和能力可以坐享高薪，難道他們的本事，不足以讓他們將來能照顧自己的晚年生活嗎？

- 為什麼全球各地的百姓都認為國家（或公司企業），應該理所當然地照顧他們一輩子？這種理所應得的心態到底是從哪裡來的？是不是來自於我們的學校體制，因為教師工會不斷爭取工作上的保障，以及各種退休後的福利與制度？為什麼只能由老師給學生打分數，而不能有其他人或單位機構來給老師的表現和專業程度打分數？老師這種理所應得的心態，是不是對來學校念書的孩子都產生了潛移默化的效果？財務教育是否能對目前瀰漫在教育體系中的理所應得心態，造成何種影響與改變？

美國人對資本家的看法

在本書的前言裡，我曾經引用過法蘭克．藍滋博士《說真的，美國人真正想要的是什麼？》的內容。我引用的部分是在說明美國人目前所鍾愛以及痛恨的對象。容我再次重複之前所說過的話（因為這些話非常符合本章想要傳遞的重點），也就是：當前的學校體制是在讓孩子們變得窮酸、需索無度以及貪婪。

……一般民眾對於創業家的景仰，以及對企業總裁的怨恨這兩種情緒，已經難分軒輊。

藍茲也在書中說：

事實上美國民眾信任創業家的人數，遠遠超過信任有名氣的總裁（執行長）人數的三倍以上……在當今的世界中，「資本家」總是讓人戒慎恐懼；而總裁在自肥數千萬美元的同時，簽名辭退上萬名員工的這種行為，也和「資本家」這個名詞畫上了等號。

藍茲同時也發現，美國人依然很尊敬那些仍然在追逐美國夢的企業家。他說：

中小企業的老闆，就算她（美國不斷萎縮的經濟中，女性創業成長最迅速）成功致富了，也不會給自己數千萬美元的獎勵。她也沒有一般企業高幹所擁有的黃金降落傘（除非她所開的公司恰好是高空跳傘這一行）。開除員工時，她必須面對面直接跟員工布達這件事情，而不是像企業高幹僅以一紙命令為之。她一輩子都要經歷無數輾轉難眠的夜晚，持續擔心自己的事業是否能成功，同時害怕自己會讓公司的員工失望。

美國民眾都了解，要將自己的時間、金錢以及身心完全投注在創業之中的風險不但超乎想像，而成功的機會卻又如此渺茫。而且這些承擔著風險的創業家所能得到的報酬，根本比不上工作性質相似的那些企業總裁或執行長。

在此重申藍茲對MBA的描述：

先把MBA課程丟一邊去。絕大部分的大專學院只會教你如何在大企業中獲得成功，而不是教你如何開創屬於自己的事業。

貪婪的管理型資本家

先鋒基金（Vanguard）的創辦人約翰．柏格（John Bogle），堪稱為一位創業家和真正的資本家。他對管理型資本家提出了非常嚴厲的批評。

他在自己所寫的《邁向資本主義的精髓》（*The Battle For The Soul Of Capitalism*）一書中提到：

「我們當今的金融體系是如此的傷害各種社福理念，同時破壞了市場中彼此的信任感，甚至還掠奪了一般投資者數兆美元的財富。」

在新書發表會接受採訪時，他說：「就如我在書中所描述的，我們之前的傳統擁有者的資本主義（公司的擁有者提供絕大部分的資本，因此可以獲得絕大部分的利潤），在本質上已經發生了改變，變成了一種全新的管理型資本主義，亦即公司的管理階層把自己本身的利益擺在公司真正擁有人之前的做法。」而柏格所指的公司擁有人，講的正是擁有上市公司股票的一般投資大眾。

柏格強調，目前許多大型企業都是由管理型資本家在領導，而他們並非真正的資本家。他們只不過是個雇員，而非創業家，許多管理型資本家都是所謂的A等生，都是從最頂尖的商學院畢業的高材生。管理型資本家不能算是創業家，因為他們並沒有創立公司，他們也不算擁有公司。身為管理型資本家的確要負起相當的責任，不過他們在個人財務上完全不需要承擔任何風險。在工作上的表現無論是成是敗，他們都可以拿到鉅額的酬勞。不論公司是日益興盛還是逐漸衰敗，不管員工是否被大量裁撤，或者持有公司股票的投資者是賺還是賠，他們一樣都可以領到鉅額的酬勞。

約翰．柏格對美國通用公司前總裁傑克．威爾許（Jack Welch）做出了特別嚴厲的批評。他說威爾許是個管理型資本家，只不過是通用公司的雇員罷了。愛迪生本人才能算是成立通用公司的創業家（附帶一題：愛迪生當年無法升學，老師還給他貼了個「糊塗透頂」的標籤）。

反觀傑克．威爾許是一個受過高等教育的人，擁有伊利諾州大學工程博士的頭銜。他同時也是全球最受人尊敬的總裁之一（很多人都認為他是史上最傑出的總裁之一）。威爾許也經常以創業專家的身分被邀請上財經節目當來賓。

但是柏格完全不能認同。柏格形容威爾許是個管理型資本家，最大的本事就是肥了一位叫做傑克．威爾許這個人的荷包，而他對美國通用公司的員工和股東完全沒有做出任何貢獻。

傑克．威爾許貪婪的本性，是在他簽署離婚協議時才曝光的。柏格在他的書中這麼批評傑克．威爾許：

通用總裁傑克．威爾許因為婚外情的曝光，很不幸的引起了大眾的注意。由於這個離婚協議書，才讓民眾見識到許多大公司已退休的總裁不為人知的、各種「檯面下」的好處有多少（要不是他離婚了，就連通用公司真正的主人，也就是所謂的小股東，永遠都不會知道傑克．威爾許到底從公司領走了多少錢）。已經確定他任職通用公司總裁的期間，至少領走了高達10億美元的薪資與獎金，更別提他奢華無比的各種退休福利與津貼——有人估計他每年都能享有價值2百萬美元的退休福利，其中包括了一幢位於紐約市的全新豪宅（每天都有送花送酒的服務），並且可以無限制地使用公司的私人噴射客機。雖然他的生活過得如此奢華，不過看來他個人能幫助慈善團體的能力非常有限，因為他的慈善捐款每個月平均只有614美元。

柏格也特別註明了傑克・威爾許所享有的退休福利，都是經過奇異公司董事會的同意，而這些董事也都是管理型資本家。

就算公司的股價表現令人非常不滿意，但是董事會仍然枉顧這一點而同意了以上的退休金與福利。通用公司於二〇〇〇年市值曾經高達6千億美元，而當傑克・威爾許於二〇〇五年初退休時，通用公司的市值已經下滑到只剩下3千7百90億美元的水準。

如果愛迪生還活著，不曉得他會不會給傑克・威爾許這麼慷慨的退休金與福利？

共同基金這一行

柏格也對於當前的「整體退休制度系統」表示關切，因此也針對各家基金公司執行長進行了解。他個人堅信美國當前的退休制度將來必定會成為下一波的金融危機。

由於柏格自己是基金管理這一行出身的，他對於目前基金行業內充斥了各種貪婪的現象而深深感到不安。他說：

當年我踏入這一行的時候，基金公司的規模不大而且都屬於私人所擁有，而經營基金公司的都是真正以投資為職業的人。

然而現在這個行業的裡裡外外已經徹底地發生了改變。現在的基金公司都巨大無比，也不再屬於私人所擁有，這些基金公司被許多巨大的財團所把持，例如德意志銀行（Deutsche Bank）、美國達信（Marsh & McLennan）、或者加拿大永明集團（Sun Life）等等。基本上來說，信託基金絕大部分的資產都被這些財團所把持，而且他們最主要的目的就是要替出資的財團創造獲利，而不是替購買基金的投資人創造獲利。

柏格同時也指出：當你購買基金的時候，是你要拿出100％的資金並且承擔所有的風險。反觀基金公司不需要拿錢出來投資，也完全不需要承擔任何的風險，當基金賺錢的時候，公司實際上可以拿到80％的利潤。也就是說身為投資者的你，最多只能拿到兩成的利潤（前提是基金有賺錢的情況下）。

巴菲特如何評價投資專家

巴菲特被世人推崇為當代最偉大的投資者之一。他是一位資本家，同時也是一位創業家，他絕對不是一位管理型資本家。

以下就是巴菲特對那些從著名大學畢業的基金管理人、管理型資本家等，這些A等生的看法。他說：

> 其他領域當中全職的專家們，以牙醫為例，都會帶給一般人相當的價值。但是一般人幾乎無法從專業的基金管理人身上得到任何的價值。

如果他說的是真的，或許我們可以換一種方式來說：那些不願意接受財務教育、也沒有主動負起管理自己投資的人，只會把自己的辛苦錢交給專業基金管理員來代為操作，這種作法根本就是宣告放棄自己財務的未來；而且如果巴菲特說得沒錯，這些人將來也無法從基金當中得到任何的好處。再換一種方式來看：如果你把自己辛苦賺來的錢，通通交給那些不在乎你能得到多少回報，完全是替大公司賺錢的「投資專家」，這種作法風險高不高？

官僚：表現平庸的B等生

絕大部分從高中或大學畢業的學生都屬於表現平庸的B等生。這些人在求學期間大部分都是被A等生所教出來的，而這些A等生當初多半是選擇繼續求學並且成為老師。那麼這些表現平庸的B等生是怎麼選擇自己人生的途徑？從我的觀點來看，他們會成為官僚。

官僚賠掉納稅人的錢，薪水卻照拿不誤

數十年前富爸爸曾經說過：「這個世界的問題，就是被官僚所把持。」他對於官僚這一個詞彙的解釋就是：「一個有權力的人（例如執行長、總統、業務經理或者政府官員等等），卻完全不用承擔任何財務上的風險。」富爸爸對此做了進一步的解釋：「官僚有可能會賠掉一大筆錢，但是這些錢根本不是他自己的。工作成果不管是成是敗，官僚們的薪水都是照拿不誤。」

檢視當今領導我們國家的官僚（尤其是政治這塊領域），泰半都屬於這類的人物（或許你會發現他們有很多都是律師出身的）。而聯準會前主席柏南克以前也是一位大學教授。他在求學期間原本是個A等生，後來變成了一位B等生的官僚，成為全世界最有影響力的銀行家之一。這樣一來我們不難理解，為什麼會爆發所謂的金融危機。

富爸爸說：「一位真正的資本家或創業家，會懂得如何把一元變成一百多塊錢。你把一塊錢交給官僚，他們一定會幫你花掉一百多塊錢。」

你現在知道為什麼我們爆發全球金融海嘯的原因了。

需求的五個層次

由於缺乏財務教育，很多人從學校畢業後在財務上有著極大的需求、渴望以及貪婪。大部分的人都聽說過「狗急跳牆」這句話，或許也可以解釋成：「有著極大需求和渴望的人，有時候會作出令人意想不到的事情。」

以下是「人類需求五層次」理論（Maslow's Hierarchy of Needs），是心理學家亞伯拉罕・馬斯洛（Abraham Maslow）於一九四三年在《人類動機的理論》（*A Theory of Human Motivaiton*）一文中

率先提出的理論；在一九五四年《動機與人格》（*Motivation and Personality*）裡，他對此做了更詳盡的解釋。

馬斯洛的人類需求五層次理論中，認為人都會先滿足所處階段的各種需求之後，才會進入另外一個更高層次需求階段的動機。這個需求層次的圖型通常是用金字塔的形狀來表示，而位於金字塔下方的都偏向人類的基本生活需求，金字塔頂端的都是一些層次更高、更複雜的需求。

馬斯洛第二階段：安全感

從我個人的觀點來看，傳統學校制度，沒有辦法協助學生滿足馬斯洛第二個層次安全感的需求。這也是為什麼很多人從學校畢業後，在財務方面都有極大的需求和貪婪。因為缺乏真正的財務教育，人永遠都不會獲得安定感，無法控制自己的收入來源、無法讓家庭安定，也不容易長期保有個人的健康和財產。

很多人離開學校之後迫切地尋求財務上的安全，也就是所謂的鐵飯碗工作。社會上也有很多人會想盡辦法避免失去自己的工作，有時候甚至是不計代價和手段的。若缺乏財務上的安全感，人們就會開始著急，死命抓著工作不放，內心同時充滿了失去工作、房子、福利津貼以及退休金的恐懼。就算如此，很多人在辛苦工作多年之後，仍然得依賴社會福利與聯邦健保制度才能活下去。

這也是為什麼會有這麼多執行長和基金管理人，違背自己的良知道德和價值觀，並在一些情況下刻意地欺騙自己的員工、股東和投資人。我相信你也曾經聽過不少公司執行長或者是基金管理人利用誤導和欺瞞，甚至是非法的手段創造屬於自己的財富。

這些人當中，許多都上過媒體的頭條新聞或記載於歷史文獻之中，有的甚至到現在還在監獄裡服刑。

再次引述柏格說過的話，這段內容確實點出了，世界級大企業的董事會裡到底是怎麼運作的：

「通用總裁傑克．威爾許因為婚外情的曝光，很不幸的引起了大眾的注意。由於這個離婚協議書，才讓民眾見識到許多大公司已退休的總裁們不為人知的，各種『檯面下』的好處有多少。」

換句話說，如果傑克．威爾許沒有背叛他的太太，或許我們永遠也不會知道他和董事會是如何聯手掠奪公司股東的錢。再次強調：這又是個道德上的問題。請大家留意，「道德感」是馬斯洛人類需求層次，第二個階段裡面的詞彙。

馬斯洛的「人類需求五層次理論」
（Maslow's Hierarchy of Needs）

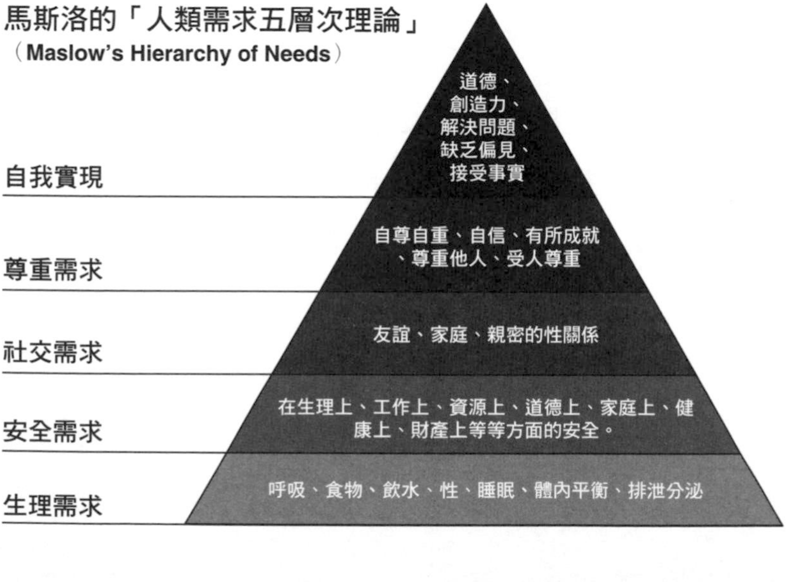

難道這就是我們在學校裡，教導這些最頂尖高材生的方式嗎？這點恐怕是真的。

我的故事

我認為美國夢正在凋零的原因，是因為有很多人已經失去了心中道德的那一把尺。傳統教育制度是沒有辦法協助學生擁有安全感的，特別是馬斯洛五層次需求第二個階段。我們看到有太多的年輕人，尤其是貧民窟出身的孩子，長大之後成為街頭巷尾的犯罪者。

富爸爸經常會說：「有極大需求的人通常會變得非常貪婪，而貪婪的人就會選擇鋌而走險，選擇鋌而走險的人就會做出極端的事情來。」

我的富爸爸給我最大的禮物，就是讓我看到雇員和創業家這個硬幣的兩面。他向我和他的兒子揭露了創業家的人生途徑，並且提供我們一個可以孕育創業家思維的學習環境。現在的我完全用不著死守一份工作、更不需要穩定的薪水、退休金、福利津貼、政府的補助，或者任何社會福利或聯邦醫療健保。我跟我的太太已經達到了馬斯洛需求層次第五個階段，也就是尊重需求的階段。擁有這種自信讓我們在一九九四年「退休」之後敢再次成為創業家，並於一九九六年成立富爸爸這間公司的原因。

富爸爸公司讓我們能晉升到馬斯洛需求五層次的第五階段，也就是自我實現的階段。我們不需要仰賴薪資收入。我們熱愛自己目前的工作，是因我們熱中於分享我們所知道的事情，來協助別人成長並且致富。雖然公司賺了很多錢，但是絕大部分的錢都沒有流進自己的口袋之中。大部分的錢都留給公司用，讓它擴張市場、投資最新儀器設備、招募人才以及研發新產品。這才是真正資本家的作法。

很不幸的，有很多錢都花在保護公司這個環節上，免得公司遭受那些貪婪人的掠奪與攻擊。

*** *** ***

貪婪是因為缺乏安全感

就和許多老闆一樣，我們在做生意的時候也遇到了很多非常貪婪的人。這些貪婪的人會說謊、暗地裡欺騙我們，甚至掠奪我們，而其中有很多是A等生，也有所謂的白領罪犯。很不幸的，在創業過程當中有時候要面對法律問題，以及當前「公正的」司法系統（如果從另外一種角度來看，或許它根本就是一種「不公正的」系統）。

我們大部分的人無論是貧是富，或多或少都曾經面對過這些不誠實或狡詐的人給我們人生帶來的波折。當學校體制沒有辦法協助學生滿足馬斯洛第二階段安全感時，就會發生這類的事情。許多學生（就算是A等生也一樣），從學校畢業後在各方面都具有極大的需求、貪婪、絕望，更嚴重的還抱持著所謂「理所應得」的心態，認為全世界都虧欠他們，應該要有別人來照顧他們的生活所需。

每朵烏雲都鑲著銀邊

好消息是我們在這些過程當中也遇到了一些非常卓越的人，如果我們當初沒有鼓起勇氣成立富爸爸公司，那麼我們一輩子也不會認識這些人。

如果我在一九九四年退休之後每天守著自己的財富，天天打高爾夫球混日子，我也不可能有機會認識這群人。我還記得川普曾經說過跟富爸爸非常類似的話：

每當我遇到了非常惡劣的事業夥伴，我也一定會認識一些非常好的人。

對我和金來說也是一樣的情形，我們的富爸爸顧問群，幾乎都是我和金在遇到不愉快的情況，或者在生意上遭遇到損失時所認識的。這也證明了美國的一句俗諺：「每朵烏雲都鑲著銀邊。」而我的顧問群就是那個銀邊，在我人生最黑暗、最艱困的時候孕育出來的正面結果。

美國夢

問：當教育體系無法協助大眾做到馬斯洛第二個需求階段時又要怎麼辦？

答：一個嶄新的美國夢就會浮現。亞歷西斯．托克維爾曾經向全世界宣告美國夢的威力，在於任何人都有可能致富發達。

一百五十多年之後的今天，現在所謂的美國夢，就是民眾必須仰賴社會福利制度以及聯邦醫療健保制度，才有辦法繼續活下去。

每六個人中就有一個窮人

根據美國國會預算編列事務中心的資料顯示，從一九七九年至二〇〇七年間，美國民眾的收入成長率如下：

窮人階級：　三十年來收入增加了18％，

中產階級：　三十年來收入增加了40％，

有錢人：　三十年來收入增加了275％。

二〇〇七年經濟泡沫化之後整體收入水準由盛而衰。如今全國窮人和中產階級的收入不再上升，但是有錢人收入增加的速度卻反而有加快的趨勢。

二〇一一年美國地區屬於貧窮階級的人口數成長至四千六百二十七萬人。這個意思就是說，每六個美國民眾就有一個活在貧窮之中，而且這個數字還持續在增加。當一個人沒有屬於自己的房地產，他們就會被歸類成貧窮階級，並且開始依賴政府來養活他們。通常這種社會現象將會導致街頭以及家中更多的暴力事件。

大學生是領取政府津貼人口中，成長最快的族群

目前也有將近四千七百萬美國民眾需要仰賴食品救濟津貼（糧票）過活。由於近五年來疲弱不振的經濟以及高失業率等原因，這個數字也創了十二年來的新高。鮮有人知的是：目前需要仰賴糧票過活的民眾當中，「大學生」這個類別的人數成長最為迅速。隨著大學學費不斷地高漲，

而各種獎學金和補助的機會在僧多粥少的情況下，加上曾經是自己財務來源的父母，也因為失去房屋或工作而不能再幫助孩子時，這些大學生就必須要替自己想辦法。

公職退休體系可能是下一個金融危機引爆點

老師是否也開始逐漸淪為貧窮階級？

美國加州教師退休系統（CalSTRS）於二〇〇一年，終於承認了5百60億美元長期的財政缺口。所謂財政缺口就是目前所擁有資產和預計總負債之間的差距。雖然該體系每年可以收到60億美元的款項，但是每年必須撥出1百億美元的款項支應先前對退休教師的承諾。每年短缺40億美元是個不小的數目，尤其是當政府官僚又不懂得如何投資賺錢時更是如此。許多退休基金管理人並非來自於I象限，其中多半都是位於E象限的上班族，假裝自己是投資方面的專家。如果他們本身是真正的投資者，或許他們一開始就不會到政府機構來工作。

如果加州教師退休制度破產的話，納稅人又得扛起另外一筆天價的紓困金。更嚴重的是，立即就會有數百萬的教師從中產階級跌落至貧窮階

美國農業部 USDA 的廣告

在國民評論組織（NRO）名叫Corner的專屬部落格中，Veronique de Rugy分享了美國農業部這則非常特別的廣告，告訴民眾糧票如何讓你「風姿卓越」！在廣播節目一段廣告中，有兩位已退休的女士在議論他們共同認識的另一位朋友「瑪姬」，因為「她的氣色好得不得了」。其中一位女士問道：「她的祕訣是什麼？」結果答案竟然是糧票（譯注：瑪姬有糧票，不會挨餓）。

級之中。

再次強調柏格說過的話：

「從我的觀點來看，目前國家整個公職退休體系，狀況非常糟糕，必定會造成國內下一次金融危機爆發的主要原因。」

在家中教出慷慨的資本家

家長可以鼓勵孩子成為慷慨的資本家，而且可以從自己的家裡開始。

這點非常重要，因為你的孩子在學校裡是不可能學會如何成為一位資本家（更別提成為一位慷慨的資本家）。我的富爸爸是藉著B-I三角形來教導我們如何成為一位慷慨的資本家。

傳統教育體系不斷地訓練學生要到現金流象限左邊，也就是E和S象限裡尋找工作。

請留意B-I三角形包含了任何企業需要的八項完備因素，也就是：

1. 使命、2. 領導力、3. 團隊、4. 產品、5. 法律、6. 系統、7. 溝通、8. 現金流。

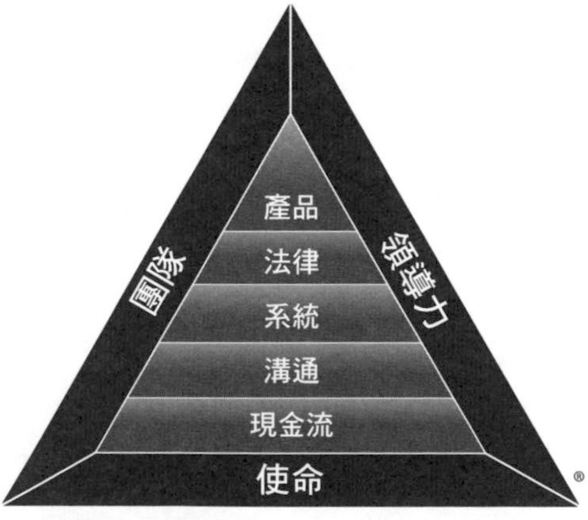

通才領導專才

許多學校會把學生教成專才；那些讀工業設計系的學生從大學畢業後會尋找B-I三角形中與產品相關的工作領域，從法學院畢業的學生就會尋找B-I三角形裡面和法律相關的工作，擁有電機工程或資訊工程師等學位的畢業生，都會致力於謀求B-I三角形裡面與系統有關的工作，讀市場行銷的畢業生通常會尋找B-I三角形裡面溝通這個領域當中的工作，而從會計系畢業的學生通常就會尋找B-I三角形裡面和現金流有關的工作。

而創業家幾乎都是通才，諸如賈伯斯、蓋茲等創業家提早輟學，其中有一個原因是他們不想要被訓練成專才，他們只想要聘用專才。

這些創業的通才必須要擁有使命來驅動自己和員工，同時要具備相當的領導能力，身邊也不能缺少絕頂聰明的團隊（多半都是那些擁有各種豐富實務經驗的A等生所組成的）。

創業失敗的三個原因

以下就是中小企業無法成功最主要的三個原因：

1. 創業家並沒有備齊B-I三角形中的八項完備因素。

舉例來說，絕大部分的創業家都會把心力擺在產品上，或許他們的確擁有市面上最棒的產品，但是很可能疏於留意其他的七項因素。

2. 該創業家（老闆）只精通本身的職業。

所謂「物以類聚」就是這種情形。舉例來說，一些律師聯合起來成立一間聯合法律事務所，或者一些懂電腦的朋友合夥成立了一間網路公司。再次強調，雖然他們都可能是該行業裡的傑出人才，但是他們缺乏其他七個領域的專業素養。

3. 創業家缺乏使命感。

或許你還記得在七大智能中的情緒智商（EQ）以及使命感這兩者，能幫助創業家面對創業過程中的起起落落。

幾乎所有著名的創業家，都曾經遇過會把一般人徹底擊垮的各種訴訟與試煉。

史蒂夫·賈伯斯被他一手創立的蘋果公司開除。開除他的是執行長約翰·史考利（John Scully，這個人當年還是賈伯斯親自找來的），以及整體董事會（順帶一題，這些人全部都是管理型資本家），直到多年後賈伯斯再度回到蘋果，並且領導該公司成為全世界獲利最高的公司。

比爾·蓋茲曾經面對一場叫做美國政府對上微軟的訴訟案。美國法務部在一九八八年，以微軟違反雪曼反托拉斯法而提出控告，說微軟是一種壟斷性的事業。

馬克·祖克伯也和威克斯洛這對雙胞胎對簿公堂，因為他們宣稱是自己給了祖克伯臉書的主意。最後祖克伯以1億6千萬美元達成和解，而倆兄弟檔到目前為止還在想辦法弄到更多的錢。

俗諺說得好：「事成個個居功，敗北人人自危。」

要不是這些創業家具有極大的使命感，同時也擁有過人的情緒智商，蘋果電腦、微軟和臉書等公司，就不可能存在於現在的世界上。

安全感不應該建立在一份固定的薪水上

跟一般人所想像的完全相反，許多成功的創業家都非常慷慨。從B-I三角形來看，你就能發現，若想要成立一間成功的公司，位於B象限的創業家必須要能創造出許多的就業機會。

而從學校體系畢業的學生絕大部分都是在尋找工作。他們之所以要找工作，是因為學校沒有辦法協助學生滿足馬斯洛第二階段最基本的需求，也就是對安全感的需求。這也就是為什麼絕大部分的A等生要為C等生工作的原因。

如果家長願意花點時間將馬斯洛需求的各個階段，以及B-I三角形的概念說給孩子聽，或許孩子經歷一段時日之後，會決定自己的人生目標就是達到馬斯洛第五個需求的階段，亦即自我實現的階段，而不是被卡在第二個階段，拚命爭取鐵飯碗般的工作以及穩定的薪資收入。

如果我們天天充滿恐懼和不安，陷在馬斯洛第二個階段中時，想要找出自己的天才（也就是「上天賦予我們的才華」），發揮自己與生俱來的魔力，就會變得非常的困難。

我相信每個人的天賦才華都會在馬斯洛第五個階段被發掘出來。該階段都是由非常美麗而且充滿力量的詞彙與價值觀所構築，而這些正是目前世界上最缺乏的事物。這些詞彙是：

1. 道德觀：你完全不需要欺騙他人也能發財致富。

2. 創造力：好好發揮自己與生俱來的才華。
3. 自發性：生活中不要害怕犯錯。
4. 解決問題：把焦點擺在尋求解決的方法。
5. 不具有偏見或歧視：對人生擁有更寬廣的架構氛圍。
6. 接受事實：不會害怕面對真相。

孩子追求未來的勇氣源自於家庭的支持

孩子是否能想像自己將來想要過的人生，並且有勇氣追求自己的夢想，完全取決於他在家庭裡所感受到的安全感、自信心以及愛來決定的。

行動金融家

跟孩子討論貪婪與慷慨兩者之間的差別

我的窮爸爸一直認為富爸爸非常的貪婪，我的富爸爸也一直認為窮爸爸非常的貪婪。他們兩個人因為本身對於金錢、貪婪以及慷慨等有著完全不同的架構氛圍，因此各自抱持著完全不同的看法。

創業家和資本家都非常慷慨，因為當他們一旦決定投資於創業、生產產品以及提供服務的時候，就會創造出許多工作和賺錢的機會，也讓別人擁有改善自己生活的機會。

跟孩子討論賈伯斯發揮自己的天賦才華，改變了人類溝通和通訊的方式而成了億萬富翁。也可以討論祖克伯、Google 以及其他職業（如運動員和音樂家）等等，他們如何不吝於向全世界分享自己的天賦才華。

經常在日常生活當中鼓勵孩子探索自己的天賦才華，並且要不吝於分享。這麼做家長會面臨一個挑戰：傳統教育體制對於所謂的天賦才華有著完全不同的定義與看法，很可能不會認同你孩子所具備的那一種天賦才華。

千萬別忘了，不同的才華都是在不同的環境裡才能有所發揮。愛迪生的才華是在實驗室裡才展現出來的，賈伯斯的才華是當他在家裡的車庫成立蘋果電腦時發揮出來的，而祖克伯是在大學的宿舍裡，寫出能讓自己跟同學溝通並且進行社交的軟體，因而成立臉書。

鼓勵孩子不斷地尋找一個可以讓他充分發揮天賦才華的環境，是身為家長的你最重要的責任之一。

你是不是在仰賴
理所應得的保障？

第八章

教學單元#8：理所應得的心態

法國電影明星傑哈・德巴狄（Gerard Depardieu，譯注：電影《大鼻子情聖》男主角）於二〇一三年一月拿到俄國護照並且離開了法國，理由是因為法國對有錢人所課徵的稅太高了。

加州也於二〇一三年開始提高富人的所得稅，因此這些有錢人開始遷移至鄰近內華達州等免繳所得稅的地區。

我有一位好朋友在二〇一三年放棄了他們家族在義大利經營多年的葡萄酒莊，並且移民到一個提供有錢人租稅優惠的國家去了。

我朋友的友人擁有一間四百多位員工的建設公司。他也在二〇一三年收掉了這間經營長達二十四年的公司。他說：「因為歐巴馬總統頒布了新的醫療健保制度，造成公司每個月要多負擔24％的健保費。如果我繼續營業，根本就是在賠本經營。」

我也認識一位從二〇一三年就不再執業的小兒科醫生。她說：「我根本負擔不了現在的醫藥專業責任保險費用。我好像變成在替保險公司工作，賺來的錢都要交給他們，真的沒道理。」

生活現場

羅斯福總統於一九三五年簽署了社會福利法案。該法案當初成立的宗旨，是要避免某些社會狀況：人口老化、窮人變多、高失業率以及許多單親家庭的生活重擔等等。

而這個社會福利制度，現在已經成為美國史上最大而無當的政府計畫。

詹森總統於一九六四年推動了「大國民計畫」（The Great Society），目的是想要挽救淪陷貧窮的國民。該計畫後來逐漸演變成現在所謂的聯邦醫療保險制度（Medicare）、低收入醫療補助保險（Medicaid）以及美國年長公民法案（Older Americans Act）等。而這些計畫也在尼克森、福特以及布希等共和黨總統任職期間不斷地擴大。

如今聯邦醫療保險制度已經成為美國史上支出最昂貴的政府計畫。

歐巴馬總統於二〇一〇年通過了病患保護與平價醫療法（The Patient Protection & Affordable Care Act, PPACA），一般稱之為歐巴馬總統的全民健保（Obamacare）。

很不幸的這個所謂「家家戶戶都能負擔得起」的醫療健保制度，目前讓美國企業界增加了29%的健保給付成本。在大多數的情形下，當一家公司的營運成本提高時，就表示它能提供的工作職位就會變少。也就是說歐巴馬總統推行全民健保的結果就是，無論是中產階級還是窮人，甚至各行各業的老闆和富人，通通都會受到影響。

挽救中產階級

在二〇一二年美國大選期間，歐巴馬和羅姆尼兩位候選人都答應民眾要「挽救中產階級」。

我們不是一直都在挽救貧窮的民眾嗎？為什麼現在還要開始挽救中產階級？

是不是現在的中產階級即將淪為明天的貧窮戶？

我的故事

多年來主日學不斷地把這個故事深深烙印在我的腦海之中：「授人以魚飽子一日，授人以漁終身受用。」

我們的學校是不是沒有辦法教學生將來如何自己釣魚來吃？還是我們的學校一直灌輸他們將來每天都有權利獲得魚吃？這會不會是造成愈來愈多民眾，寧可依賴政府救濟金度日的原因？

我們在第七章探索馬斯洛人類需求五層次理論時，很明顯地，我們的傳統教育體系，沒有幫助學生達到第二個「安全需求」的階段。

馬斯洛形容第二階段中，人類的需求是：獲得生理、工作、資源、道德、家庭、健康以及財產等方面的安全感。

我不斷地問自己許多問題：美國文化逐漸淪喪的原因之一，會不會是因為我們沒有教導孩子如何自己釣魚吃？犯罪率不斷上升、道德淪喪、過重肥胖以及家庭倫理敗壞等問題的背後，會不會就是因為高失業率、賺錢機會減少、房子被查封拍賣以及國民健康不良等因素所致？

諸如社會福利、聯邦醫療保險、全民健保等制度，到底有沒有解決原本的問題，還是讓問題變得更加嚴重？政府這樣一直把魚拿給民眾吃，會不會讓他們更加地依賴以上的制度？是不是就是因為如此，所以這些制度（再加上歐巴馬全民健保）開始變成財政上的大災難？更重要的是：

這些爛帳將來是不是都要由你的孩子來埋單？

隨著7千6百萬美國戰後嬰兒潮世代的人，開始陸續支領社會福利保障金與醫療健保津貼，會不會就是造成更多美國中產階級逐漸淪為窮人的原因？

這會不會是歐巴馬和羅姆尼在二〇一二年競選期間，承諾要挽救中產階級的緣故？你們應該都知道，一個國家絕大部分的稅收都是由中產階級負擔，對許多民眾而言，他們最大的支出就是繳稅。如果你稍加研究歐巴馬的全民健保制度，你就會發現它完全得依賴民眾所繳納的稅金才能維持，根本不是目前財政所能負擔的。所以問題就是：「這一切到底要由誰來埋單？」這個擔子絕對不會落在貧窮的民眾或有錢人身上。這筆沉重的財政負擔將來必定會落在中產階級（或許還要加上你孩子）的肩膀上，因為大部分的學校都沒有教孩子要如何釣魚。

***

理所應得的權利？

我想起二〇一二年某次開車時所收聽的廣播節目。節目中有一位美國參議員正在回答節目聽眾的各種問題。其中有一位年輕人來電問說：「我在一九九〇年加入海軍並於二〇一一年退休，現年三十九歲。我理所應得的退休金和福利津貼到底在哪裡？」

這位參議員沒有正面回答他這個問題。參議員唯一能做的，就是不斷地稱讚這位年輕人報效國家的心意。

由此可以看出一個令人憂心忡忡的趨勢。我們無法迴避以下的問題：僅憑這麼少的納稅人，要如何拉得動這麼龐大的財政負擔？

當我聆聽該節目時，我在心中一直不斷地想著：「這種『理所應得的心態』到底是從哪裡冒出來的？」我打過越戰，我也在海軍陸戰隊服役了六年。但是我從不認為自己有任何權利，向國家索取「理所應得」的事物。

我繼續駕著車，但是思緒早就飄回到一九六九年當初加入海軍陸戰隊的時光，我還記得有兩位高階陸軍長官退休之際，還特別跑來我的面前跟我握手說：「記得要在部隊待足二十年。」他們的意思就是說如果我持續待在海軍陸戰隊二十年，那麼我退休時就可以享有終身的月退俸，以及各種醫療健保補助津貼。

我那時候心裡覺得非常奇怪。我當時是辭去了美國標準石油公司加州分公司月薪4千美元的職位（在一九六九年這是非常高的收入，其中每年還享有五個月的有薪假期），才加入每個月只能領2百美元的海軍陸戰隊。我加入海軍陸戰隊的目的只是要報效國家，而不是為了追求終身月退俸等等的福利。甘迺迪總統是在我念中學的時候就職的，而我也想實踐他曾經說過的名言：「不要問國家能為你做什麼，要問你到底能為國家做些什麼。」

我在一九七四年放棄這些福利並離開了海軍陸戰隊，沒有待足二十年。當時越戰即將結束，而我也確實為國家盡了一份心力，因此是我該繼續前進的時候。對我而言，能替國家服務是我的榮幸。我個人認為自己完全沒有權利「理所應得」任何事物，我對於從軍的人生經歷充滿感激。

如果捫心自問，我認為自己對國家所作出的貢獻還稍嫌不足。

政府救濟金竟然比辛苦工作所得還多

隨著廣播節目的進行，這位已退休的年輕海軍絲毫沒有鬆口的意思。他不斷地跟參議員強調，他有權利享有許多國家應該給予的福利和津貼。

我再次問自己：這種「有權利」、「理所應得」的心態到底是從哪裡培養出來的？而且現在為什麼會有這麼多民眾都需要仰賴政府才能活得下去？為什麼社會福利保險已經變成了美國史上規模最龐大的制度？

而歐巴馬的全民健保（亦即「平價醫療法案」），又會對我的事業造成什麼樣的影響？當我的醫療保險成本大大提高時，我是不是被迫要裁撤一些員工來維持成本？當七千五百萬美國戰後嬰兒潮世代的人，由於年老或健康不良（其中有38％有過重肥胖的問題），開始使用醫療健保福利時（因為在該法案之下，人人都有權利享有），又會發生什麼樣的狀況？

當這些戰後嬰兒潮世代的人把退休基金花光之後，情況又會變成什麼樣子？在二〇一一年期間單就社會福利金而言，每人每個月平均可以領到1千2百美元。當通貨膨脹持續惡化，不但貧窮人口數會激增，而且由於政府不斷地印鈔票來解決問題的作法，各種無家可歸、犯罪率、道德淪喪以及逃稅的國民必定會大大的增加。根本不用等通貨膨脹來擊垮我們，已經有一半以上的美國民眾早就面臨破產的邊緣。

為什麼會有四千六百萬（亦即15％）的美國民眾，都在依賴政府糧票的救濟？我們目前所面臨的問題，遠遠超過我們所能找到的解決方案。

因此我在這裡要問大家：「為什麼我們的學校裡沒有教財務教育？」會不會就是因為大家缺乏財務教育，所以才會有這麼多的民眾需要仰賴政府的幫助？現在的金融危機，本質上會不會是一種教育上的危機？

而《週刊雜誌》（*The Week*）於二〇一三年二月份曾經報導過：「雖然有將近四千六百二十萬美國民眾的家庭裡有人在上班工作，但是這些家庭每年的總收入，竟然還比貧窮戶每年所能領到的補助金（單身個人 $11,702，一戶四口及以上 $23,021 美元）還要少的多。」我看到這篇報導才明白，的確有許多民眾需要仰賴政府的補助金（我知道也有很多其他民眾不需要），但是我相信這些有需要的民眾都知道：「如果沒有工作，政府會發現金給我，那我幹嘛還要工作呢？」

不教你如何賺錢，是因為老師也不懂

當我還是小孩子的時候，我經常會問老師：「你為什麼不教我金錢方面的事？你為什麼不教我如何賺錢致富？」

老師從來沒有回答我的問題。多年之後我才理解到，老師之所以無法回答我的問題，有兩個原因：第一，老師本身就不具備財務教育，因此他們也無法教我如何賺錢致富；第二，他們不認為賺錢是很重要的事，因為他們理所當然的認為將來政府必須要照顧他們的生活。

這些老師和我的窮爸爸很像。如今社會上有許多老師（以及教師工會）不斷地宣揚「我們有權利，這是理所應得」的心態。如果你去問老師這輩子最想要什麼，絕大部分都會回答說：「領終身月退的資格，」而這句話根本就等同於「我理所應得」的另外一種版本。

太多人有理所應得的心態

有成千上萬的人希望能獲得終身俸和福利津貼這類的保障。這種「我有權利、理所應得」的心態，特別是在成績平庸的B等生當中更加的明顯，因此促使他們進入政府的官僚機構裡工作，期待獲得終身的保障。

我們目前的法律體系甚至還會強化這種日漸瀰漫的心態。現在絕大部分的訴訟案件都是為了金錢而非正義。雖然法官在社會當中扮演非常重要的角色，但是目前的法律體系，基本上已經演變成一個劇院，不斷上映有錢人和窮人互相爭奪的戲碼。

醫療成本日漸上漲的原因，其中之一就是因為醫生的醫藥專業責任保險費（malpractice insurance）不斷上漲。有很多陪審團面對醫療爭議時，一致認為由於醫生都有繳這類的保費，因此都非常「有錢」，導致經常判決醫生敗訴。就是因為醫藥專業責任保險費的增加，造成許多醫生被迫離職停業。

現在也有很多人在討論侵權補償改革（tort reform），意思就是說，當法官和陪審團做出判決時，判給病人的賠償金額應該有所限制。或許這

有工作的窮人

就如《週刊》雜誌在2013年2月所報導的：

許多經濟學家採用更廣義的解釋，亦即所謂的「有工作的窮人」，他們的收入無法滿足食衣住行、養育孩子、保持健康等等的生活基本所需時，才能這麼稱呼他們。

若以此為標準，將會有1億4千6百萬的美國國民被歸類成「有工作的窮人」。這些人基本上沒有任何存款，完全依賴薪水過生活，而且偶爾還得舉債度日。

種侵權補償改革永遠都不會落實，因為在華盛頓的法律制定者幾乎都是律師，更別提有很多政客的競選經費，也都是由這些訴訟律師所提供的。

目前電視上充斥著各種訴訟廣告，一直在招攬新的客戶。這些廣告詞不斷地在誘導：「你是不是曾經出過意外或者受過傷？我們是厲害的律師，請撥我們的免費專線，我們一定可以幫你爭取到原本就應該屬於你的賠償金。」

政府給的，不用太可惜

我和太太金去的是同一間健身俱樂部，而且聘請的也是同一位教練。這間健身房完全不搞噱頭，設備也稱不上豪華，卻是專門訓練職業橄欖球、職業籃球以及眾多奧林匹克選手而著名。你在裡面找不到瑜伽房，看不到顏色鮮豔花俏的運動服飾，也沒有訓練有素、應對得體的櫃檯人員。這間健身房全心全意地在做體能方面的訓練與復健。

近三年來有一位執法人員，每個禮拜都會來三次做所謂的「物理復健」。他來健身房的時候並非利用中午休息時間或者下班的時間，而是在上班的時間前來。他每次來都要治療師按摩一個小時的肩頸後，才會再回到自己的「工作崗位」上；他從來不舉啞鈴，或者從事任何費力的運動，年紀六十多歲（跟我年紀差不多），但是體

富爸爸的教誨

富爸爸經常說：「你怎麼花錢就會得到什麼結果；如果你把錢拿給別人，希望他不要去工作，那麼將來會有愈來愈多的人就不去工作了。」

重很明顯的過重；有一天我忍不住問他來健身房是在做什麼，他很有禮貌地對我微笑說：「政府提供我復健津貼，不把它用掉就太可惜了。我還有兩年就要退休，因此在這之前，我要確保自己沒有錯過任何我應該享有的權利和機會。」

我知道絕大部分的公僕都是善良的百姓，但是每當我從他們口中聽到「理所應得的權益和福利」時，內心就會糾結不已。在這種情況下，要我保持客觀真的很不容易。許多公職人員就是無法理解，目前政府根本沒有足夠的資金，來支付並維持各種計畫制度的福利與津貼。所有的錢都是來自於納稅人，也就是你自己和其他工作同仁，甚至在不久的將來也要把你的孩子算進來。

社福制度是一場騙局

許多美國人會說：「我本來就有權利享有社會福利保障和聯邦醫療健保，因為我一直都有把錢投進去。」雖然話是這麼說沒錯，但是以下卻是不爭的事實：如果你從一九五〇年起就開始把錢投進社會福利保險之中，那麼你當年所繳的每1美元現在就能拿回30美元。這麼一來我們就能確定所謂的社會福利制度，根本就等同於一場金字塔騙局（或老鼠會）。既然政府已經沒有錢了，所以這30美元就必須從現在的年輕上班族得來，這就好比把張三這個年輕人的錢，拿去貼給年老的李四是一樣的作法。

理所當然的自肥

這種理所應得的心態，現在蔓延到全美國。上至美國總統、下至參議員和整個國會個個都有份。多年來這些所謂的公僕競相提案並且投票通過，讓自己享有史上最優渥的退休金和各種福利待遇。

這種現象會發生的原因，是不是因為我們的教育體制，無法幫助民眾達到馬斯洛第二個階段的安全感所導致的呢？

47％的美國人依賴政府過活

在二〇一一年美國總統大選期間，羅姆尼在一次私人性質的募款聚會裡，向一群非常有錢的聽眾發表談話，結果這個過程被人偷拍了下來。該影片中他提到，幾乎有47％的美國人都不用繳稅。

後來這個長達三十分鐘、充斥各種具有爭議性議題的影片被人上傳到網路。片中的羅姆尼把這47％不用繳稅的美國民眾歸類成「完全依賴政府過活的民眾」，而且這些人也自認為「理當得到政府各種醫療健保、食物、住宅等補助與津貼」。

該影片引起大眾強烈的不滿，民主黨看民氣可用，趁機給予痛擊，並替這47％的民眾尋找各種用不著繳稅的正當理由，有人甚至還說羅姆尼手上的數據根本就是錯誤的。

1％的人貢獻37％的總稅收

根據兩黨國稅政策中心的資料可以得到以下的事實：在二〇一一年申報所得稅的美國人當中，有46％的民眾（相當於七千六百萬人）完全不用繳納任何稅金。

無論47％這個數據是否精準，羅姆尼因此遭受重擊並且再也無法扭轉局面，這個偷錄的影片成為羅姆尼敗選的最後一根稻草。歐巴馬總統甚至還趁機抨擊那些有錢人，說那些最有錢1％的美國人在繳稅時都「不公平」，沒有負起他們「應該要負擔的金額」。

羅姆尼當年應該要利用事實來反駁這些情緒化的攻擊，事實如下：

- 想要成為美國最富有的1％人口，你每年年收入必須高達37萬美元以上。而且二〇一一年全美國的稅收當中，這1％的有錢人貢獻了總稅收的37％。
- 如果要成為美國申報所得稅收入最低的50％人口，那麼你在二〇一一年的年薪不能超過3萬4千美元。把這50％人口所繳納的稅金全部加起來，也不過占全部稅收的2.4％。

總而言之：如果1％最富有的美國人所繳的稅占全部稅收的37％，而全美國有一半的民眾雖然年收入在3萬4千美元及以下，但是他們只負擔全部稅收的2.4％，那麼我這麼質疑應該不算過分：「到底是哪些人沒有公平地拿出自己應該負擔的稅金？」

或許我的質疑會遭受讀者嚴厲的指責。如果你個人被這種質疑激怒了，請你捫心自問：你對於那些理所應得的退休金和福利，是否有過度的依賴或期待？而且與其被政客「反富排富」的選舉口號所左右，如果你能藉著財務教育來改善自己的生活，會不會是比較實際的作法？

加稅，真正受害的是中產階級

歐巴馬總統在二〇一三年兌現了他在競選期間「對富人加稅」的主張。但是他所增加的稅是否真的落到富人的頭上？二〇一三年、年薪超過40萬美元的民眾，其所得稅確實被提高了。容我再次強調，全美國最有錢的1％人口又再一次的被要求負擔更多的稅，而他們原本就已經扛起全美國37％的稅收。

成千上萬的美國民眾認為這麼做是很公平的，他們相信給富人增稅是天經地義的事情。而我卻抱持著不同的觀點。歐巴馬並沒有把稅加在有錢人的身上，他課稅的對象反而是那些高收入的民眾，因為所有稅收當中，絕大部分都是由中產階級所貢獻的。

這也就是為什麼歐巴馬和羅姆尼這兩位候選人，都喊出要「挽救中產階級」的口號，因為中產階級已經逐漸淪為貧民了。到二〇二〇年時，原本是中產階級的數百萬戰後嬰兒潮世代，會因為退休（沒有收入）而被歸類成貧民，而社會福利和醫療健保等制度同時也要面臨破產的命運。

以上這一切將來都要你的孩子來埋單。

如果我們只會拿魚給民眾吃，而不教他們如何釣魚，就會發生以上這種事情。

問：為什麼你會說增稅只會增加高所得者的負擔，而不會影響有錢人？

答：只要懂得一點點財務教育，答案就會很清楚。

加稅，對真正的有錢人影響不大

收入不是只有一種，一共有三種不同類型的收入，這點在全世界都是一樣的：

1. 一般收入；2. 投資組合收入；3. 被動收入。

不同形式的收入會被課徵不同的稅率。當歐巴馬總統於二〇一三年增稅時，受影響的都是那些擁有一般收入和投資組合收入的民眾，他並沒有增加有錢人的稅，因為真正的有錢人擁有的是被動收入。

我們可以簡略地把不同的人和不同的收入歸類：

1. 一般收入：貧窮的民眾。
2. 投資組合收入：中產階級。
3. 被動收入：從B和I象限裡的投資獲得收入，真正的有錢人。

學校只教你成為最容易被課稅的受薪階級

當學校不斷地鼓吹學生要爭取高薪的工作，就是要學生為一般收入而工作，而這種收入又是三種收入當中稅率最高的一種。當老師鼓勵學生「存錢儲蓄」時，這些從存款衍生出來的利息，一樣要被當成一般收入課稅。而當理財專員建議你要把錢投入「退休基金帳戶」裡面，等你將來退休之後提領這筆錢時，這些錢一樣要比照一般收入來課稅。

許多美國民眾在二〇一三年一月時發現就算自己根本不是有錢人，歐巴馬總統也提高了他們的所得稅。許多上班族在一月的時候發現，他們的聯邦保險帳戶（FICA）以及社會福利保費等，甚至比金融危機之前還多了一些，而且社會福利的扣繳額也是一般收入的一種稅。

問：為什麼學校一直教學生要為一般收入而工作？為什麼不告訴小孩一共有三種不同的收入？為

什麼不教孩子一輩子受益的節稅方式，讓他們能多多保留自己辛苦賺來的金錢？

答：許多老師根本不知道有三種不同類型的收入，絕大部分的老師都是為了一般收入而工作。

你知道任何節稅的方法嗎？

不同的行業會採用不同的名詞來形容同一件事情，把它們弄清楚是非常重要的。

舉例來說：

會計師會說	**投資者會說**
一般收入	工資收入
投資組合收入	資本利得收入
被動收入	現金流收入

這也是為什麼財務教育有時候會讓人摸不著頭緒的原因。

因此，我經常會利用非常簡單的說法，來解釋原本複雜而且容易混淆的概念。從我的觀點來看，財務教育是一件非常重要的事情，值得家長挪出時間來教導自己的小孩。

既然我是一個專業的投資者而非會計師，我比較傾向於採用投資者所用的詞彙（除非我在跟自己的會計師溝通時例外），這是因為許多會計師並非是職業的投資者。當我面對醫生和律師的時候也是這樣的，當我跟律師溝通時，會盡我的能力講他聽得懂的語言，也就是律師的行話。

我之所以比一般律師還更加富有的原因，是因為很多律師不懂得金錢的語言，當律師講到錢的時候，或許他會開口說：「我每個小時的收費是2百50美元」，但這是一般的收入；不是金錢的語言，他們講的是自己付出勞動應該得到的代價。

1. 窮人的收入：一般收入

一般的收入也是窮人的收入，是因為當你賺得愈多，你能留下來的錢會愈少，在財務上這是非常不明智的舉動。很多人會重返校園進修，更加辛苦（甚至超時）的工作，希望能賺到更多的一般收入；這麼做的結果，反而讓他們晉升到更高的稅率級別。因此再一次地，當他錢賺得愈多時，能留下來的反而會愈來愈少。

許多家長教育小孩的方式，都是讓他們將來為一般收入而工作，多數人也是為了這種收入而工作。每當有人建議：「好好上學念書、找份工作、努力工作、儲蓄存錢、把錢放到退休基金裡面，」就是在推廣這種形式的收入。一般收入是所有收入當中稅率最高的一種。

2. 中產階級的收入：投資組合收入

而中產階級則是對他們在股票市場的投資組合寄予厚望，期待退休之後可以供應開銷所需。許多政府機構裡的公職人員也是這樣，許多公職退休基金完全仰賴股票市場的表現（一般來說每年平均要上漲8％左右），將來才會有足夠的資金來兌現當初的承諾。如果退休基金無法從股市中獲利，不知這些公職人員，將來是否能接受自己的退休金縮水、還是屆時政府會利用增稅的手段，來彌補這個財政缺口？

股票營業員和理財專員不斷教民眾要為投資組合的收入而工作，投資組合的收入經常被稱為「資本利得」，意思就是利用買低賣高的方式來獲利。

當股票營業員和理財專員建議說：「股票市場每年平均上漲8％」、「要長期投資」、或者「這支股票提供非常漂亮的股利」時，他們是建議民眾要為投資組合收入（或資本利得）進行投資。

當不動產仲介業務說：「房子將來一定會增值」的時候，他也是在教導民眾要為投資組合收入（或是資本利得）來進行投資。

以下一系列的問題，可以幫助釐清投資組合收入（資本利得）的概念。

問：歐巴馬總統是否有針對不動產投資者增稅？

答：有，但幾乎等於沒有。美國仍然提供不動產投資者許多稅收上的獎勵優惠，但股票市場的投資者無法享有同樣的待遇。

問：有哪些稅收上的獎勵優惠？

答：如果某人以10萬美元買進一棟房屋而後以15萬美元賣出，如果這位投資者懂得利用換屋的名目，就不需要為這5萬美元的收入繳納任何資本利得稅。但若換做是股市股資者，賺到5

萬美元必定要繳納資本利得稅，一毛都不能少。

問：歐巴馬總統給投資組合收入增加了多少的稅？

答：對於高所得的上班族，亦即個人每年收入超過20萬美元（夫婦兩人合併申報則是25萬美元），歐巴馬總統提高了長期資本利得（投資組合收入）的稅率達60％。

這個數字是這樣算出來的：

15％變為20％，另外還要再加上歐巴馬全民健保的3.8％；

也就是說，

15％變成23.8％，其實質加稅率＝60％。

我再次強調我個人並非稅收方面的專家，而且稅收稅率和各種數字本來就很容易讓人搞不清楚。我鼓勵你去找一位非常會教人的稅務專家或者是會計師，或許能幫助你了解稅務如何影響你一輩子的生活。

針對稅收這個議題，我最後還有兩點想要說：

- 由於缺乏財務教育，絕大部分的民眾盲目相信政客都是在給有錢人增稅，但這種方式的增稅，只會影響擁有一般收入的民眾。這也就是為什麼在《富爸爸，窮爸爸》這本書裡面，第一章就告訴讀者：「有錢人從來不為錢而工作。」

• 股票市場投資組合收入的稅率也被提高了，這也是我個人不投資股票市場的眾多原因之一。如果我投資不動產的風險低而報酬高，加上投資所得經常免稅的時候，我幹嘛還要去投資股票？反過來說，如果你自己的投資獲利都沒有比股票市場的表現來得好，或許你應該把錢投資在股票市場之中。追根究柢來說，端看你個人是否想要接受財務教育並且願意採取行動，從原本的被動投資者（把自己的錢交給理財專員或者基金管理人幫你投資），變成主動投資者。

有錢人都在家裡這樣教孩子

答案很簡單：有錢人是為了被動收入而工作。

3. **有錢人的收入：被動收入**

被動收入也被稱之為現金流收入。富人變得非常有錢的原因，是因為他們擁有這種類型的收入。歐巴馬根本沒有提高這類收入的稅率。

人們要到哪裡才能學到關於現金流的知識？有錢人都是在家裡教孩子的，富爸爸利用我和他兒子放學後的時間，藉著玩地產大亨這款遊戲教導我們這種觀念。在地產大亨這款遊戲裡，當玩家踩到別人的土地時要拿出10元房租，這10元就是一種現金流。

問：你怎麼知道有錢人都是為了現金流而工作？

答：這是一般常識。舉例來說，賈伯斯在蘋果公司的年薪只有1美元。他根本不需要領任何薪水，因為他壓根都沒有想到要去賺一般收入。

技術上來說，以他每年1美元的收入，賈伯斯甚至有資格被政府列為貧窮戶，但實際上他卻是一個億萬富翁。因為賈伯斯擁有大量的蘋果電腦（他自己創立的公司）的股票，讓他得以致富，他藉著成立一家獲利非常高的公司，來印製屬於自己的鈔票。當一般E象限和S象限的民眾爭先恐後地買進蘋果電腦的股票時，B象限和I象限的人把他們持有的股份賣出來給這些人，於是賈伯斯變得非常富有。

問：有錢人是怎麼賺錢的？

答：在B和I象限裡工作，而不是去E或S象限。本書稍後會對此提出進一步的探討。

絕大多數的稅賦獎勵或優惠在B和I象限

下頁圖是遊戲「現金流101」的盤面。

現金流這款遊戲讓你用另外一種不同的方式，理解有錢人是怎麼工作和投資的。

在遊戲盤面正中央的圓圈叫做老鼠賽跑區。當學校建議孩子去找份好工作並且投資股票市場時，他們在引導你的小孩走進老鼠賽跑這條人生的道路。

而在盤面外圍的一圈則是快車道，有錢人都是在這裡工作並且進行投資的。

現金流遊戲的目的，是要玩家把一般收入（薪資所得）轉變成投資組合收入以及被動收入。當你累積到足夠的被動收入時，你就能跳脫老鼠賽跑，並且開始享受快車道的有錢人生活。

現金流遊戲是目前市面上，唯一能教玩家三種不同收入形式的遊戲。

就如你所知，在現實生活當中，原本就有所謂的老鼠賽跑以及快車道兩種不同的生活。學校和許多家長都是在教孩子老鼠賽跑，每個月都得靠著領薪水過活，然後像遊戲中的卡片內容，讓各種事件干預自己的人生；但是接受財務教育就能讓自己的孩子擁有不同的選擇。請問你一直在鼓勵自己的小孩走上什麼樣的人生——是老鼠賽跑還是快車道？

問：這樣的現實公平嗎？

答：不算公平，但是本書的重點在於教育，而教育的目的並非在追求公平與否的問題。

許多家長要讓孩子接受最好的教育，這樣子他才能在人生當中獲得優勢。教育的目的就是要讓孩子在生活當中獲得不公平的競爭優勢，因此家長不惜代價將孩子送進私立學校之中，希望私校的教育能讓自己的孩子出人頭地。

講到打分數的時候，有些學生會獲得高分而其他的則不然，請問這樣算不算公平呢？我們的學校體制從來不告訴學生，現實生活中一共有三種不同的收入形式，這樣算公平嗎？如果大家要開始爭論何謂「公平」，那麼全國有47%的民眾一毛稅都不用繳，而1%的人卻要負擔37%的稅，這樣子公平嗎？

問：你的意思是說，我們可以開始逃漏稅嗎？

答：絕對不是。我絕對不會鼓勵人家逃漏稅。通常想要逃漏稅的人幾乎都是E或S象限裡的人，因為在這些象限當中，幾乎沒有什麼稅賦獎勵或優惠。絕大多數的稅賦獎勵或優惠，都是在B象限和I象限之中。

這本書主要的目的就是在談教育，教育最主要的目的，是希望人生當中能擁有更多的選擇。如果你的孩子知道一共有三種不同的收入形式，他們就會擁有更多的選擇機會；當一個人擁有更多的選擇機會時，就不需要想盡辦法逃漏稅。有錢人之所以能合法地避掉大部分的稅，是因為知道什麼樣的工作會得到哪一種形式的收入，並且安排自己的收入要來自於哪一個象限。

問：那麼這些完全不用繳稅47%的民眾，和那些完全不用繳稅的有錢人有什麼差別？

答：就是財務教育。

完全不用繳稅的47%民眾當中，大部分的人幾乎沒有什麼合法的管道可以改善，或是改變自己的財務狀況。絕大部分的人缺乏足夠的教育以及能力來改變自己所處的象限，其中有一部分人純粹是缺乏改變的動機或意願。如果可以一直領到政府發放的各種補貼和收入，何必還要努力工作之後，再來繳納高額的所得稅呢？

而中產階級則只是知道自己要更賣力或超時的工作，以獲得更多的一般收入。這也就是為什麼會有這麼多人重返校園，或者留在校園裡不願意畢業的原因。有的人決定拚命加班，或者多兼幾份差事，有的人想藉著拚命工作獲得加薪，以上這些作法只會讓他們晉升到稅率更高的級別之中，因此就算他們真的賺到了更多的錢，能留在身邊的錢卻沒有明顯的增加。

當中產階級進行投資時，多半是把錢擺在投資組合當中，而且絕大部分的人都是投資股票市場，操作方式幾乎都是買進持有，然後祈禱將來需要用錢的時候，這個投資組合裡還有足夠的錢來支付。

有錢人擁有足夠的財務教育來獲得被動收入。藉著財務教育，有錢人有能力配合政府政策，在增加自己收入的同時降低所要繳納的所得稅。在本書稍後你就會知道，稅法的重點並不是要強行索取更多的稅收，而是以各種稅賦獎勵條件，協助人們合法地減少自己要繳的所得稅。

本書絕大部分的內容都是在講如何協助政府完成工作。舉例來說，如果我提供就業機會，我就能獲得租稅獎勵優惠；如果我花錢去鑽油井，我就能享受許多稅務上的優惠與獎勵；如果我利用債務進行投資，我一樣能享受稅賦上的優惠與獎勵；而且當我提供那些無法負擔自宅的民眾合適的住宅時，我一樣也可以擁有許多稅賦上的獎勵與優惠。

很不幸的，很多學生從學校畢業之後都去找工作，而不是創造就業機會；絕大部分的人都要用石油而不是去開採石油；絕大部分的人都想要擺脫自己的債務，而不是學習如何利用債務讓自己致富；而絕大部分的學生離開校園之後就夢想著購買屬於自己的房屋，而不是想辦法如何提供別人適合居住的房子。

這一切全是因為財務教育而產生的差別。

不要期待政府，應該靠自己努力改善財務狀況

我個人最憂心的，就是這種「理所應得」的心態一直不斷地蔓延。由於缺乏財務教育，許多人在生活中會逐漸形成這種理所應得的心態，但是我一點都不怪他們。假使我本身沒什麼錢，而且也沒有接受過富爸爸的財務教育，我可能會跟他們有一樣的想法。

身為創業家，我也經常面臨身無分文的窘境，但最大的差別是：我知道如果自己能解決目前所面臨的財務問題，我就會變得更加的聰明而且有錢，而不是期待政府將來要照顧我。

如果我們的教育體系，不開始協助學生達到馬斯洛第二階段的安全需求，我相信這種日漸滋長的理所應得心態，將來很可能會讓美國淪為一個

> **身先士卒**
>
> 全美國只有佛蒙特州的Champlain大學提供財務教育的相關課程。

貧窮的國家。在歷史上曾經發生過許多類似的事情，而我個人認為我們將要重蹈覆轍。

很不幸的可能要等到多年之後，我們的教育體制才會提供財務教育。而在這之前，如果家長不親自給孩子財務教育，那麼你孩子將來所賺到的收入，絕大部分會被拿去補助各種理所當然的政府計畫。這不光是把他的錢拿去幫助窮人而已，總統、法官、退休的軍人、政府官僚、老師、警察、消防隊員、社會福利以及聯邦醫療健保等等，個個都伸手在等著。

當一個提供者，而不是期待別人給你工作或救濟

好消息是你不需要懂得任何高深的學問，就可以了解這三種不同的收入和稅率。如果我能把它搞懂，你一定也沒問題。就算身為家長的你第一次聽到這些內容，你仍然可以立即運用在書中所學到的內容，全球有無數人都已經這麼做了。舉例來說，你是否認識任何利用空檔時間成立自己的公司，或者擁有一間出租給別人的公寓，或者加入某個傳銷組織的朋友？以上三種辦法當中的任何一種，都是增加自己被動收入的第一步，而最困難的部分，就是逼自己踏出第一步。

請把以下的兩個重點畫在紙上，並且和孩子討論：

1. 三種不同形式的收入

- 一般收入：窮人的收入。
- 投資組合收入：中產階級的收入。

每個象限所要支付的稅率

- 被動收入：有錢人的收入。

2. 是哪個象限的人要承擔最高的稅？

請留心，在這裡要討論的重點並不是稅務方面的問題，而是在討論財務教育的重要性，因教育所做的各種選擇和決定，將會決定這個人是要一輩子辛苦工作賺錢，還是讓錢為自己工作。

在B象限和I象限裡需要擁有財務教育以及經驗。如果你能開放的、多討論幾次兩者之間的差異，你的孩子將來踏入社會時，也會抱持著開放的思維。別忘了，教育是一輩子的過程，並不是安排幾個晚上討論討論就算了。

對絕大部分的西方國家來說，以下的兩個例子都是真的。當我在各地上課的時候，觀眾當中永遠都會有個人舉手開口說：「你在這個地區沒有辦法這樣子做。」我會暫時停頓一下然後跟他說：「或許你沒有辦法在這裡這麼做，但是我絕對可以。」我每到一個國家開課時都要面對這樣的質疑，甚至連美國本土也一樣。換句話說，大家都歡迎有錢人，想變成有錢人，第一步就是要擁有扎實的財務教育。

問題在於大部分民眾的致富計畫，就是在E和S象限裡更努力的工作，賺取更多的一般收入；這些人投資時，絕大部分也是把錢投到股市裡的投資組合之中。幾乎不會有人學習與被動收入（或現金流）相關的知識，除非他們早就在家裡開始接受財務教育。

問題在於大部分民眾的致富計畫，就是在E和S象限裡更努力的工

研究調查目前的大學生

企業研究機構（CIRP）針對大學一年級的新鮮人做調查，結果顯示81％的學生期待未來有絕佳的財務狀況。

作，賺取更多的一般收入。當他們這些人投資時，絕大部分也是把錢投到股市的投資組合之中。幾乎不會有人學習與被動收入或現金流相關的知識，除非他們早就在家裡開始接受財務教育。

問：為什麼讓孩子了解有錢人的規則，以及如何致富這麼重要？

答：形成金融危機的原因很多，通常最會被人忽略的問題，就是「理所當然」的心態已經在全球蔓延開來。現在不但有窮人相信自己是理所應得該受到政府的照顧，全球學術界的資優生和公家體系中的官僚政客等，也一直努力遊說政府要成立更多的退休福利制度或津貼補助。

愛丁堡大學的蘇格蘭歷史教授亞歷山大．泰勒（Alexander Tyler）曾經說過：

民主體制可以不斷地持續下去，直到有一天民眾發現可以投票給自己以從國庫當中獲得優渥的獎勵為止。

現在世界上所有的A等生、B等生以及C等生都在鼓吹要給富人增稅，但是這些人完全不理解他們這麼做之後，其實就是在給自己增稅並且增加開支，他們同時也在摧毀美國的民主體制。這些人相信有錢人個個都非常貪心，但是完全無視於自己的貪婪——希望由別人來供養他們的日後生活。當大部分的民眾缺乏財務教育的狀況下，怎麼可能寄望這些人搞懂以上的道理呢？他們唯一能看到的，就是硬幣的單一面而已。

在本章之初，我以法國電影明星傑哈．德巴狄離開法國為例，試圖解釋有錢人可以乾淨俐落地離開一個國家，搬去尋找更適合自己納稅方式的環境居住。真正的資本家（例如那位擁有四百位員工卻負擔不起歐巴馬全民健保的老闆）就會選擇直接把公司結束掉；將來也會有愈來愈多的醫生寧可選擇停止執業，因為目前羅賓漢式的理財觀念，以及「把錢從有錢人手上拿來給自己用」的心態，存在於眾多法官、律師以及陪審團之中。

美國從二〇〇九年起就沒有再更新國家的預算，最主要的原因是有錢人跟窮人之間的階級歧視仍在持續中。美國政府無法平衡預算的原因，是因為中產階級的上班族和窮人所享有的退休保障和福利制度，已經高達數兆美元。和減少退休後可領的保障和福利津貼相較，受過教育的中產階級加入窮人的行列並且倡議：「加課富人稅」當然是容易得多的選項。但是說穿了，到頭來還是會由中產階級扛下加稅之後的重擔。

如果你的孩子從學校畢業後找了一份所謂高薪的工作，那麼他們很可能會變成高收入的中產階級並且一輩子處在老鼠賽跑之中——也就是他們會為了一般收入而愈來愈辛苦地為錢工作，但同時又要繳納愈來愈高的稅金；當他們有錢投資時，投資組合幾乎清一色的都是把錢放在股票市場之中。

如果你希望孩子將來過這樣子的人生，你就完全不需要教他任何財務教育的內容。但是，如果你想要孩子跳脫中產階級的老鼠賽跑，那麼成為一個非常有錢的人是一種選擇，還有另外一種可能性就是淪為窮人。

居住在自由國度的意思，就是每個人都有選擇成為有錢人、窮人或者中產階級的權利。而這樣的選擇都從家庭教育開始。

與其教導孩子一輩子有權利向政府伸手要魚吃（窮人的想法），或者要努力釣魚（工作）來吃（中產階級的觀念），我相信教孩子如何成為提供別人魚吃的人（有錢人的作法）是比較明智的決定。

這個決定完全操在你的手上。

3百兆的退休及社福大黑洞

各中央銀行和投資銀行已經從數十億人口榨取了上兆美元的財富，而且有許多貪婪的有錢人為了中飽私囊不斷剝削同胞的財富也時有所聞。

但是，當你檢視許多國家的財政時，對全球金融和各國政府財政威脅最大的危機，卻是那些退休保障以及各種福利津貼等的制度。以美國為例，社會福利制度和聯邦醫療健保這兩個計畫，各自累積了1百兆美元以及2百30兆美元的「沒有資金來源的給付義務」（譯注：未來要支付，但是目前沒有這筆資金）。如果再考慮軍公教等的退休保障與福利津貼，這筆金額高得令人難以想像。

當學校無法讓我們到達馬斯洛第二階段安全感的時候，就會發生這樣的情況。不教導人們如何釣魚，反而一直灌輸他們「你理所應得享有免費的魚」的權利。從我個人的觀點而言，我們一定要在這種觀點上開始做出改變。

逐漸褪去的美國冒險精神

針對任何想要成為職業投資者或創業家的人，我強烈推薦愛德華・葛里芬（G. Edward Griffin）所寫的《來自於傑克爾島的怪物》（*The Creature from Jekyll Island*）這本書。

這本書非常厚，但是閱讀起來一點都不費力，像是在看一本謀殺案的小說，事實上本書的內容確實和此相去不遠。本書描述的是金融上的謀殺……主角是美國聯準會，裡面講的都是有關於銀行和金錢的事。

葛里芬相信共產主義之所以無法在美國生根，是因為美國民眾對於自由貿易和資本主義這種開國精神的信念非常堅定。因此想要改變這種情況必須要有所謂的過渡時期，而這個過渡時期就是實施社會主義。

而今天美國已經有了社會福利保障、聯邦醫療健保以及歐巴馬全民健保等制度。

換句話說，美國民眾必須先開始仰賴政府的救濟，唯有這樣才能開始侵蝕美國人的開國精神。當開國精神不再而且民眾需索無度之後，美國民眾就會開始養出依賴的心態，對政府的各種福利津貼和退休保障深深上癮無以自拔。在這種情況下，國家就準備好迎接共產主義。我並不是說這真的會發生，這點我讓讀者看完書之後自行加以判斷。

身為一個自願加入海軍陸戰隊幫助資本主義對抗共產主義，接著返回家園之後看到美國開國精神已死，而且理所應得的心態日漸滋長的人來說，葛里芬的觀點的確令我感同深受，他的顧慮就是我目前正在擔心的狀況。

或許這就是為什麼學校裡沒有任何財務教育的原因。作者也這麼說：

在財務上依賴聯邦政府，就是現代奴役制度的基礎。

傳聞林肯總統曾經說過以下的話：

你無法藉著打壓勤儉節約來獲得繁榮昌盛，你無法藉著打擊堅強的人來讓弱者站起來，你無法藉著剝奪發薪水的人來幫助那些領薪水的人們，你無法在煽動階級矛盾的同時讓大家接受四海之內皆兄弟的觀念，你無法藉著消滅富人來幫助窮人翻身。當你的支出持續超過收入時，你不可避免地要面對麻煩的後果。一旦人的積極主動和獨立性被抹煞之後，他們就不可能孕育出獨特的人格和勇氣，而你也無法藉著替別人做他們原本自己應該做的事情，來幫助他們做出永久的改變。

行動金融家

盡一己之力來反抗理所應得的心態：不要給孩子任何的金錢

目前西方世界正面臨經濟上的崩潰，是因為有數十億人口抱持者「理所應得」的不正確心態，而這種心態多半都源自於家庭，有時候源頭就是父母利用金錢來彌補錯過的時間或者是愛情（這點無論是有錢人還是沒錢的家庭都一樣）；父母甚至會給孩子買各種衣著服飾、價值不菲的球鞋或玩具（甚至名貴的跑車），好讓孩子可以在同學面前抬得起頭來。

當孩子的同班同學有了新腳踏車，那麼你的孩子也會認為，自己理所當然也該有一輛全新的腳踏車。理所應得的心態就會從這裡開始醞釀。

現在有許多運動競賽都變質了，任何報名參加的孩子，就算輸了比賽，一樣也可以拿到獎杯獎狀。我們到底在教孩子什麼樣的觀念？是不是每個人都理所應當的，都有權利成為贏家？

我們不該教育孩子將來理當擁有金錢和成功，而是跟他們說金錢只不過是一種交易的媒介罷了。而所謂的「交易」，就是我把東西交給你的同時，你也要提供我相當價值的回報，而且我也相信當你願意付出的愈多，將來你所得到的回報也就愈大。當孩子完全沒有付出任何努力但仍然可以得到回報時，他心中就種下了「理所應得」的種子。

同樣也要跟孩子探討「想要怎麼收穫就要先怎麼栽」的觀念，這也是一種展現慷慨的方式。

我真的非常幸運，雖然有兩個不同的爸爸，但是兩個人都沒有給我任何金錢。當我十六歲的時候，親生父親跟我說他不會負擔我的大學學費，因此讓我有兩年的時間籌措念大學所需要的資金，這就是為什麼我會去申請並且接受國會獎學金的幫助，讓我可以去念美國海軍商船學院。後來在該學院以及之後的海軍陸戰隊裡，我們一直都被灌輸要好好的服務上帝以及國家的觀念。

我的富爸爸堅持要我免費為他工作，他不想要我培養出像一般上班族的思維，也就是拿自己的時間去換取金錢的那種心態，而我所得到的回報，就是富爸爸給了我全世界最棒的財務教育。藉著這個財務教育，我已經向其他創業家一樣，學會了如何無中生有的創造屬於自己的財富。

我已經和唐納．川普合著了兩本書，這件事情額外的收穫，就是讓我認識了他的三個孩子，他們非常聰明、有吸引力、值得尊敬，而且完全沒有理所應得的心態，他們都是努力工作才爭取到自己所擁有的一切。川普的兩個兒子，唐納二世和艾利克都跟我說過：「如果我們沒有盡到自己工作上的本分，父親絕對會毫不遲疑地開除我們。」

有一天唐納二世、艾利克跟我一群朋友在夏威夷可愛島碰面。結果發現唐納二世和艾利克在跟他們的妹妹伊凡卡傳簡訊。當他們忙完了，我問他們：「你們三個人剛剛都在討論些什麼？」兩個孩子回答：「我們在分享食譜。」

「食譜？」我驚訝地問：「你們會自己煮飯？你們家裡不是有僕人嗎？」

兩個男孩大笑，然後艾利克跟我說：「我的父母的確有請僕人，但我們沒有。我們必須要學會如何煮飯和打掃。我的父母從小就很清楚地告訴我們，這些財富是屬於他們的財富。我們從小就知道，必須要懂得創造屬於自己的財富。雖然和其他人比起來我們確實享有許多恩典和特權，但是我們從來就沒有得到過任何不勞而獲的東西。」

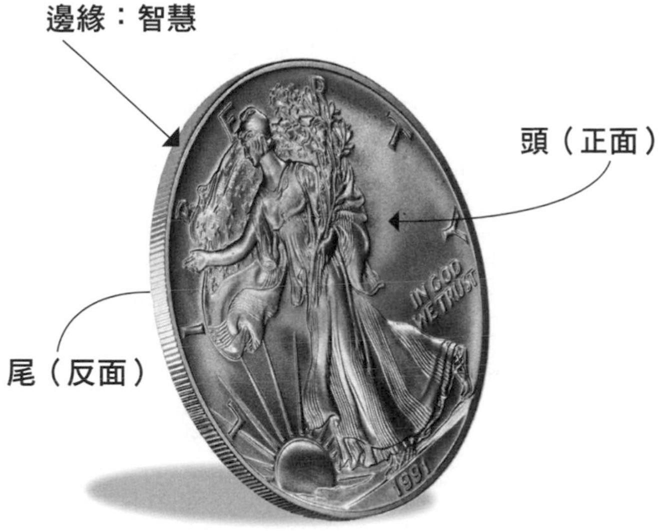

第二篇

另外一種觀點

測試一流的智慧，端看腦海是否有能力同時存在兩個完全對立的想法，而且心智仍然能維持正常的運作。

—史考特．費茲傑羅（F. Scott Fitzgerald）

導讀

富爸爸跟我們說目前學校教育的問題之一，就是學校會教孩子我們所處的世界是一個「是非黑白分明」的世界，這種觀念不但不切實際，而且也是一種沒有智慧的思維方式。在現實生活當中任何的問題或者挑戰，通常都會有一個以上的答案或者是解決的辦法。

但是在學校裡，卻只有唯一正確的答案。當老師要給學生打分數的時候，也都是在尋找符合正確答案的解答。

在學校體制下，如果你的答案符合老師預期的正確答案，你就是所謂的A等生（資優生）。唯一正確的答案這種觀念，是構成目前學術教育的基礎。

現實生活中不會只有一個正確的答案

在現實世界裡，正確答案不只一個。

舉例來說，當我問窮爸爸一加一等於多少時，他一定會回答「二」；而富爸爸對同樣的題目則提供了不同的答案，他回答：「十一」。

這就是為什麼我一個爸爸非常有錢，而另外一個則不然。

站在制高點，能看到事物的更多面向

史考特．費茲傑羅（F. Scott Fitzgerald）以下的論點，就是本書第二篇內容的精華：

測試一流的智慧，端看腦中是否有能力同時存在兩個完全對立的想法，而且心智仍然能維持正常的運作。

討論硬幣有兩個面並不是什麼新觀念，但我把這個理論向前推進了一步，也就是認為所有的硬幣都應該有三個面：正面、反面以及邊緣的那一面。根據費茲傑羅的說法，最有智慧的人都是把自己放在第三個面上（也就是硬幣的邊緣），好讓自己能完全看清楚硬幣的另外兩個面。

許多學生畢業後認為凡事都應該只有唯一正確的答案，傳統教育不僅沒有開拓學生的思維與心胸，反而讓他們的觀念變得非常狹隘。學生在接受傳統教育之後，相信這個世界非對即錯、非黑即白，非智即愚等。這也是為什麼絕大多數的人當年都不喜歡上學念書最主要的原因（就連許多A等生也不例外）。如果學生無法站在硬幣的邊緣上，也就是可以讓他同時看到硬幣另外兩個面的制高點，那麼他一輩子就只會看硬幣其中的一個面而已，抱持著唯一的答案、唯一的看法以及唯一的觀點。

聖經中也有金錢故事

學校提供學生研讀的文學作品中，充斥著各種有錢人和窮人之間的階級鬥爭。例如狄更斯的《小氣財神（又譯：聖誕頌歌）》（*A Christmas Carol*），就是在講述一位非常有錢但生活不快樂的老人史古治，或者劫富濟貧的俠盜《羅賓漢》等故事，其內容基本上都是在醜化富人並且讚頌窮人居多。

沒有幾個學校會推薦學生閱讀艾茵・蘭德（Ayn Rand）所著的《阿特拉斯聳聳肩（一個人的頌歌）》（*Atlas Shrugged*），這本從硬幣的另外一面來看待事物的書，因為該書中的內容主要是唾棄社會主義並且對於資本家相當的崇敬。

而書中之書《聖經》，就屬金錢這個議題被拿來探討的次數最多，內容還比較中庸一些；對於硬幣兩個面各自的擁護者來說，書中都有適合他們的故事。

拋棄非黑即白的二元對立觀點

本書第一篇著重於財務教育。

本書的第二篇是要探討財務智慧，亦即能站在硬幣的邊緣上，以不只一種的觀點來看待和金錢有關的事物。

費茲傑羅講到「端看腦中是否有能力同時存在兩個完全對立的想法」，就是在測試「一流智慧」的方式。換句話說，在學校裡所教導的「非對即錯」的單一觀念是缺乏智慧，甚至可以說是非常的無知，因為這種觀念完全忽略硬幣的另外一面，阻礙人們做進一步的探討與理解。

從我的個人觀點來看，這種非對即錯的觀念，就是所有反對、爭論、離婚、不快樂、激進、暴力、甚至戰爭的根本原因。

多用不同的觀點看人生，才有更多可能性

在學校裡所有的教學都是直線性的，就如下圖所示。

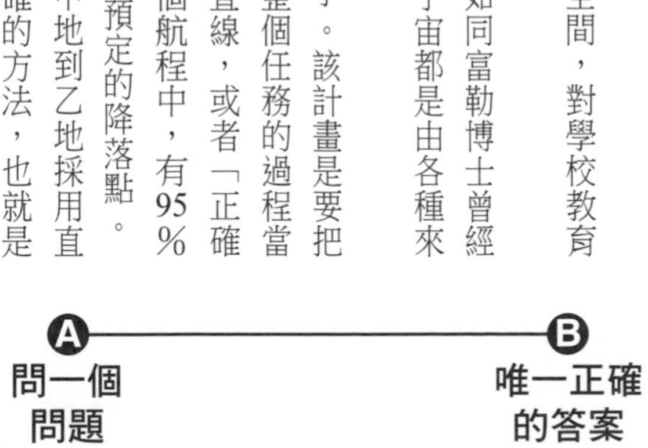

在這種模式之下，除了唯一的解答外，沒有任何可以轉圜的空間，對學校教育來說，所有問題和正確答案之間只有單向的、直線性的關聯。

但現實生活中，根本沒有所謂直線（線性）這一回事情。就如同富勒博士曾經說過的話：「目前物理界從未發現過任何的直線。」事實上整個宇宙都是由各種來回震盪的能量和波長所構成，並且一直不斷地在進行修正和平衡。

美國太空總署阿波羅十一號登月計畫就是這個定律的實際例子。該計畫是要把兩位美國太空人，也就是阿姆斯壯和阿德林送上月球。太空艙在整個任務的過程當中，大約只有5%的時間可以維持直線前進。根本不存在著單一直線，或者「正確的答案」讓太空船從發射台直達月球表面上的目的地。反而在整個航程中，有95%的時間不斷地進行左右修正、上下調整，才能讓太空船到達月球上預定的降落點。

想想你是如何駕駛汽車的，如果你按照學校所教的觀念，從甲地到乙地採用直線前進的方式，那麼你將會成為危險份子。駕駛汽車絕對有著正確的方法，也就是要好好利用方向盤才是。

你從學校畢業後，很快會發現這個世界上並沒有所謂直線性的事物。隨著你踏上人生的旅途，你就會面臨各種高低起伏、左右修正的情況，接著便是一波接著一波的經驗和教訓；這就是我們人類學習的方式，而且整個過程根本不是直線性的。

接下來的圖形是我以往人生高峰和低潮的示意圖：

我跟兩位朋友在一九七九年成立了專門做皮夾的Rippers公司，一九八〇年時一切都非常美好，帳面上我們都是百萬富翁，因此我們開始過著不斷換跑車與換女朋友的生活。如你所想的，我們不再關注事業後，一九八一年就踢到鐵板。但是我們立即跳起來再次投入工作，我們跟一些夏威夷廣播電台和熱門的搖滾樂團做策略聯盟（其中還包括了我個人最喜愛的樂團平克·佛洛伊德Pink Floyd），公司於一九八二年東山再起了。但是現在回過頭來看，讓我們第一次失敗的原因，事後並沒有徹底解決，加上一些合夥人還面臨了婚姻上的危機，以及其他的一些因素，我們在一九八三年決定拆夥。

我很幸運能從一九八一年就開始學習創業。更棒的是，我在一九八四年遇到了現在的太太金，並且在年底搬到加州，替一間培訓公司教導和創業相關的課程。該公司蓬勃發展，後來甚至跨國在澳洲開設五間分公司。有一天澳洲廣播公司（ABC）的記者出現在我們的辦公室裡，說電視台對我們的課程非常有興趣，並且想要報導「我們所做的好事」。

他們當時的確是這樣跟我們說，但是他們並沒有說實話。該電視台認為我們「迷信崇拜」而想要揭穿我們。一九

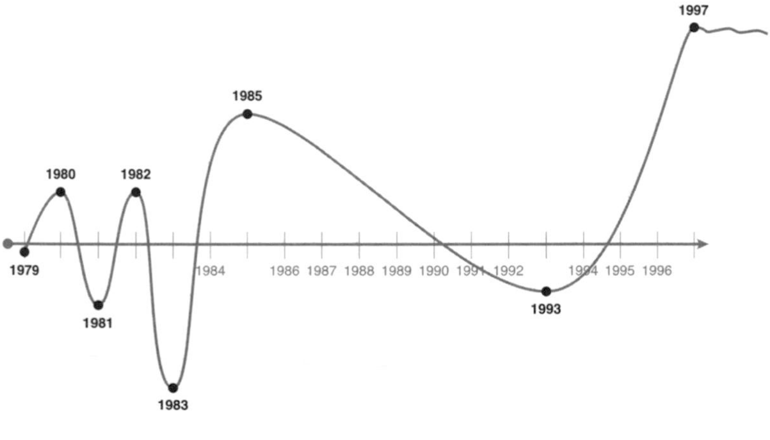

九三年間，執法人員在德州韋科（Waco）附近圍剿大衛．考雷什（David Koresh）和一些大衛教派的信徒（其中有一些是澳洲人），並且擊斃許多信徒，因此這家電視台想要揭發在澳洲成立、疑似崇拜迷信文化的美國團體或組織（從他們的觀點來看）。結果該電視台對我們極為惡毒的負面報導，使得公司的營運一蹶不振。（很有意思的是：當節目播出後，所有我們課程的畢業學員就開始自發性地，一一寫信給電視台表達他們對這個不實的報導深感不滿。該電視台高層主管很快地發現他們面臨了很嚴重的問題：這篇報導是個巨大的謊言。因此他們決定取消該節目，怕我們會控告他們。）

雖然我們有確實的證據可以進行法律訴訟（因為他們從一開始就有曲解事實的意圖），但是我們決定把這次的經歷當成一種警訊，要讓我們先退一步並重整旗鼓。

我跟金認為這是要做出改變的時候，因此我們於一九九四年創造了「現金流101」這款紙盤遊戲，並於一九九六年上市。而我也在一九九七年把這款遊戲的「行銷手冊」寫成了一本書，也就是《富爸爸，窮爸爸》（後來發生什麼事你們大概都聽說過了）。雖然在這一路上也發生了一些狀況，但是由於我們多年來不斷地倡導財務教育的重要性，因此讓我們在過程中獲得很高的成就和極大的滿足感。

我想要表達的是：在這浩瀚的宇宙裡，以及你們每一個人各自獨特的人生經歷中，根本沒有所謂的一直線這回事，反倒是充滿了一波一波高低起伏的變化。

我鼓勵你嘗試著把自己的人生用圖表的方式畫出來（就如我先前所示範的一樣），慶祝各種高峰，也應該花點時間檢視那些低潮期，看看能從中獲得什麼經驗和教訓。並且別忘了跟孩子解釋人生中所面對的問題沒有唯一正確的答案，反倒是不同的觀點和不同的看法，可以在一波又一波的人生浪潮中做出各種不同的選擇。

完全相反的觀點

本書第二篇的內容也會探討現金流象限當中各種互相衝突的觀點。

舉例來說：

從E或S象限來看	**從B或I象限來看**
稅是不好的	稅是好的
債務是不好的	債務是好的
有錢人都很貪心	有錢人都很慷慨

學校教的觀點到底是哪一種？

第二篇也會在思想上的地雷區裡點到各種經濟學理論，例如共產主義、社會主義、法西斯主義以及資本主義等等。絕大部分的人都聽說過以上的這些名詞，我也知道對一些人來說，這些名詞甚至會激起情緒化的反應。

我在第二篇裡會嘗試解除這些詞彙讓人產生情緒變化的心理機制，希望能讓讀者用比較客觀的方式，觀察他們自己（或學校）到底是教孩子共產主義、社會主義、法西斯主義還是資本主義。

多元觀點增長智慧

智慧這個名詞有許多不同的定義和解釋，在本章裡這個詞彙的意思，純粹只是要能超脫出學校不斷灌輸我們非對即錯的這種觀念，盡可能的從不同的方向、不同的觀點以及不同的可能性等，來看待金錢的世界。

如同馬斯洛在需求階級的第五個階段，也就是自我實現的階段（人類存在的最高境界）中所描述的一樣，在這個自我實現階段的人，能以「不先入為主的偏見」以及「接受事實和證據」的觀點來看待這個世界。而這裡所謂的「事實」和「證據」，當然也包含了以下這個觀念：正確的答案不一定只有一個。

若是到達自我實現的境界，同時也代表這個人要非常的慷慨，願意付出比自己所得到的還要更多。就如前幾章曾經討論過的，我認為當今世界上會有這麼多貪婪的人，是因為學校體系沒有辦法協助他們達到馬斯洛第二個階段的安全感。當絕大部分的人都活在恐懼之中，也缺乏安全感的時候，人性會比較傾向於掠奪搜刮，而不是慷慨施捨。

本章著重的觀念是：「如果你能夠保持開放的思維聽聽完全相反的觀念，你的智慧水準也就會跟著提高；如果你的思維狹隘封閉，一開始就排斥相反的觀點，你就是一個完全任由自我中心來導引自己思維的頑固份子。」你是選擇智慧還是無知？如果你能持續有意識地選擇保持開放的思維，接受各種不同的觀點，不但可以讓自己的世界更加開闊，甚至還能大大改變孩子的未來。

誰須要更高的智慧：
員工還是老闆？

第九章
從不同的角度來看智慧

如果你看過《富爸爸，窮爸爸》這本書，你就會知道窮爸爸對我無償替富爸爸工作感到非常不高興。

富爸爸是一位非常慷慨的人，他一直相信「等值互惠」的交易。他也相信財務教育遠比金錢更重要。

他支付給員工的薪水算得上非常優渥，許多員工一輩子替富爸爸工作。富爸爸經常說：「我的員工認為金錢比財務教育重要，這也就是為什麼他們現在是我的員工。」

生活現場

富爸爸不相信免費（無償）這個觀念，他相信免費的教育不具價值，或許這就是目前政府公辦教育問題的所在，因為這些教育大部分都是免費的。

富爸爸非常同情教師和公職人員。他經常會說：「當家長認為教育理所當然應該是免費的，而不去尊敬感謝這些教育機會，那你要老師如何教育我們的孩子呢？」他也認為免費教育這種概念雖然立意良好，卻也是造成今天理所應得心態充斥整個社會的原因之一，因為孩子們從小就被調教出「政府一定會來照顧我」的觀念。

富爸爸相信他所給予我的財務教育以及個別輔導，遠比金錢來得更有價值，這也就是為什麼他當時沒有付薪水給我。而為了公平互惠，我也就「免費」的為他工作，幫他處理一些原本他要花錢請人完成的工作。

問：沒有錢你是怎麼活過來的？

答：利用休閒的時間打工賺錢。

我的故事

當我上了高中之後父母開始給我零用錢，每個禮拜1美元。就算是在一九六〇年，1塊錢真的買不到什麼像樣的東西。

富爸爸沒有給我薪水，是因為他不希望我培養出上班族的思維模式，他認為世界上其他的人必定會教我那種思考模式。換句話說，他在訓練我用不同的眼光看待金錢，光是這一點就是無價之寶。他並沒有告訴我和他的兒子應該要怎麼做，反而讓我們自己作出選擇。

富爸爸沒有對我說：「你要去找一份工作，」反而鼓勵我要採用創業家的思考模式，也就是：「要不斷地找商機。」

因為這個建議，我打了很多零工來賺錢。舉例來說，我會在星期日五點鐘起床跟同學去衝浪（因為早上的浪頭比較適合），接著去富爸爸的辦公室做幾個小時的工作。如果想要賺錢，我就會利用下午的時間去高爾夫球場充當桿弟，背著球具走完九洞就能賺到1美元；由於該球場只有九個洞，我若能背兩套球具就能賺到2塊錢。我利用星期六的一個下午就能賺到父母每週給我零用錢的兩倍。除此之外我也可以藉此鍛鍊身體，準備迎接橄欖球的季節。

這麼做的好處就是我會一直不斷地尋找機會，注意：我找的是機會而不是工作。富爸爸就是在訓練我用S象限創業家的眼光（而不是E象限裡面員工的方式），來看待整個世界。

如果我在別人的院子裡看到一堆垃圾，我就會立即登門拜訪，然後跟對方商量幫他清理院子的費用。這是一種非常好的生意訓練，同時也讓我培養出自信心。

我逐漸變成了S象限裡相當不錯的創業家。我可以賺到不錯的收入，同時還能免費為富爸爸工作。

十五歲嘗試當老闆

當富爸爸發現我在S象限裡幹得不錯之後，他就指派新的功課給我，希望我可以開始向B象限邁進。在上

第一堂課之前，他要我先閱讀《湯姆歷險記》這本書，書中有一個故事，是湯姆被指派把圍籬刷上油漆；但他沒有拿起刷子刷油漆，反而找了一群朋友幫他完成這份工作。

富爸爸派給我的作業，就是要我去找一份憑我一個人絕對完成不了的工作來做。他跟我說：「S象限中的人都會找能自己一個人完成的工作。舉例來說，律師幾乎可以從頭包辦整個訴訟案，但是B象限裡的創業家會挑戰不可能的任務。這就是為什麼他們會變成世界上最有錢的人。」

我大約花了一週的時間，到處尋找做大生意的機會，終於找到了一個站在一片草長及膝的大草原前，滿臉愁容的男人。我走向前並問他有沒有需要幫忙的地方。這位長者跟我說他需要把這塊草原上的草除乾淨。他跟我說以前他都是靠自己一個人完成的，但是他現在年事已高。這塊田地的面積大約有兩公頃左右，他說如果我把所有的草拔出來（不能用割的），他就會給我50塊錢。當我一聽到50塊錢，之後他說什麼我都沒有聽進去了。我當下就接了這份工作，他還補充說我必須在下個周末之前完成才行。

我立即打電話給富爸爸報告這個消息，而他也立即給我加派作業。他說：「就像湯姆一樣，你必須要找別人來完成這個工作。你的工作就是把案子拿下來，完成任務、收到款項、結清工資，然後從中賺到利潤。」

我利用星期一上學的時候聘請了十位同學，立即投入除草的工作。星期一放學後，卻只有六位出現在大草原上。到了星期二傍晚時分，除草工作並沒有很大的進展。我的「員工們」玩得太高興了，都沒有在認真工作。他們大部分的時間都在草地上打滾，而不是拔草。

到了星期三放學的時候，竟然連一個人都沒有出現（就算他們在學校答應今天會來也一樣）。星期三晚上我去找富爸爸商量，他跟我說：「你最好要言而有信，並且確實完成工作。」

我連著星期四和星期五兩天獨自完成拔草工作。老先生也在星期六的時候給我50塊錢。隔週星期一上學時，我的「員工們」也都來跟我拿他們的那一份工錢。

我當年才十五歲，就已經要面對勞資衝突的問題，結果是我輸了。我之所以付錢給他們的原因，是因為大家將來每天都要在學校碰面，如果長期被他們騷擾（甚至還有可能被毆打）那就太划不來了，這樣一來就不值這50塊錢。從長遠來看，那一次的創業經驗簡直是無價之寶。

當我跟富爸爸述說我幾乎做了全部的工作，但是到頭來並沒有賺到什麼錢之後，他只是笑著跟我說：「歡迎來到我的世界。」。

由於我一直在幫富爸爸收房租，也在富爸爸的辦公室旁聽他的顧問會議（他雇用的A等生），加上我跟自己員工打交道的經驗，我個人對於做生意這種概念開始逐漸成形。十五歲的我正要邁入第二次學習時機，我很清楚知道如果想要成為一個創業家，我必須要比那些只想當上班族的雇員學會更多的本事。我的智慧不斷地在增長，我的思維也一直在拓展。我逐漸可以看到硬幣的另外一個面。

***　***　***

在之前的社會中如果有人不去念大學，他就會去當別人的學徒。異於大學裡的教育方式，做別人的學徒時犯些錯是被允許的，然後藉著一段時日學習改正，徹底學會某種技能或本事。難怪川普「誰是接班人」（Apprentice）的電視節目會這麼受到歡迎。藉著成為學徒去學會自己一直想要弄懂的本事，對任何人來說都是想要渴望獲得的經歷。

現在回顧以往，我了解到為什麼富爸爸從不付我薪水，他藉著收我當學徒並給我現實生活的經驗來補償我，而這些經驗對我將來的人生來說，都是無價之寶。

行動金融家

解釋硬幣有三面的觀念

拿任何一種硬幣並且把它當成教具。跟孩子解釋說學校和傳統教育的環境中，通常都只專注於一個正確的答案上。試想生活中的一些實例，擁有不只一個答案的問題或者是挑戰，並且看看能不能從不同的制高點來看待這些問題。

把硬幣的正面當成一種觀點，然後把硬幣的反面當另外一種截然不同的觀點。同時也可以討論硬幣的邊緣，解釋如果能運用這個制高點的優勢，來同時檢視硬幣的兩個面，體會同時接受不同觀點的能力。

現實生活中的各項挑戰和問題，幾乎都不是像學校所教導的，非黑即白或非對就錯。所謂的智慧，就是能從硬幣的邊緣，同時看到硬幣另外兩個面的一種能力。

為什麼銀行從來就不
用看你的在校成績？

第十章 從不同的角度來看成績單

我在學校裡的表現很差，我的成績單向來都是不忍卒睹。

因此當我知道銀行家對不動產的現金流，比對我的在校成績還要有興趣時，我就知道我的人生有希望。感謝我的富爸爸讓我知道什麼是現金流。而且我也學到了在現實生活當中的成績單就是我們的資產負債表，銀行家一看到某個人的資產負債表，就知道這個人在現實生活當中財務智商的高低，這遠比你在學校比成績重要多了。

生活現場

學校把學生調教成認為成績高低是非常重要的事，而在本章的內容裡，你會知道成績好壞在學校裡的確很重要，但是從學校畢業之後就不會有這麼大的影響了。

銀行家為什麼不看你的在校成績單，是因為銀行家對你在學校裡所展現的念書智慧沒有什麼興趣，他們重視的是你的財務智商。

從學校畢業之後，你的資產負債表就是成績單，這同時也是你長大成人之後的成績單。

問題在於很多學生從學校畢業後還活在過去，一些A等生仍然沉緬於過去的光環裡；很多人都不重視資產負債表這張人生未來的成績單，這就是許多A等生成人之後在資產負債表這張成績單上不及格的原因。反過來看，這也是為什麼有一些在校成績很差、過得很不快樂的學生，離開了學校這個環境進入現實生活之中反而如魚得水。

你認為哪一張成績單比較重要，就會影響你的選擇以及接下來的行動。

***　***　***

經營自己的財務報表

財務報表是由收支表以及資產負債表組合而成的。

這兩個表環環相扣，了解這兩張表之間的關係就是所謂的財務智商。

學生畢業之後，通常是把注意力擺在收支表上（如下圖），他們都想找一份穩定的工作和收入。

他們需要收入以支付日常生活開支，如下頁圖顯示的循環。

美國很多年輕人一開始的支出是房租、食物、交通以及娛樂。如果錢不夠了，有些父母會提供他們這方面的資金需求。然而這種作法幾乎無法增加孩子的財務智商。

收入支出表

收入
支出

資產負債表

資產	負債

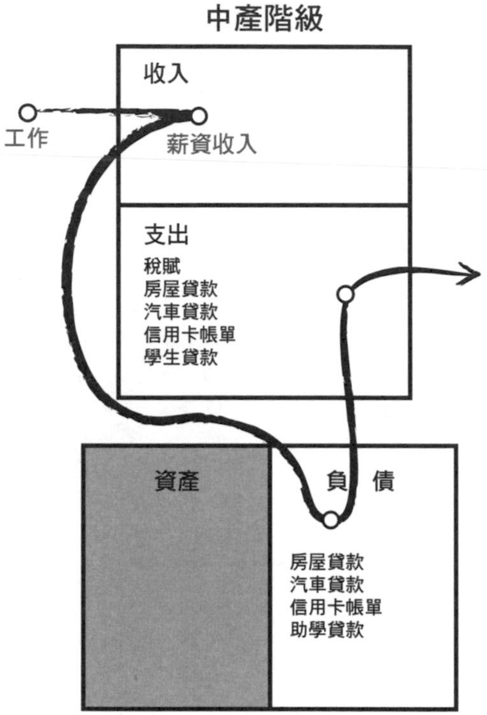

當孩子邁入二十四歲至三十六歲學習時機第三階段，很多年輕人會成家立業，當第一胎出生之後，家庭支出跟著水漲船高。很多家長也都知道，隨著孩子的年齡增長所產生的開銷會愈來愈大。當孩子出生後，很多年輕人被迫要瞬間成熟長大。

在第三次學習時機期間，多數人會開始想要賺更多錢，他們開始更認真的工作，有些人則會重返校園。當學習時機在三十六歲結束的時候，絕大部分的年輕人已經陷入了老鼠賽跑這個陷阱之中，生活變成了拚命賺錢支付積欠的帳單，很多人都成了月光族。

在一九七一年至二〇〇七年間，很多活在老鼠賽跑裡的人能繼續存活的原因，是因為他們把自己住的房子當成提款機使用，他們也可以依賴自己的信用卡，因為當時房屋的價格不斷上漲；他們提高房屋的貸款總額，把多餘的錢拿來償還積欠的卡債。以金錢的語言來說，他們把自己的短期債務轉變成長期債務（甚至是終生債務）。

結果房市不幸崩盤。既然房市是整個經濟的推動力，當房市下跌，很多就業機會也跟著消失了；成人和孩子的生活變得愈來愈艱難。當家長和老師對小孩說：「好好上學念書，得到好成績，然後找一份薪資優渥的工作」這種建議時，就會發生這種事，如果你聽從這樣的建議，你就會把注意力擺在收支表上。很多人一輩子都把自己的心力放在平衡收支上，也就是他們每一個月可以賺多少錢以及每個月花了多少錢。

因為缺乏財務教育，很多人都不清楚資產負債表的威力；因為缺乏財務教育，很多人錯用資產負債表的威力。你需要具備足夠的財務智商，才能讓資產負債表發揮力量。

因為缺乏財務教育，很多人不懂資產負債表，結果就是他們變得更加的貧窮，而那些接受過財務教育的人們，則利用資產負債表讓自己發財致富。

我的故事

我九歲的時候，就決定將來要變成有錢人。藉著跟富爸爸玩地產大亨，我知道有一天我可以利用資產負債表的力量讓自己變成有錢人。

當時我的窮爸爸三十幾歲，他把注意力都擺在收支表；他持續不斷的進修，不斷的修學分獲得碩士以及博士的學位，他努力求學是想要賺到更多的收入，也就是更高的薪水。

我十四歲的時候，我的爸爸由於長年辛苦的工作，已經存夠了錢可以買下自己的第一棟房屋。雖然我當時只是個孩子，每當我爸爸很自豪的說：「這個房子是一項資產，同時也是我們這個家最重要的投資」時，我很難過；雖然我只是一個十四歲的孩子，但是我很清楚知道，我們的自有住宅並不是一項資產，我也知道還有很多更好的投資標的比自有住宅更好；我清楚知道能產生收入的綠色小房屋或一幢紅色旅館，相對之下都是比較好的投資。

*** *** ***

把注意力放在資產負債表

我的窮爸爸希望我能跟隨他的腳步，也就是好好上學念書然後把注意力擺在收支表（如左圖）：

而我的富爸爸則是教我要把注意力擺在資產負債表（如下頁上圖所示）。

由於跟著富爸爸一起玩地產大亨，我清楚知道綠色房子和紅色旅館的威力，你不需要擁有大學文憑也能了解資產和負債兩者之間的區別；你也不需要是大學生，才會懂自用住宅是負債，而綠色房屋和紅色旅館是資產。

如果你看過《富爸爸，窮爸爸》這一本書，就會知道富爸爸對於資產和負債的解釋如下：

- 資產就是把錢放到自己口袋裡的東西，就算不用工作也不會有什麼差別。
- 負債就是把錢從自己口袋中拿走的東

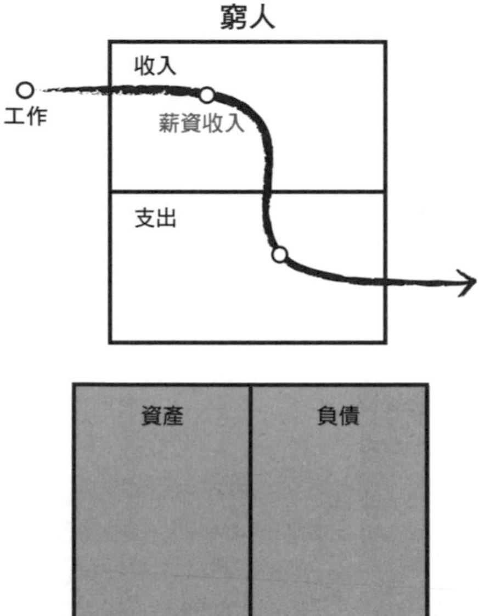

西，通常會讓你更加辛苦地工作。

接下來的圖形和C箭頭可以解釋資產和負債兩者之間的差別。

在本頁下圖這張簡單的圖形裡，可以看到收支表和資產負債表之間的連動關係，這個關係非常重要，這就是硬幣的另外一面。你需要把這兩張表擺在一起才可以決定某個項目到底是資產還是負債。

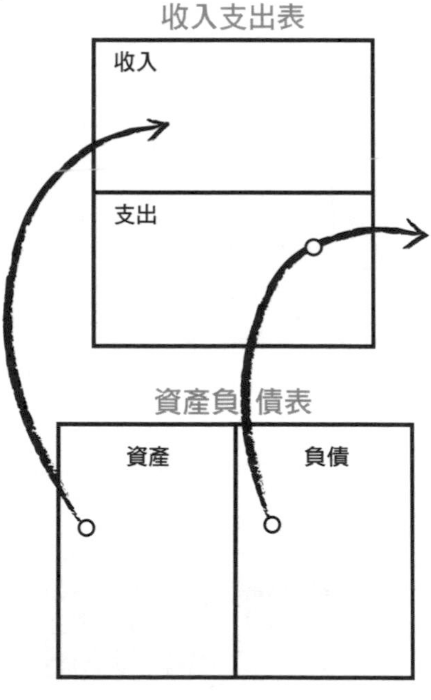

如果你不了解收支表以及資產負債表兩者之間的連動關係，請自行找書複習，或者找人問清楚。或許你還記得，在學習圓錐中，討論是一個比較高層次的學習方式。

如果你不了解收支表以及資產負債表兩者之間的關係，千萬不要氣餒。很多人（就連會計師、律師以及公司執行長）也都不清楚兩者關係的重要性（有一些人甚至還不清楚這兩張表之間是有相關性的）。

簡單來說，如果你不先檢查收支表，你根本無法辨別何者為資產、何者為負債。

財務報表並非艱深難懂的高深科學。你只要問自己一句話：「這個東西會把錢從我的口袋裡拿走嗎？」如果會，那麼它必定是負債。如果它能把錢放到你的口袋裡，那就是資產。

自用住宅不是資產，是負債

在一九九七年出版的《富爸爸，窮爸爸》一書中，我曾經寫道：「你的自用住宅並不算是一項資產」。從那天起，我那些不動產界的朋友就不再寄耶誕卡給我。

十年之後的二〇〇七年，數百萬人因為本身痛苦的經驗才了解到自用住宅並非資產，他們同時也學會了金錢語言當中另外一個重要的名詞，也就是法定拍賣。

我的意思並不是在教人「不要買房子」，我只是說：「不要把負債當成資產來看」。我們當今的世界為什麼發生金融危機，是因為領導人都把很多負債當成資產來看。

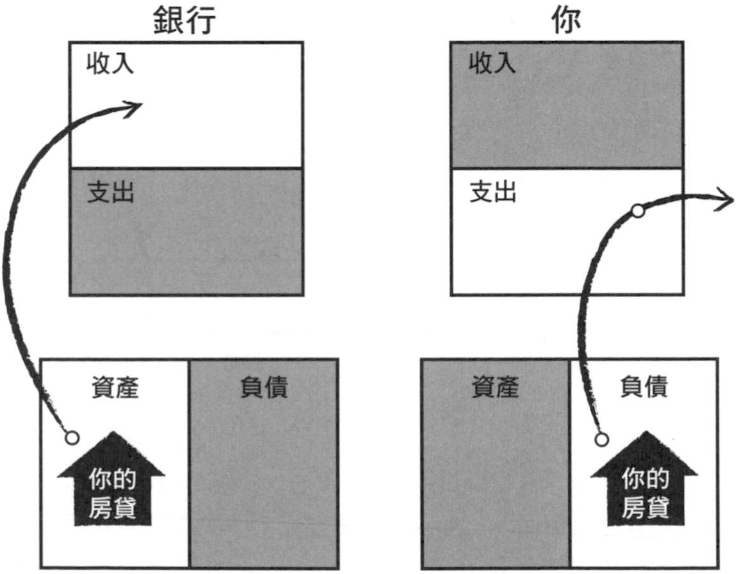

二〇〇八年十月三號，美國總統布希批准了7千億美元的不良資產救助計畫，這個計畫就是一次完美的範例，證明我們的領袖無法區分資產和負債兩者的差別。如果這號稱資產的東西是真正的資產，那打從一開始就不會發生財務上的問題，而這些公司也就根本不需要政府來挽救。

真正的問題在於這些所謂的資產其實是負債。如果我們的領袖有財務上的智慧，他們就會把這次的計畫改成擺脫負債計畫，或者挽救白吃的計畫。

就算是A咖學生也不一定清楚了解資產和負債兩者之間的區別。就像我的窮爸爸一樣，大部分的人把注意力擺在薪資收入，也就是收支表中，他們會把自用住宅當成資產來看。

難怪會有這一次的金融危機，當我們最頂尖、聰明、受過高等教育的領袖，都把負債當成資產時，你說怎麼可能不發生這種事情？

把錢往你口袋放的才是資產

富爸爸對於資產的定義，可以用在任何事物之上而不限於不動產。事業、股票、債券、黃金甚至人力資源等，都可以歸類成資產或負債；任何從你口袋裡把錢拿走的都是負債，任何把錢往你口袋裡放的都叫做資產。

資產不會獨立存在，而是和負債共存，記住每一個硬幣一定會有兩面。舉例來說，如果你花點時間詳細記錄每月支出，你就能看到你的現金流不斷的流往另外一個人的資產欄位之中。

如果你有房貸，房貸就是你的負債，但是你和你的房貸對銀行家來說則是一項資產，只要你一直持續付款就會是如此。

如果你停止繳房貸，那麼銀行家的資產就會變成他自己的負債，了解這一點就是關鍵。這次金融危機之所以會爆發，就是因為大筆的資產瞬間變成了負債。

為什麼銀行需要國家紓困，是因為民眾停止付錢給銀行，結果就是銀行的資產瞬間都變成了負債。這就是為什麼清楚了解資產負債表的威力對自己的財務狀況是這麼的重要。既然我們的領袖都搞不清楚資產和負債兩者之間的差異，你能把這個道理搞懂就是一件相當重要的事。

不懂資產和負債的後果

在前一章裡，我曾經說過第二次學習時機就是十二歲到二十四歲這個階段，這個階段的孩子學習的方式就是必須冒著不清楚事情後果的風險來學習，但是又如何；很多年輕人都是吃足了苦頭之後才學到自己行為的後果。

看樣子我們的銀行家和政治界領袖也都靠著吃苦頭的方式學習。最大的問題在於，他們無知率性而為，但這一切的後果卻是由一般納稅人承擔。

在金錢的語言中，當某個人無法繼續繳房貸，就稱之為法拍屋，當一個國家沒有辦法清償積欠的債務時，稱之為破產。

不同的名詞但是意義都是一樣的（而且指的是同一個問題）。

當民眾指責那些購買自己無法負擔的住宅，以致付不出貸款的人時，他們應該更加義憤填膺的指責我們的政治領袖，這些人不斷的舉債而且永遠無法清償。

這也就是為什麼財務教育必須要從小開始教才行。

窮人把欠款當負債，富人把欠款當資產

當銀行家檢視個人的財務報表時，他們很容易就能看出這個人屬於哪一個階層。舉例來說：

窮人一般上來說薪資收入不高，因此支出欄的數字也不會很大，基本上，他們完全沒有任何資產和負債；他們大多租房子居住並且乘坐公共交通工具上班。這個階級的人勉強在生存的邊緣上，也就是所謂的月光族。他們如果需要資金上的周轉，通常會到當鋪或者找短期借款公司因應緊急的狀況。

中產階級的收入比較高，但是一般來說支出和負債一樣也不少；新的汽車、更大的房屋、豪華的渡假之旅、一點都不想輸給鄰居的心態，都會增加支出和負債欄位的數字。

我經常問人為什麼要把退休基金當成負債。答案很簡單，當你的退休金計畫是屬於沒有資金來源的給付義務時，其實就是把錢從你的口袋裡拿走的負債。

當一般大眾陸續退休，而退休基金開始每個月把錢放進自己口袋裡的時候，退休基金才會變成一項資產；並希望這一項資產可以提供你足夠的現金流來支付退休生活所需，直到你死亡為止。

一般退休基金計畫都有著三個非常大

窮人

收入
$5,000 to $35,000
支出
支出不多

資產	負債
0	0

的問題：

1. 由於市場不斷的波動起伏，加上通貨膨脹的影響等，即使你根本不清楚自己最後到底會擁有多少退休金。
2. 你根本不知道自己會活多久。
3. 也不知道將來自己會需要多少錢才能活得下去。

很明顯的，很多有錢人都擁有工作、支出以及負債。但是我刻意不列出工作收入、支出、以及負債欄位的內容，就是要特別強調有錢人和窮人以及中產階級最大的差異在哪裡。

我在這裡想表達的重點是：有錢人都把注意力擺在資產欄位中。而中產階級絕大部分的資產欄位項目遠遠少於負債欄位裡面的項目；而真正的窮人根本不清楚什麼是資產和負債。

以下就是富爸爸現金流101遊戲的版面

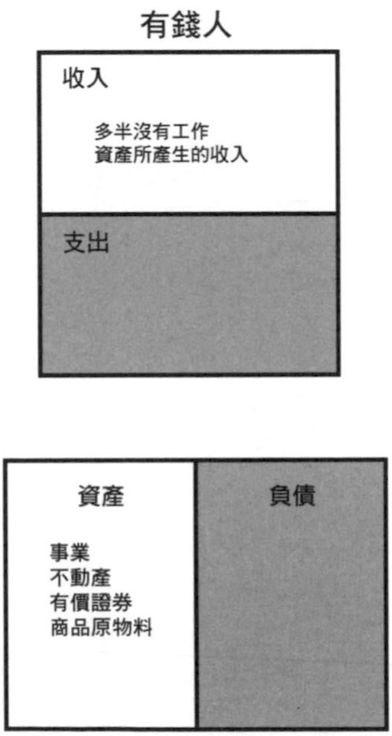

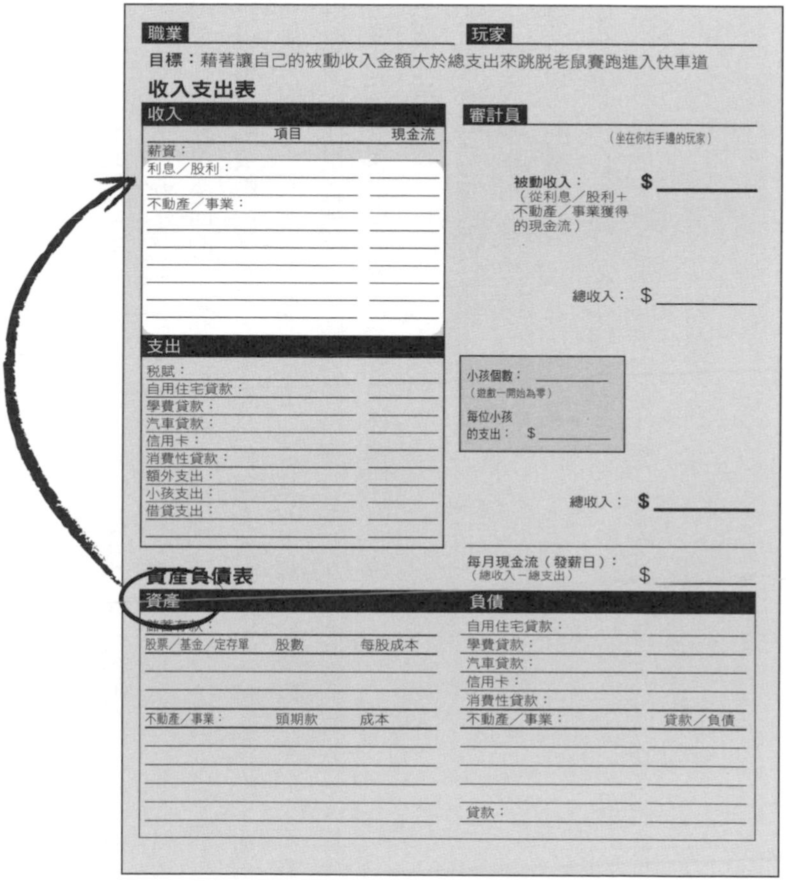

職業
玩家

目標：藉著讓自己的被動收入金額大於總支出來跳脫老鼠賽跑進入快車道

收入支出表

收入

項目	現金流
薪資：	
利息／股利：	
不動產／事業：	

審計員
（坐在你右手邊的玩家）

被動收入：（從利息／股利＋不動產／事業獲得的現金流） $

總收入： $

支出

稅賦：	
自用住宅貸款：	
學費貸款：	
汽車貸款：	
信用卡：	
消費性貸款：	
額外支出：	
小孩支出：	
借貸支出：	

小孩個數：
（遊戲一開始為零）
每位小孩的支出： $

總收入： $

每月現金流（發薪日）：（總收入－總支出） $

資產負債表

資產

儲蓄存款：

股票／基金／定存單	股數	每股成本

不動產／事業：	頭期款	成本

負債

自用住宅貸款：	
學費貸款：	
汽車貸款：	
信用卡：	
消費性貸款：	

不動產／事業：	貸款／負債
貸款：	

圖。請留意箭頭標示的收入欄位，這些箭頭指的就是從資產欄位流往收入欄位的現金流。

設計現金流這個遊戲的目的，就是教導各年齡層的人財務報表的重要性。當一個人的財務智商提高之後，就愈能理解到資產負債表的威力。現金流遊戲當中還有數不清的各種財務智商的關鍵隱藏在其中。由於每一次玩的遊戲都不盡相同（不同的職業和收入、不同的小生意大賣卡片、不同的額外支出卡片、以及不同的市場狀況等等），每玩一次，玩家的財務智商都會有所長進。

但一個人玩現金流的次數愈多時，（無論是而現金流兒童版、現金流101、或者現金流202），甚至富爸爸公司最新的電子版遊戲，你就會更加清楚的了解為什麼銀行家從來不看你的在校成績單。當遊戲玩得愈多，你也就會清楚了解為什麼銀行家不在乎念書的時候是A等生、B等生，或者像賈伯斯、比爾蓋茲、和祖克伯等在大學中途輟學的C等生。

銀行家只想要知道：

1. 你這個人是不是懂得駕馭財務報表的威力。
2. 你是不是能區分資產和負債兩者的差別。
3. 你個人擁有多少的資產。
4. 這些資產每個月往口袋裡放多少錢。

如果你能教小孩子銀行家所看重的事物是什麼，那麼你的孩子在財務上將會具有領先群倫的優勢。

行動金融家

跟孩子討論為什麼銀行都不會要求你提供在校成績

跟孩子討論學校成績單評量的標準是什麼，以及這些評量代表了什麼意義。藉著討論各種和金錢與財務相關的報表（成績單）。信用評比、信用報告就像學校給學生的成績單，這些報表能顯示一個人如何管理自己的財物。當某個人消費或者投資時，借錢的人（放貸方、銀行、房地產公司或者汽車公司等）會根據這個人的信用程度以及評比決定是否借錢給他。

如果一個人想要從銀行借錢創業或者投資不動產，銀行一定會要求提供個人的財務報表。

因此財務報表是你在現實世界裡面的成績單。它讓銀行家看見你的理財能力以及財務教育的程度，這一些對銀行家來說是非常重要的資訊。

如果你有個人的財務報表，就跟孩子分享、給孩子看（只要分享適合他的年齡能懂的資訊即可）。利用這個工具可以複習許多關於收入、支出、資產、負債等等的名詞和概念。

現金流遊戲裡面最重要的遊戲版面，就是玩家必須不斷填寫更新的那一張財務報表。現金流遊戲老少咸宜，不僅可以教導玩家財務報表的威力，並且可以學著用銀行家的眼光來觀察這個世界。

先要能捨
才會有得

十一章 從不同的角度來看貪婪

很多人都相信有錢人都非常貪婪。這種看法只是一些人片面的觀點，硬幣一定還有另外一面。資本家通常都會信奉這一條原則：當我能服務愈多的人，我就會變得更有效率。資本家會藉著許多不同的方式來服務人群，至少他會發揮以小搏大的本事，以最少的成本來生產更好的產品面對自由市場的挑戰。從我個人的觀點來看，這不叫做貪婪，而是積極進取和原動力。

如果某位資本家獲得空前的成功並且成為極度富有的人，我首先還是會先想到他到底給社會創造出多少就業機會，以及他的創新到底給人們生活帶來了多大的便利。他們在致富的過程當中豐富了別人的生命，而對我個人來說，我無法把這種行為稱之為貪婪。

生活現場

有一位加州已退休公職人員正在控訴他的退休金被刪減了，他認為這是一種「虐待老人」的行為。布魯斯今年七十八歲，他正在和加州公職人員退休體系抗爭，因為該體制刪減了他所能領到的退休金。他的退休金從每個月4萬5千美元（亦即每年54萬美元）降至每個月9千6百美元（亦即每年11萬5千美元）的水準。

***　***　***

貪婪不分窮人或富人

布魯斯同時也控訴政府取消他每年額外的6萬美元高爾夫球以及按摩費用，這也是虐待老人的行為。他對於能享有極為優渥的退休金以及各種額外福利（高爾夫和按摩等）所抱持的藉口是：「我們那個年代的人能把持工作崗位愈久愈好，而且福利津貼有多少就盡量撈多少。」

對我來說，這種話聽起來才叫做貪婪。

布魯斯並非單一的個案。他任職的那個「工作崗位愈久愈好，而且福利津貼有多少就盡量撈多少」的城鎮叫做佛南（Vernon，離洛杉磯不遠），總人口才一百人左右。請問一百個當地居民（精確來說，上次人口調查是一百十二人）如何能負擔得起這樣的公僕？該城鎮還有另外六位公職人員也在接受調查之中。後來布魯斯被裁定1萬美元的罰鍰，並且需要把6萬元高爾夫球費退還給政府。從結果來看，政府官員仍然是官官相護的。

全球各地都有人認為資本家非常貪婪，因此常常被冠上「資本主義豬玀」這種稱號。一個人不需要變得很有錢，或者是資本家才會變得很貪心；貪婪其中一個定義是：「想要得到的比自己所付出的還要更多」。

當共同基金可以拿走客戶投資利潤的80％時，那樣才叫做貪婪；當政客暗中「協助」特定的對象讓自己獲利時，那樣才叫做貪婪；當工人想獲得比他勞動付出還高的薪資時，那樣才叫做貪婪；當老闆壓榨欺騙員工，那麼老闆就算是貪婪。無論是窮人或者是有錢人，貪婪的人數並沒有什麼太大的差別；對我來說貪婪並沒有所謂的國界、階級、種族等方面的差別。

假公濟私衍生出大問題

一八六〇年美國爆發著名的南北戰爭，導致這場戰爭發生的原因除了經濟方面的因素之外，還有奴隸制度衍生的道德爭議等問題。

而今美國又再次面臨新的內戰。這次大戰的雙方則是人民的公僕對上他們所服務的人民。二〇一二年威斯康辛州爆發民眾罷免新選出來的州長，許多工人對新任州長史考特．華克（Scott Walker）非常不滿，因為他刪減了這些工人的薪資以及退休的福利，原因是州政府已經沒有辦法持續負擔這麼沉重的財政赤字。全美各地的人民和媒體因為這次的事件開始選邊站。

雖然這次的罷免案沒有通過，但是威斯康辛州這次的事件卻讓民眾有機會了解公職人員退休後所能享受到的優渥退休金，以及各種浮誇的福利津貼等。公僕不再是低薪儉約為人們服務的僕人了。當納稅人獲悉這些已退休公職人員所領到的薪水和福利遠比一般民營機構的水準還要高出許多時，這場內戰也在其他各州蔓延開來。

在美國被認為最偏向社會主義的加州，公職人員中退休成本從一九九九年至二〇〇九年之間，足足成長了2000%。而單就二〇〇一年期間，加州政府在公務人員的薪資與福利津貼方面產生了3百20億美元的支出，以這十年來做比較足足增加了65%。在同樣的期間內，政府在教育方面的支出卻只成長了區區5%。

人口數達二十一萬人，位於加州並且宣告破產的聖伯那地諾市（San Bernardino），有三分之一的居民被列入貧窮人口，是全加州最貧窮的城市之一。但是該市的資深員警可以在五十歲的時候申請退休，除了可以在他最後一天上班時一次性地領到23萬美元的退休金之外，以後還有政府擔保終身領取的12萬8千美元的退休年俸。

當退休的公僕和員警都可以領到這麼優渥的退休金和福利的同時，有很多城市的財政已經負擔不起聘請新進人員的薪資。因此美國各地的警力不斷地萎縮，而這只是這種大趨勢其中的一個因素而已。請問這種所謂的公共服務，是不是已經淪為假公濟私的制度了？

警察工會都會贊助該城市的市議員選舉經費，當選的市議員則會給這些有加入工會的員警編列極為豐厚的退休金預算。就在聖伯那地諾市宣告破產三個月之前，市議會額外再撥出2百萬美元給該城市的已退休公職人員。這種行為除了貪婪之外，還會讓人腦海中浮現許多其他的詞彙。

當有投票權的公民贊成刪減公職人員優渥的退休金和福利津貼時，這場內戰也在加州聖地牙哥以及聖荷西市爆發開來。這些擁有投票權的公民再次感到氣憤不已，他們已經受夠了這些原本被遴選出來服務民眾的公僕，一直不斷地掠奪選民的財富。在此列舉一個讓這種憤怒火上加油的例子：預計在二〇一四年間，聖荷西市已退休公職人員的醫療健保津貼支出將會等同於公共安全人事支出的75%，以及所有非安全相關公職人員薪資支出的45%。為了要供養這些坐擁高薪的已退休公職人員，該市政府被迫關閉許多圖書館，刪減許多公園的維護預算，裁編其他市政單位的人員，並且還得調降現役公職人員的薪資收入。

二十五年前美國排名第二十大的城市聖荷西，當時大約擁有五千位公職人員（公僕）。雖然該城市位於加州矽谷的正中心，但是聖荷西市目前的財政只能養得起一千六百位公僕。看起來這些年來公僕服務的對象一直是他們自己人，因而造成該市新進公職人員愈來愈少，以及愈來愈匱乏的公共服務。

這個問題目前並不只是單純地在加州，或者是美國國內發生而已。從許多方面來看，加州所面臨的公職人員問題，也完全跟希臘和法國所面臨的問題一模一樣：政府的支出愈來愈多，但是民眾所能享受到的服務卻愈來愈少。

俄亥俄州公職人員退休金的給付義務，目前已經占了該州全部國民生產毛額的35％。該州當地居民能享受的公共服務不斷地減少，但這些被選出來服務民眾的公職人員薪資竟然比一般選民高出許多，在退休之後還可以終身享有每年依照物價調整的優渥退休金和福利等。請問這樣還算是服務大眾的公僕，還是純粹只是一種貪婪的心態？

官員自肥造成財務窘困

美國各地強而有力的工會組織都會例行的要求加薪，而政客通常都會聽從工會的要求，因為在選舉期間政客需要獲得工會成員選票的支持。礙於平衡預算的法律規定，許多州長以及市長能給現役公職人員的薪水和福利金額是有其上限的。結果變通的方式就是把大筆錢大方地撥到公職人員的退休金帳戶之中。這種作法多年之後才會對財政產生非常大的衝擊，但這些政客早就下台並且享受極為優渥的退休生活。換句話說，政客、官僚以及工會成員等等，都不斷地在掠奪國家和孩子未來的財富。

這也就是為什麼美國爆發了新的內戰。威斯康辛州、聖荷西市和聖地牙哥市等等的選舉，對貪婪的政府豬公（而不是貪婪的資本主義豬玀）宣戰並且開出了第一炮。

與現實不符的退休制度

這次內戰的原因是因為腐敗的公職人員退休金制度。無論是城市還是州郡等，理論上公職人員應該每個月要從自己的薪水提撥一部分資金，配合政府撥放的補助金，兩者一起投入退休基金帳戶之中。而雙方每個月各自提撥的金額大小，應該要取決於退休金制度預估的獲利水準才能決定。如果退休基金制度的投資報酬率愈高，員工和政府就可以雙雙減少自己提撥的金額。

目前最嚴重的問題出在：州政府原先預估退休金的投資報酬率，跟現實有很大的差距。當初設計退休金制度時，先入為主的假設是二十一世紀股市成長的速度，會比二十世紀的股市快上40％。這是因為二十世紀的股市一共成長了一百七十五倍。按照這種比率，這些人預估二十一世紀的股市會有一千七百五十倍的成長。難道政府的官僚真的是這麼天真無知嗎？誰會相信股市可以有這麼巨大的成長幅度？就算在一百年間真的成長一千七百五十倍，任何設計需要仰賴這種投資報酬率的退休金制度的人，他必定也會相信二十一世紀將有會飛的豬。

退休制度是一顆炸彈

遠在金融海嘯於二〇〇八年擊垮雷曼兄弟等大型銀行之前，華倫．巴菲特就已經對衍生性金融商品提出了嚴重的警告，他把衍生性金融商品稱之為「具有毀滅金融界力量的武器」。所謂衍生性商品就好比是從橘子衍生出來的橘子汁；橘子汁是從橘子衍生出來，就好比房貸是從不動產所衍生出來的一種金融產品。而衍生性產品比較專業的定義是：一種有價證券，其價格完全取決於它所衍生出來資產本身的價值，而這個衍生性金融商品當前的價值，則完全取決於標的物資產當時價格波動的狀況。

被譽為「奧馬哈奇蹟」的巴菲特所說的話，聽起來像是一記新的警鐘。他呼籲大眾，公職人員的退休制度是「一個不定時炸彈，將會成為美國財政最危險而且最大的一種威脅」。

經濟衰退，公職人員退休金卻逆勢成長

亞利桑那州鳳凰城有一位議員薩爾．狄斯西歐（Sal DeCicio）是我的朋友，他多年來一直不斷地和政府部門的貪婪和腐敗纏鬥。他的努力也的確付出了相當大的代價，他自己和家人已經接獲無數次死亡威脅的警告，但是他仍然堅持不肯放手。我請他寫一寫他在鳳凰城奮鬥的情況。

以下是他所寫的內容：

身為鳳凰城的市議員，讓我學會政府機關所抱持的信念並不是服務大眾，而是服務自己並且要保護好自己。全美國每個城市、每個郡和州的政府，都抱持著這樣的信念。

如果你發現有些公職人員退休時，立即可以領到一張50萬美元（有時候甚至更多）的支票時，請問你會作何感想？而且這些人在五十歲的年紀就可以申請退休，並且終生享有優渥的退休金以及各種其他的福利津貼呢？

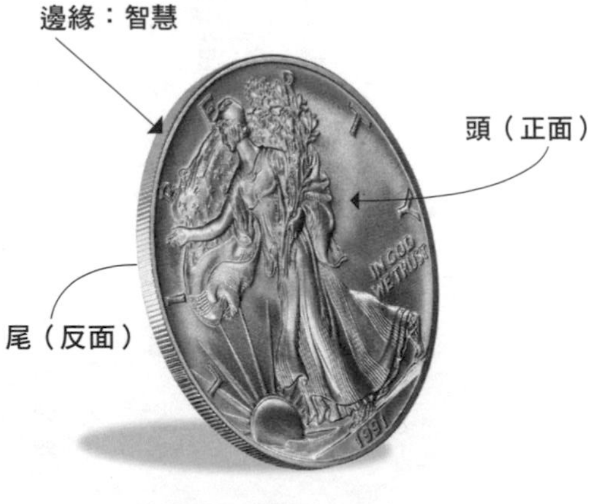

當你知悉以上的內容之後不知是否會感到很不高興，如果你發現我所說的都是事實，請問會不會改變你對公職人員的觀感？我可以確實的告訴你：目前的確就是這種狀況。而且無論情節輕重，全美國各州各市的風氣都是差不多的。

如果你認為公家機關會保護你和你家人，那麼你就完全搞錯了。他們甚至會不惜代價犧牲你來保護他們自己的利益。但他們會想辦法讓你繼續相信他們是在保護你的福祉，但事實上是在維護他們自己本身的利益。

讓我們拿政府公家機關中最受民眾敬重的人員來做例子，也就是消防隊員。他們有時候要解救爬上樹的小貓，同時在妳我逃離火場時他們反而要衝進去。而且他們其中絕大部分的人體格也非常的壯碩健美。有哪個國民不打從心底敬愛消防隊員的？讓我們來看看他們的形象是否符合實際的狀況。

以鳳凰城（以及全美國各地區）為例，只要在工作崗位上待滿二十五年就可以隨時退休，並且支領50萬美元的退休金，此外還可以享有許多醫療健保以及各種其他優渥的福利津貼。

以下是一些實際的數據：

- 一旦正式退休，任何消防隊員立即可以領取34萬美元的支票。在做滿任期五年之前就可以正式申請「退休」，但在這五年中還是繼續工作領薪水。同時，這五年還可以再額外累積另外一筆退休金，並且存放在一個由納稅人來擔保8％年利率的戶頭之中。
- 無論消防隊員是否提撥自負額度，政府必須拿出他們薪資的5％並存放在一個所得稅遞延的401（k）退休基金帳戶之中。如果不計投資報酬率，光憑二十五年年資就能擁有9萬4千美元。這筆錢並不列入他的退休金之內。

• 把二十五年工作期間沒有請病假的日子回賣給政府可以另外獲得3萬3千8百80美元。這是一個很大的漏洞。沒有請病假的日數每年可以累加而且完全不會歸零。這些累積的病假日數就好像是賭場裡的籌碼，他們在退休的時候會一次把現金兌換出來。

他們不但可以把它兌換成現金，而且這筆錢還能拉高退休後所能享受福利津貼的水準。想不想聽更勁爆的事情？消防隊員退休金的多寡，完全取決於最後幾年所領到的薪水，再加上這筆因為回賣病假日數的現金，將可以大大提昇消防隊員所能領到的退休金額度，而且這筆退休金屬於終身俸，可以一直領到死為止（在他們死後其配偶仍然可以享受消防隊員生前退休俸的八成）。而工會的合約同樣也保證資格最老的消防隊員（因此也是薪資水準最高的隊員）在每次有加班需求時都有排班的優先權，也是一種把退休金標準衝高的手段。

• 消防隊員退休後每個人都擁有7萬6千美元的醫療健保津貼，實報實銷。這就是消防隊員的真面目。那麼消防隊新任的櫃台辦事人員呢？在他們就職的第一年就能享受到以下的福利：

- 每年40.5天的給薪休假（節慶、度假或者是病假）；
- 每年8千美元的教育津貼；
- 政府每週提撥1百50美元放入他退休後的醫療津貼帳戶；
- 政府提撥該員工薪資的20％作為退休金之用；而員工的自負額卻只有5％；
- 政府每個月提撥1百50美元給員工做為退休之後可享有最頂級的醫療健保的補助。

因此在經濟大衰退期間，我們公職人員的生活過得如何？當全國有數百萬的民眾流離失所的時候，鳳凰城公職人員卻獲得每年平均4.5％的加薪（被稱之為「漸進式提高薪資辦法」）。接著市政府宣布所有公職人員要減薪，讓大眾誤以為這些公職人員也和其他民眾一樣願意共體時艱。對很多公職人員來說，當時「減薪」的部分，恰好是他們當年加薪的額度，完全沒有動到他們原本的底薪。而至於裁員的情形？當時鳳凰城有一萬七千位公職人員，但只有十七個人被裁撤。一般中小企業裁員人數遠大於這個比例。

在經濟大衰退期間，每位公僕平均的補助金從80,347美元的水準（二〇〇五至二〇〇六年間），上揚至100,980美元（二〇一一至二〇一二年間），足足增加了2萬美元左右。這大約是26%的增幅。不知道各位讀者那幾年的生活情況如何？

當數百萬的居民左支右絀地想辦法維持收支平衡來熬過這次的經濟大衰退，納稅人反而付出了更大的代價來確保這些公職人員在退休之後可以享受極為優渥的待遇。許多公職人員還會進行所謂的「多重退休金」，意思就是他們在五十歲宣告退休後，再轉任政府其他的部門繼續工作（有時候甚至跟原來的崗位沒有多大的差別）。因此他們又可以再次擁有另外一個退休基金帳戶，讓這種自肥的行為重新再來一遍。

以上只是略微點出一些由納稅人埋單讓退休公職人員享受優渥退休金的現狀。還有其他許多金額較少的額外補貼，像免費公車和捷運車票等等，更別提目前基本上根本無法開除任何在職的公職人員。鳳凰城甚至還發生過已退休公職人員在正式死亡之後，仍然有人不斷地幫他支領退休金的情形。

如果公職人員退休金的水準跟一般民營公司相仿，而且如果他們的工作崗位跟民營公司的競爭一樣激烈的話，那麼我們政府的表現絕對會非常不一樣；納稅人要不是可以留住更多的收入，或者享有水準更高的公共服務，或者兩者皆能享之。而且公家機關裡的人員必須要負起責任來給民眾優質的服務，而不是像現在只會拚命奉承阿諛他們的工會代表。

敬祝 耑此

市議員薩爾·狄斯西歐 2012

我要在此特別澄清，我的目的並不是要批判公職人員的專業程度或者是敬業態度。許多公職人員，包括教師、特別是警察和消防隊員，在我們目前文明的社會中扮演著重要的角色（有時候甚至還要付出自己的生命做為代價）。我清楚地了解並且非常感激他們的專業，他們每天二十四小時不間斷地在保護我的家人、事業、不動產以及我居住社區的安寧等。本書的目的，是要提出一些質疑並探討我們目前所面臨的狀況，從我個人的觀點來看，這些都和缺乏財務教育有關係，才會導致這種理所應得心態的蔓延，而且就是因為這種心態才讓我們所有的人，無論是公家機關還是民間機構，處於現在艱苦的大環境之中。

我的故事

身為教師的窮爸爸是一位真正的公僕，他把一生都奉獻給教育，甚至還留職停薪兩年參與和平部隊的志工服務；當甘迺迪總統宣布成立該部隊時，窮爸爸立即報名加入。雖然當時我們家做出了很大的犧牲，但是在和平部隊當志工的那幾年期間，是我們家最快樂的兩年。

但隨著年齡增長，窮爸爸的生活過得愈來愈苦。當他的同學都選擇從商創業而他卻選擇加入政府機關，讓他對這些同學愈來愈憤怒。我的爸爸很惱怒他在工作崗位上非常成功，卻在財務上一籌莫展的情況，尤其是當其他同學在事業和財務上都左右逢源時更是如此；當他的同學愈來愈有錢時，我的窮爸爸就開始叫他們為「肥貓」而不是「我以前的同學」。

剛開始加入教師工會時窮爸爸並不是很積極。但是隨著他對那些肥貓同學的排斥心理愈來愈強烈，他也開始在工會裡活躍了起來，到後來他甚至還成為夏威夷州教師組織機構的領導人。藉著他的職位，也是夏威夷州最有權力的工會之一，他才稍稍對於那些肥貓朋友感到釋懷。

要不是富爸爸給我金錢這方面的教育，或許我長大後會站在窮爸爸這邊，我也很可能會跟窮爸爸一樣，認為有錢人都是貪婪的人。

***　***　***

貪婪和慷慨的兩面觀點

我在十二歲的時候就懂得什麼是財務報表，也就是因為我了解財務報表，因此我能分辨哪些人是貪婪的。當我理解到我的窮爸爸才是真正貪婪的人，我深受打擊。

當我把富爸爸和窮爸爸兩個人的財務報表一起做比較時，真令我大開眼界。以下就是他們兩人個人財務報表的比較。

	窮爸爸	富爸爸
創造的就業機會	0	數百個

提供居住的房屋數　　0　　數百個

我的窮爸爸是一個領有高薪的公職人員，他到四十歲的時候才買得起自己的房子，在那之前我們都必須租房子。雖然他聘用了很多人來工作，但是他從來就沒有創造過任何就業機會，他雇用的人員其薪水和福利都是由納稅人來負擔的。如果我的窮爸爸聘用了不對的員工，那麼窮爸爸所犯下的錯誤將會由納稅人來承擔，而窮爸爸完全不會有什麼損失。在絕大部分的情況下，雖然我的窮爸爸可以聘請新進的員工，但是他卻沒有能力將他們辭退。這也就是為什麼當今政府機構的效率會如此差勁的原因之一。

相反的，我的富爸爸創造了數百個工作機會並且每個月都要付出數十萬美元的薪資。他所投資的不動產提供了上百個低收入家庭可以居住的空間。

我的窮爸爸就是看不出富爸爸的行為有任何慷慨之處。從他的眼光來看，我的富爸爸非常貪婪，因為他壓榨了員工並且占盡了像窮爸爸這種人的便宜，因為這些人買不起屬於自己的房屋。

我的兩個爸爸恰好位於硬幣相反的兩面。兩人都認為自己才是對的，而另外一個人是錯的。對美國新內戰來說也是一樣的道理。這場戰爭是公職人員和納稅人雙方，同時也是有錢人跟其他所有國民之間的戰爭。一個人會決定支持哪一方，這就得看他個人對於貪婪和慷慨所抱持的見解為何而定。

由於我有兩個爸爸，因此我可以站在邊緣上同時理解硬幣的兩個面。

資產欄位是第一優先

由於擁有兩個爸爸，因此讓我超越了情緒上的主觀，迫使自己面對事實與證據。資本家和其他民眾之間的鬥爭，其實就是因為資產欄位的關係，資本家會把資產欄位當成自己人生最主要的優先事項，而社會主義者則不然，他們認為資本家的資產欄位應該要算是一種公共的財產。

有時候一張圖能勝過千言萬語。

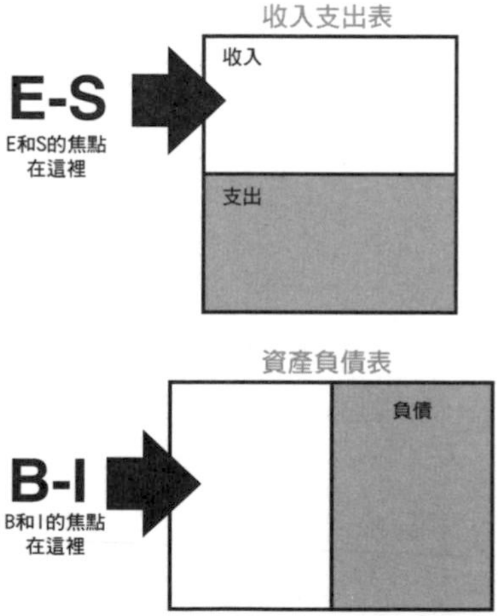

劫富濟貧不能解決核心問題

由於學校缺乏財務教育，就是造成現在有錢人和其他人之間爭端的遠因之一。我相信如果孩子能區分資產和負債兩者的差別，那麼有錢人和窮人之間的差距就會縮小，或者至少窮人和中產階級會了解為什麼有錢人會愈來愈有錢的原因，甚至決定學習有錢人的作法並實際運用到自己的生活之中。

許多人對政府抱持著「給富人增稅」以及「劫富濟貧」羅賓漢式的思想，許多人也相信有錢人個個都是非常貪婪的，完全沒有討論的空間。但是我能看到硬幣的另外一個面；我也認識許多非常慷慨的有錢人，不斷地奉獻自己的時間以及身邊的資源。

如果這次金融危機不盡快予以解決的話，那麼亙古以來對有錢人排斥的心理很快的就會在經濟、社會以及政治等領域裡蔓延開來。問題或許以「劫富濟貧」粉飾，但是真正的核心所在仍然是財務上的無知，這是因為傳統教育體系中缺乏財務教育所致。

四種階級，年輕人應該要有選擇的機會

現在的社會大概有四種不同的經濟群體：

1. 窮人階級。
2. 中產階級。
3. 有錢人（每年達1百萬美元以上的收入）。
4. 鉅子（巨富，每個月達1百萬美元以上的收入）。

以下舉幾個有錢人和鉅子之間的差異：

- 一位醫生可能非常有錢，但擁有製藥公司的人才算是鉅子。
- 一位職業運動員可能非常有錢，但擁有該隊伍並發薪水給這些運動員的老闆才是鉅子。
- 一個住在豪宅裡的律師可能非常有錢，但投資並擁有一棟公寓住宅更有可能讓人成為鉅子。

年輕人應該要能懂得區分這兩者之間的差異，這樣他們就能提早看到硬幣的兩面，並且讓他們在人生當中擁有更多的選擇。

坐領現金的百萬富翁

許多人幻想著要成為百萬富翁。問題是：什麼樣的百萬富翁？

以下舉幾個不同類型的百萬富翁：

身價的百萬富豪

這是百萬富翁人數中最大的族群，許多中產階級也屬於這個族群。舉例來說，假使一個戰後嬰兒潮世代的人在一九七五年通貨膨脹開始上揚之前，用10萬美元買進一棟自用住宅，如今這棟房屋很可能會有2百50萬美元的市價（同時假設屋主現在也已經把房貸完全還清了）；他們也很可能擁有價值相當於50萬美元的股票部位，因此這個人的身價就已經達到了百萬富翁的水準。問題在於就算被歸類成這一號人物，他仍然會擔心將來的日常開支不夠用，因為他們的身價並沒有給他們帶來多大的現金流。

富爸爸的會計制度並不遵從傳統的會計原則，富爸爸自己的會計原則是基於所謂的「現金流」之上；如果有東西「把錢放到自己口袋裡」，就會被認為是一項資產。如果有東西「把錢從自己口袋裡拿走」，就會被當成一種負債。從以上的例子來說，2百50萬美元的自用住宅並不算是一項資產，因為這棟房子需要修理維護，還有保險費、水電費、房屋稅和地價稅等等支出，因此錢會一直從自己的口袋裡流失。如果屋主把這棟房屋賣出去，這時候房屋才會變成一項資產，因為這時候就能把錢放到自己的口袋之中（但是這次的交易屬於資本利得而非現金流）。而他另外所擁有的50萬美元股票不一定會配發股利，因此也不見得會產生現金流。

高收入的百萬富翁

這一類的百萬富翁會從E象限和S象限中收到上百萬美元的年薪。諸如執行長、高所得員工、律師、職業運動員、醫生、電影明星以及樂透獎得主等等都屬於這一個族群。

雖然他們在收入上已經達到百萬富翁的水準，但是這些百萬富翁當中有很多的人仍然天天擔心如果有一天不能繼續工作，或者提早退休之後會有錢不夠用以及坐吃山空等問題。

現金流的百萬富翁

這些人從資產欄位當中獲得收入。這些才是真正的有錢人。他們完全不需要擁有一份工作。這也就是為什麼賈伯斯不需要支領任何薪水，而且甘願領取1美元的年薪。

平常人們口中所說的「最有錢的1％」的這些人，才算是真正的有錢人，而這些人絕大部分都是屬於百萬現金流富翁這一個族群。

你給了孩子哪些價值觀？

孩子們對於自己所看到和聽到的都會有樣學樣。當孩子接觸各種不同的觀點，看過硬幣的兩面並且理解不同的思維之後，就能啟發孩子的思維並且形成嶄新的思考模式。許多家長會鼓勵孩子「好好上學念書然後找一份薪資優渥的工作」，也就是成為E象限裡的人，而不是鼓勵他到B象限創造許多薪資優渥的工作。不知道你的孩子將來會走上哪一條人生的道路？

許多人會把心思放在如何購買自己心目中理想的自宅房屋，而不是殫精竭慮地思索如何提供別人合適的居住空間；許多人是為了自己的將來而長期投資於各種退休用的基金，而不是把錢投資在那些可以在多年之後仍然不斷地產生現金流，同時又可以傳給後代或者移轉給慈善機構的資產之中。請試著挑戰自己和自己的孩子，看看是否能理解貪婪這枚硬幣的另外一面。

你們要給人，就必有給你們的

有錢人、窮人和中產階級之間的爭端只有一個，就是各自的焦點擺在哪裡，有錢人把焦點擺在如何累積資產欄位當中的項目，窮人和中產階級則是把焦點擺在他們個人收入上，也就是收入欄位中他們每個月可以拿到多少薪資之上。窮人和中產階級傾向於存錢儲蓄，就算自己國家的政客（藉著印鈔票）持續不斷地侵蝕他們存款的實質購買力也仍然無動於衷。窮人和中產階級所做的不是進一步了解自己所面臨的財務問題（並且指出問題所在），反而對有錢人感到非常的憤怒與排斥，並且指責他們的貪婪。

當家長跟孩子說：「好好上學念書然後找一份薪資優渥的工作」，而不是跟他

富爸爸的教誨

富爸爸鼓勵我和他的兒子藉著成為「現金流的百萬富翁」而變成慷慨的有錢人。對麥克來說是比較簡單一些，因為他繼承了富爸爸的資產，而我是完全白手起家的。

如今我和金提供了一千多個工作機會，擁有四千棟以上的出租房屋，再加上書籍、遊戲、油井等資產創造數百萬美元的現金流。如果我們停止工作，這些收入仍然會持續的進來。當我們離開人世之後，這些資產仍然會提供現金流給我們遺囑中所指定的機構和單位。

在我們的想法裡，如果想要創造穩定的現金流，那麼我們就一定要成為慷慨的人，而且這還要能繼續延續好幾個世代才行。但是在一些少數人的心目中，我們是貪婪的資本主義豬玀。

們說：「好好上學然後學習如何累積資產」的那一刻起，就註定會產生資本家和其他人之間的鴻溝。

窮人幾乎沒有任何資產。對絕大部分的中產階級也是一樣；請留意我在這裡所講的是真正的資產——也就是每個月都能把錢放到自己口袋裡的項目。這個世界上絕大多數的人只擁有一份工作，或者某種職業技能而已。

- 許多人只擁有一份工作——他們自己的工作崗位。
- 許多人名下只有一幢房屋——他們的自用住宅。
- 許多人只有一種退休計畫——自己的退休基金。

資本家最高的原則就是：「當我能服務愈多的人，我就會變得更有效率。」這也就是為什麼B和I象限裡的人必須要非常的慷慨。如果你想要服務愈多的人，你就需要變得更加地慷慨。

我們很多人都聽過聖經裡的這一段話：

> 你們要給人，就必有給你們的，並且用十足的升斗，連搖帶按，上尖下流的倒在你們懷裡；因為你們用什麼量器量給人，也必用什麼量器量給你們。
>
> —路加福音6:38（新普及譯本NLT）

很不幸的，很多人想要錢多事少並且能提早退休。光是這種想法就已經違背了慷慨的原則，不是嗎？

因此什麼人才是最慷慨的？

當你對孩子提供不同的視野與觀點，彼此分享慷慨的力量，並且討論慷慨的基本原則之後，無論他們將來選擇哪一個象限，希望他們都能變成很慷慨的人，願意與人分享，而不是貪婪的獨善其身。

行動金融家

跟孩子討論慷慨的意義，以及各種讓所有人都可以變得很慷慨的辦法

跟孩子討論看看他們在哪一些領域當中表現出慷慨的行為，他們或許會驚訝的發現在他們日常生活當中，有這麼多微不足道但意義深遠的慷慨之舉。對他來說慷慨或許是分享自己的玩具、當父母親忙碌的時候耐心等候、親切照顧並協助自己的弟妹、在慈善機構裡當志工以及捐款等等。

讓孩子了解最偉大的創業家（例如福特、迪士尼以及愛迪生等）都是非常慷慨的人物。他們創造了數百萬個工作機會，並且也創造了國家和世界各地無數的財富。這麼一來就能啟發孩子，讓他學習如何變得更加的慷慨，而不是盲目相信資本家或者有錢人都是貪婪的，並且將來在講到資本主義時，也不會給它冠上國罵。

債務
能讓你致富

第十二章
從不同的角度來看債務

學生或者年輕人聽到最頻繁的財務教育就是「存錢儲蓄」或者是「趕快還清債務」這兩者。很多人都會說這是非常明智的作法。而在本章你將會知道為什麼這是一種過時的觀念，而且事實上這種作法甚至可能會成為孩子財務自由的絆腳石。

生活現場

有一棟位於美國鳳凰城的五星級飯店在二〇一二年被賣給了新加坡政府，買方是新加坡獨立財富基金（Singapore Sovereign Wealth Fund）。這些錢是從哪裡來的？這筆資金的來源，就是美國民眾向亞洲購買一些隨著時間而不斷失去價值的各種液晶電視、電腦、蘋果手機等等產品。而這些被亞洲人賺走的錢會再次回到美國來購買我們真正的財富，也就是會隨著時間而增加價值的各種資產項目。

如今在該旅館工作的雇員全都在替新加坡政府工作，而且這件案子也用了國際銀行所提供的融資貸款。

***　***　***

購買廉價商品的代價就是失去更多工作機會

這個就是全球化的實際案例。而美國民眾盲目地遵從「節省開支」的思維下，不斷地搜尋各種產品最優惠的價格，因此他們的收入，就被這些生產廉價產品的國家給賺走了。為了省這一點錢所付出的代價，就是美國民眾失去了自己的工作機會以及國家整體的財富。

全球化同時也表示，美國政府放棄了大量政治與經濟上的權力給諸如聯合國、世界貿易組織、國際貨幣基金以及世界銀行等組織機構。尤其對美國經濟而言，有一大部分已經完全融入了世界一統的經濟體系之中。對一般百姓來說，全球化就代表，現在國家的領導人物並不是你真正的領袖，他們也完全無法給你任何保障。

經濟發展的軌跡

由於尼克森總統做了兩件事，造成當今的金融危機。

1. 一九七一年取消了美元之所以能做為世界儲備貨幣的金本位制。因此，原本的金本位制被債本位制所取代，往後的四十年間，全世界的經濟蓬勃發展。通貨膨脹開始飆升，勇於舉債的人成了大贏家，而存錢儲蓄的民眾個個成了輸家。房價也立即開始向上竄升。許多從來沒有想過要致富的自有住宅家庭，突然發現因為房子迅速的「增值」而躋身富有之列。事實上他們所擁有的自有住宅價值並沒有增加，而是美元的實質購買力不斷貶值所致。

2. 一九七二年打開與中國的貿易大門，因此許多廉價的中國產品開始湧入美國的市場。此時美國生產單位和工廠等立即作出因應，產業結構也從原本的方式變成了消費第一、生產第二。美國人購買愈多的中國製便宜貨，就有愈多的工作機會往中國遷移。隨著美國工廠的歇業，其中有些工廠還真的是被拆解後運至中國、瓜地馬拉以及東歐等工資低廉的國家再組裝起來，成為新的工廠。

雖然美國薪資水平停滯不前，但只要民眾自有住宅的市價不斷上揚，美國人就會認為自己仍然很富有。不去想辦法賺更多的錢，美國民眾反而開始利用信用卡繼續大肆購買消費；不清償自己的卡債，還把自有住宅當成提款機用，重新申請更高的貸款後，把多出來的錢拿去償還信用卡帳單。

這個神話故事在二〇〇七年終於結束了，房價迅速下跌，很快地甚至跌破了他們當初申請到的貸款額度；消費快速減少，因此許多人失去了原本的工作，更多的人甚至還失去了自有住宅。

威爾遜總統於一九一三年簽署法令允許美國成立聯準會。不知當時威爾遜總統是發自於本身的意願，還是被「非常有組織和力量的集團」強迫畫押，讓美國成立了所謂的聯邦儲備銀行？

以上的情況是否就是斯柴爾德講這句話的意思：

「如果讓我掌管一國的貨幣體系，我就用不著在乎是誰在制定法律。」

長久以來我不斷問自己：這是不是就是為什麼學校裡沒有財務教育的原因？這會不會是學校

一直建議學生辛苦工作、存錢儲蓄、還清債務，並且把錢投資在政府公辦的退休基金帳戶之中？

有債真好

一般民眾相信負債是件不好的事情。對很多沒有受過財務教育的人來說，債務是非常不好的東西。也就是為什麼一般人會聽從財務「專家」的建議：「趕快還清債務。把信用卡剪掉，然後拚命存錢儲蓄！」

一個人若接受過基礎的財務教育，就會具備一些財務智商，便可站在硬幣的邊緣之上同時看著硬幣的兩面，特別是「債務是好東西」、「債務可讓你變得更富有」及「債務可以讓你獲得免稅的財富」等等的這一面。

把債務變成黃金

幾千年來，煉金士不斷想辦法煉汞成金。

一千多年前，羅馬政府就開始把鉛液混在他們的金幣和銀幣之中。就是這種欺騙的手段加速了羅馬帝國的滅亡。當尼克森總統於一九七一年取消金本位制時，他也成了一位當代的煉金士，因為他立即把債務變成黃金。

現金最頂尖商學院畢業的高材生，都在替高盛、花旗等投資銀行工作，而其工作就是不斷地把債務變成黃金。這些缺乏實際財務教育的A等生就算在二〇〇七年的金融海嘯之後，依然冥頑不靈的把各種債務包裝成資產賣給大眾。他們把這些債務用精美的紙包裝起來後，打上漂亮的蝴蝶結，並且給予各種名字（衍生性金融商品、擔保債務憑證CDOs、擔保房貸憑證CMOs等），讓一般人無法知其所以然。然後他們會把這些債務賣給專業投資者、退休基金、保險公司及政府部門等等。許多購買這些衍生性金融商品的所謂「專業投資者」，充其量只是E象限裡的A等生而已，而非來自於I象限的投資專家。這些專家本身沒有承擔任何的風險，也沒有投入任何自己的資金，萬一搞砸了，財務上也不會有任何的損失。就算不幸賠掉了投資大眾數十億美元，他們依然可以支領薪水、年終獎金及退休金福利等等。

巴菲特把這些衍生性金融商品稱之為「具有毀滅金融界力量的武器」。現在這些毀滅性的武器已經累積到了1.2京美元（譯註：1京等於1千兆），這顆定時炸彈，總有一天會被引爆，同時摧毀我們現在所熟悉的世界。

雖然巴菲特如此警告大眾，但他所擁有的穆迪投資公司（Moody's），一樣也在收取高昂的費用並給予次級房貸衍生性金融商品AAA的等級，也就是投資最高等級的評比。把次級房貸衍生性金融商品列為AAA等級的這種作法，從我個人的觀點來看，就好像拿著豬耳朵充當明牌包包來賣給那些自以為聰明的投資專家。

買賣這些有毒債券的雙方，都是頂尖學院畢業的高材生（也就是A等生），而且他們堅信這些東西的價值跟黃金一樣。我再次忍不住的問自己：難道現在全球的金融界真的是這麼地愚昧無知，還是這種行為是經過合法化的一種既腐敗又貪婪的制度？

這種狀況的存在提醒我們：同時看著硬幣的兩面是多麼重要的一件事情。

好消息是：只要這個世界繼續採用債本位制，那麼那些懂得如何利用債務的人就可以發達致富；很不幸的，那些不懂得此理的人將會愈來愈窮。

這就是為什麼富爸爸會在一九七三年建議我參加那堂不動產投資課程。當我問他為什麼我要去學不動產，他說：「因為你如果想要致富，就必須學會如何利用債務才行。」

可以想像的是，操作債務就跟把玩手榴彈一樣危險。這兩者在處理的過程當中都需要極度的小心。就如二〇〇七年之後，許多民眾才驚覺發現債務的確能毀人於一旦。如果你不願意了解並學習如何運用債務，那麼你還是乖乖聽從一般人的投資建議，也就是盡早還清自己的債務。

存錢儲蓄不划算

雖然對很多人來說這句話聽起來很不可思議，但是存錢儲蓄的確是很愚蠢，而開始背負債務則是明智的；只要政府不斷地發行數以兆計沒有價值的紙鈔，幹嘛還要存錢儲蓄呢？

別忘了，自一九七一年後，美元變成和債務完全一模一樣的東西。兩者都是種負債。假使政府不再大量發行鈔票並提高利率，或許在那個時候開始存錢儲蓄是一種明智的辦法（但這只不過是「假使」而已）。

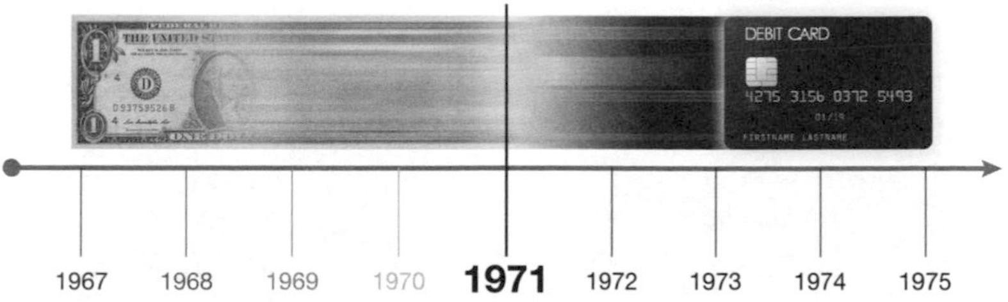

用債務買債務才會愈來愈窮

如今債務就是新的金錢。人類多年來已把債務當成一種金錢在使用，現在為什麼會有這麼多人陷入財務危機之中，是因為他們把債務當成是金錢，並且用它來購買負債而不是資產。舉例來說，數百萬人面臨財務上的困難，是因為他們申請學生貸款支付自己的教育學費、利用房貸買下自有住宅、運用汽貸購買新車，並且使用信用卡購物。以上就是一般人利用債務演變出來的金錢而讓自己陷於貧窮之中的一些例子。

當有人跟你說：「我沒有錢可以拿來投資。」這是因為他們不懂得如何把債務當成金錢使用、不懂得如何利用債務創造出更多的錢。

你的債務就是銀行的資產

當檢視銀行家的財務報表時，你的儲蓄帳戶是銀行的一項負債，而房屋貸款卻是銀行家的資產。

別忘了，你可以藉著「現金流向何處？」這個問題，釐清到底什麼是負債、什麼是資產。由於銀行要為儲蓄帳戶支付利息，因此儲蓄存款是銀行的一項負債，因為你的利息會把錢從銀行家的口袋裡拿走。而你的房屋貸款（或者任何形式的貸款），則是銀行家的資產，因為每個月的貸款會把錢放到銀行家的口袋之中。

你或許已經注意到，各家銀行會利用各種手段鼓勵民眾申辦他們的信用卡。每當我坐飛機的時候，航空公司都會開口要求我申辦他們所發行的信用卡，希望我在累計點數或航程哩數的同時陷入債務之中。我到現在還沒有看過銀行會因為你在他們這裡開設儲蓄帳戶而給你航程哩數的獎勵。銀行要你們開立儲蓄帳戶及支票帳戶唯一的理由，就是希望你將來會跟他們有貸款（舉債）的業務往來。

用債務買資產才會變有錢

既然賺到美元要繳稅而舉債是免稅，那麼應該要學會運用上述的哪一種工具？

二〇〇七年起，世界各國的銀行開始發行大量的鈔票。他們都在遵從地產大亨的遊戲規則，以電子的形式發行數以兆計的錢，避免債務泡沫破滅；而這個泡泡從一九七一年尼克森切斷金本位制之後，就一直不斷地膨脹。政府印了更多的鈔票之後就會提高所得稅，通貨膨脹也使得食物和能源的價格跟著往上漲，於此同時，所有的存

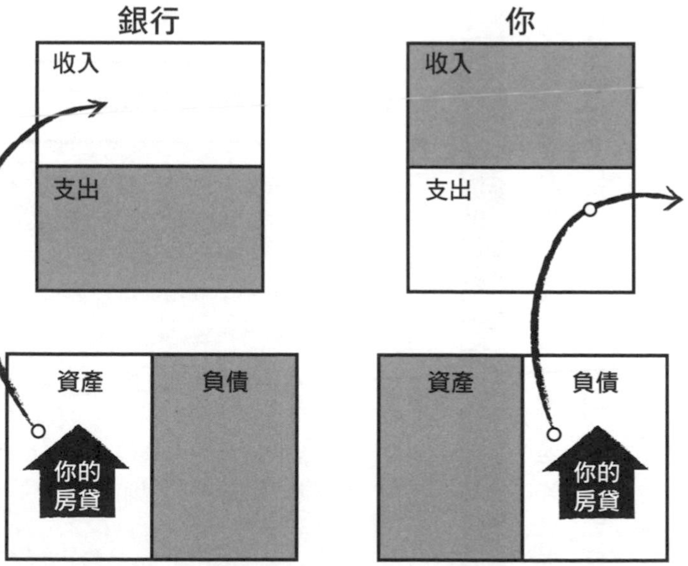

款儲蓄及鈔票的實質購買力迅速下跌。

當通貨膨脹不斷上揚，而鈔票的實質購買力又一直下跌時，把這些鈔票存起來是一種明智的抉擇嗎？隨著美元的實質購買力不斷地下滑，重返校園念書並辛苦的工作以賺到更多的鈔票，這種行為是明智的嗎？隨著通貨膨脹的上揚，學習如何利用債務來累積資產欄位中的項目，而且這些資產又會因為通貨膨脹的關係不斷增值，又可以創造現金流的收入，這麼做難道不明智嗎？

對我而言，學習如何運用債務遠比一味地清償債務來得聰明許多。

富爸爸的教誨

「你的貸款會讓銀行變得富有，你的儲蓄存款會讓銀行變得更貧窮。」

事實上，你的銀行家根本不需要你的儲蓄存款。利用部分儲備制度，銀行可以發行屬於自己的鈔票。

別忘了地產大亨裡面的規則，「銀行永遠不會破產。如果銀行把錢用光了，銀行家只要在白紙上面寫下數字就可以拿來使用，而且沒有金額上的限制。」

我的故事

現在的我會盡可能利用100％的貸款額度，累積那些可以把錢進我口袋裡的各種資產。這說起來容易，但真要做到確實有相當的難度。我花了一段時間建立自己的不動產交易紀錄，向銀行證明我不僅是一位不動產投資者，也相當熟悉不動產市場及物件管理。這就是為什麼我會鼓勵大家去上不動產投資課程。當你可以利用債務來增加自己的現金流並致富，幹嘛還要為鈔票去工作呢？

我和金一開始的時候是從小單位做起，多半是提供一戶家庭租用的不動產。我們從錯誤中學習，不斷地用功來變得更加聰明，並且把這些學到的經驗運用在下一個不動產的投資案件。直到我們培養出自信，投資組合當中也擁有一些能產生現金流的不動產後，我們才開始進一步地投資小型的公寓大樓。

如今我個人累積的債務高達數億美元，但是這些債務卻讓我變得更加富有（而非貧窮），還能每個月創造出現金流的被動收入，不斷往我的口袋裡放入更多的金錢。

我能想像你們其中有一些人會想，「上億美元的債務！你只是運氣好罷了。總有一天你會失去一切。」

我有沒有可能失去一切？絕對是有這個可能。這也就是為什麼我非常認真並且嚴肅的看待我自身的教育。就如本書前面所講的，每個象限都是一間不同的教室。不去學習如何成為I象限裡的專業投資者，絕大部分的民眾反而被教育體制和媒體，調教成盲目地把投資用的金錢交給陌生人處理，然後祈禱這些陌生人能幫助他們賺到錢。這種行為幾乎等同於帕夫洛夫制約式（Pavlovian）的調教和訓練。我的富爸爸把我訓練成一位創業家，因此我可以讓錢為我工作。我絕對不會把我的錢交給陌生人。從我個人的觀點來看，這種行為不但非常愚蠢且風險極大。

***　***　***

終身學習財務教育

運用債務也是我不需要擁有一份工作的理由之一，也是我不需要存錢儲蓄、擁有退休金帳戶，或者依賴社會福利或聯邦醫療健保來照顧我的原因。我現在的境況是因為投資了大量的時間和精力終身學習並接受財務教育，然後實際運用所學得到的收獲。不是每一次的投資案都能海撈一筆，在這個過程當中一路上都有起落，而我也從數不清的錯誤當中學習了很多的教訓，對每個人來說，學習的過程都是如此。

我所發明的現金流101是市面上唯一教導玩家們如何利用債務致富、創造高收入的一款紙盤遊戲。就跟現實生活裡一樣，如果在遊戲當中錯用了債務，你會很快的破產出局。好消息是，你破產時只會損失玩具紙鈔及遊戲中的假性債務。這種難得的經驗除了時間之外，你完全不會有任何的損失。

如果家長能在孩子第一次學習時機期間（也就是初生至十二歲這段期間）利用現金流兒童版，以及在十二歲到二十四歲之間利用現金流101和現金流202等遊戲，在孩子離家闖蕩之前都能協助他對現實生活有所準備。這些孩子在概念上甚至會比富家子弟有著更充分的準備。

我建議家長每個月至少撥出一個晚上的時間，來從事「家庭財務之夜」這樣的例行活動。藉著在家裡玩遊戲並且討論現實生活當中的財務問題，不但能增進親子之間的關係，也可以讓家長和孩子對充滿

富爸爸的教誨

「既然現在的錢都是從債務衍生而來的，那麼財務教育必須要包含有關債務的內容，而且好債與壞債兩者都要教。」

不確定性的未來世界做好心理上的準備。協助孩子替未來的機會做準備，也是家長的職責之一。

就如「學習圓錐」所示，僅次於「實際操作」的學習方式就是「模擬真實的狀況」。藉著玩很多遍的現金流遊戲，這些經驗就能讓你在實際運用真債務來投資真正的不動產之前，就可以學會如何正確地運用債務，也就是俗話說的「熟能生巧」。當孩子還在形成各種神經通道的期間，利用遊戲當成教具讓孩子接觸財務教育，他們的財務智商必定有所提升，並且能幫助他替未來的財務狀況打好基礎。

領導者雖聰明卻缺乏財務教育

我個人的看法，這次全球金融危機發生的原因，是因為當局領導者雖然都是一些非常聰明的人，但是他們極度缺乏實際生活中的財務教育。我們絕大部分的領導人都是從A等生變成的B等生（官僚），裡面幾乎找不到放牛班的C等生，例如賈伯斯、愛迪生和福特等資本家。

我們當前領導人解決債務的方法，是發行更多的債務，他們不斷地索取更多的紓困金、更長久的寬鬆量化政策（意思就是印愈來愈多的鈔票）。這些人也把提高稅率及擴大政府支出當作解決問題的對策之一。從我個人的觀點來看，這種行為無異於是一種財務自殺。

陰謀和預言

我以金錢和投資為主題撰寫的兩書，其一是《富爸爸之有錢人的大陰謀》，書中講的是當今金融制度如何竊取民眾的財富；其二是二〇〇二年出版的《經濟大預言：清崎與富爸爸的對話》，內容講的是為什麼未來十年內股票注定要大崩盤。

許多人寧可相信債務本身就是問題的根源，然而真正的問題不是債務，真正的問題是因為缺乏財務教育所導致的結果。如果我們的領袖具備財務方面的教育，那麼他們就會知道如何利用債務讓國家以及人民變得更富有，而不是愈來愈貧窮。

我相信我們正要經歷人類歷史上最大的一次財務危機，這將比一九二九年經濟大蕭條還來得嚴重許多，也擔心這次的危機會有非常糟糕的結局。如果歷史再次重演，我們很可能即將發生經濟的大崩潰。數千年來的人類歷史，任何利用詐騙手段的政治體系（也就是在金銀幣裡灌鉛，或者大量印鈔票來解決財政問題等），都徹底摧毀了它原本想要挽救的經濟實體。

這也就是為什麼能讓你提昇財務智慧的財務教育是這麼重要的一件事情。如果你能看見硬幣的另外一面，那麼你和孩子將會有足夠的智識，能對未來和金錢相關的事作出明智的選擇。你將會跟那些有財務知識的人一起發達致富，而不會像一般人困頓掙扎。

問：你是不是非常反對當今的體制系統？

答：我並不反對當今的銀行體系。我是這個體系的學生，並且讓它成為我個人的助力。龐大的銀行體系雖然有很大的好處，但同時也造成了很大的傷害。我會選擇把它用在對的事物上。

問：那你是不是建議人們要開始擁有負債？

答：這要視情況來決定。許多人原本早就背負著債務。每當運用金錢時，你就是在運用債務。每當我們的政府印更多的鈔票給各家銀行、退休基金，或者全國各地方紓困時，我們就會陷入更深的債務之中。這個問題的答案跟能否理解好債與壞債的區別，以及是否知道如何利用債務來致富的財務教育等，都是息息相關的。

自一九七一年至今，美元已經損失了90%的實質購買力。看樣子用不了多久，最後剩餘的10%也會蕩然無存。

當你拿起本書開始閱讀時，已經為自己的財務教育踏出了第一步，學到一些關於金錢、債務的力量及稅賦的威力等等。有太多的人在運用債務時是這麼的無知，他們這麼做無意中會讓自己、家人及國家成為債務和稅賦的奴隸。

雖然我希望我的看法是錯的，也就是未來不會這麼糟糕，不過我仍然懷疑我們的政治領袖（無論是民主黨或共和黨），是否有能力解決我們目前所面臨的各種問題。目前所面對的各種問題別說一個政黨，就連整個國家動員起來也不一定能夠解決；而且我懷疑有人因為這些問題樂不可支，甚至他們也會對當今教育體系缺乏財務教育這一環幸災樂禍。不管有意或無意的，由於缺乏財務教育，造成數十億人口活在破產邊緣，而這些人在生命中充滿了恐懼、擔心及各種不確定性。

很不幸的，我們當前的領袖無法保護我們免於遭受這次全球性的金融危機。但是家長有能力保護自己的孩子，讓孩子的未來免於受到無能領袖的影響。不管你是否喜歡，債務就是現代的金錢，我們可以利用債務變得更有錢或更貧窮。決定權完全在自己手上。

行動金融家

讓孩子知道債務有兩種：好的債務與壞的債務

壞的債務會讓你變得更加的貧窮，而好的債務可以讓你發達致富。跟孩子討論各種不同形式的債務，例如：信用卡債、房屋貸款、學生貸款及汽車貸款等等。

如果年齡適合，你可以跟他們討論利息和利率的概念，以及這些利息如何影響借貸金額的成本。孩子也應該要懂得好的債務有時候是完全免稅的，而且可以被拿來運用讓自己致富；意思就是說，當你學會如何運用更多的好債時，你就會賺到更多的錢而且繳納愈來愈少的所得稅。在舉行「家庭財務之夜」時的另一個值得討論的主題，就是信用卡的循環利息、貸款利息等觀念；如果把時事新聞當中利率的變化一併拿來討論也是很不錯的主意。

目前市面上唯一有教導債務威力的遊戲就只有現金流101和現金流202這兩款遊戲而已。這個遊戲可以提供機會讓你用假錢來測試自己所學到的內容。你可以在遊戲當中不斷地練習，犯下許多錯誤，賠掉很多錢，但是你會更加了解債務的重要性。

如果孩子長大離家時能了解到債務的威力，他們就可以避免掉入壞債過多的陷阱之中，甚至他們還有機會利用好的債務來讓自己變得非常的富有。

稅賦為什麼能讓
有錢人變得更有錢
的原因與方法

第十三章 從不同的角度來看稅賦

每當選民要求政府「增加富人稅」，結果這些增加的稅金多半都落在窮人和中產階級的頭上，跟有錢人一點關係也沒有。一般人對稅務的感受多半是懲罰性的，是一種沉重的義務，也是除了死亡之外，人人都避不掉的事件。事實上，如果我們從硬幣的另一面來看，稅法同時也包含了非常多的租稅獎勵辦法，也就是當民間單位滿足特定的經濟需求時，政府就會在稅賦上給予相對的獎勵。

生活現場

美國著名的宗教領袖及公眾演說家威廉．博克牧師（William J.H. Boetcker, 1837-1962）最受後世推崇的，莫過於他所寫的《十種無法之法》（*The Ten Cannots*）這本小冊子。其重點在強調個人自由和責任，列舉如下（我特別強調其中兩項）：

- 你無法藉著打壓勤儉節約來獲得繁榮昌盛。
- 你無法藉著打擊強者而讓弱者站起來。
- 你無法藉著抹黑善人來扶正小人。
- 你無法藉著剝奪發薪水的人來幫助那些領薪水的人。

- 你無法藉著消滅富人來幫助窮人翻身。
- 你無法利用借來的錢來建立穩固的基業。
- 你無法在煽動階級矛盾的同時讓大家接受四海之內皆兄弟的觀念。
- 當你的支出持續超過收入時，你不可避免的要面對麻煩的後果。
- 當你抹煞人的積極主動和獨立自主之後，就無法協助他們孕育出獨特的人格和勇氣。
- 你也無法藉著替別人做他們原本自己應該做事情，來幫助他們做出永久的改變。

***　***　***

累積債務可以降低所得稅

從基礎經濟學（Economics 101：主張市場應自由競爭，政府不應過度干涉）來看，個人能帶給市場的只有三樣東西：

1. 勞務；2. 不動產；3. 資金。

絕大部分的學生（包括A等生在內），上學念書習得一技之長後，接著就到市場中出賣自己的勞務；念書只是為了得到一份工作；幾乎沒有人上學是為了學習如何銷售或開發不動產，或者學習如何賣出自己擁有的資金。

用富爸爸的話來說，那些出賣自己勞務的人，都是處於現金流象限左邊的人。那些賣出不動產和資金的人，則是屬於現金流象限右邊的人。

再次重申本書之前討論過的內容：

E和S象限都採用累進式稅率，特別是S象限裡的人負擔的稅率最高。在E和S象限裡面的時候，當你賺愈多，要繳納的所得稅就愈高。

但是在B和I象限裡，稅率的變化恰好相反，特別是I象限裡的人負擔的稅率最低；在現金流象限右邊時，賺得愈多，所得稅反而愈低。

每個象限所要支付的稅率

再次強調這兩者最大的差別，E和S象限裡的人賣出的是自己的勞務，而B和I象限裡的人們賣出的是不動產、資金並且雇用勞力。或許你還記得《富爸爸，窮爸爸》一書第一章的標題：〈有錢人從來不為錢工作〉。

當父母跟孩子說：「好好上學念書拚好成績，你就能得到一份好的工作。」其實就是建議孩子出賣自己的勞務，並且為錢辛苦地工作。

我在念高中的時候只要成績表現不理想，老師都會用這些話來威脅我：「如果你成績不好，將來絕對找不到好工作。」這時我會回答說：「太好了，我原本就不想要應徵工作。」用經濟學的術語來說，我根本就不打算出賣自己的勞務。

我的意思並不是說有錢人就不用認真辛苦地工作，他們是認真辛苦地為其他的事情而忙碌；他們努力工作累積資產，這麼一來就能把更多的錢放進自己口袋之中，而且由於稅賦上的優勢，他們還能比別人保留更多的錢在身邊。

政府也需要企業或個人的幫助

由於政府需要企業或個人的幫助，因此會給予B和I象限各種租稅獎勵，或者利用提振景氣方案達到這個目的，這些由政府所制訂的獎勵辦法，都是完全合法的節稅管道。

以下就是我個人簡略的財務報表：

資產	負債
事業 不動產 有價證券 商品原物料	

我的故事

我從一九七三年起，就不斷地工作創造或累積能賣出不動產或資金的資產，從來未曾想過出賣自己的勞務。

美國稅法中，有超過五千多頁的內容都是在敘述各種「避稅漏洞」，但事實上它們不是真正的「漏洞」；這些內容都是租稅獎勵及各種提振景氣的方案，接下來我會盡可能簡單扼要的描述我個人所採用的各種「漏洞」。

***　　***　　***

粗略檢視我的節稅方式

- 事業：由於我創造了就業機會，因此稅法上會給予我租稅上的獎勵；如果我能創造更多的就業機會，那麼我不但可以賺到更多的錢，同時也可以繳納更少的稅。從政府的角度來看，有工作的人愈多，政府就能課徵更多的所得稅。
- 不動產：稅法鼓勵我提供居住用的住宅房屋，如果我能提供更多的居住用住宅，不但可以賺到更多的錢，同時也可以比之前繳納更少的稅。
- 債務：投資不動產的優勢之一就是債務，債務是一種資金，更何況現在的錢本身就是一種債務（債本位制）；如果停止借貸，經濟就會開始遲緩，這就是為什麼政府要鼓勵我舉債的原因，這也是為什麼在金融海嘯期間利率仍然走低的原因。當借的債務愈多，不但可以賺到更多的錢，同時也可以比之前繳納更少的稅。
- 股票：雖然股票對很多人來說是一項不錯的投資，但我個人是不投資股票的。股票讓少數人變得非常富有，卻讓更多的人變得更加貧窮；當投資股票時，是把錢交給上班族的雇員和管理型資本家，而不是拿給創業家或放到真正資本家的手裡。我不投資股票最主要的原因，是因為沒有什麼租稅獎勵可供運用，而且投資股票的風險對我個人來說太大了。
- 商品原物料：我把錢投資在生產石油，而不是購買石油公司的股票；如果從中賺到的錢愈多，就可以繳比以前更少的稅。政府希望投資者繼續生產石油的理由有兩個：

1. 壓低油價。

2. 降低美國依賴進口石油的比例。

如果你檢視現金流遊戲，會注意到一共有兩條不同的途徑，其中呈圓圈形狀的叫做老鼠賽跑；在老鼠賽跑裡的人會投資股票、債券以及共同基金等。

遊戲中的另一條途徑叫做快車道，現實生活中真的有快車道，有錢人都在這裡投資。在快車道裡的人可以選擇投資更複雜的標的，例如有限合夥 Limited Partnerships、私募資金備忘錄 Private Placement Memorandums 等。若要投資，我個人會選擇這些項目。我的優勢是我會認識這位創業家，以及實際上真正在營運這家公司的人，當我以「合夥人」的方式進行投資時，創業家本人必定會接聽我的電話。

如果投資股票，我可能無法認識公司的執行長，而且多半只是個雇員或管理型資本家，而非創業家或真正的資本家。

簡言之，股票持有人投資的是公司的股票，許多公開上市的公司發行了數百萬張的股票；而有限責任合夥人投資的是整體公司的百分比，很多狀況下，公司的合夥人仍可享有稅額的扣抵或減免，股票投資人則沒有這項優惠。

稅賦優惠與獎勵非常多，懂得運用的人就贏了

稅法當中有許多租稅獎勵辦法，上面的內容只列舉出我個人實際上有在運用的那幾種方式而已。這裡想表達的重點是：稅法是專門提供給現金流象限右邊的人，那些能提供就業機會、居住

住宅，並且能利用資金（債務）生產食物和石油等關鍵產品的資本家享有。事實上還有很多其他的租稅獎勵辦法。

切記在利用租稅獎勵進行投資之前，請你一定要、務必要尋求稅務會計師和稅務律師等專家的建議。

如果你想知道更多和租稅獎勵有關的知識，我個人的稅法顧問湯姆・惠萊特會計師寫過《富爸爸顧問叢書》裡的一本書，叫做《完全免稅的財富》（*Tax-Free Wealth*），閱讀本書應該會對你有幫助，或許也可以將書中內容分享給你的會計顧問。

一般收入愈多，稅就愈重

稅法利用更高的稅率懲罰位於現金流象限左邊的人。繳納最多所得稅的人是：

- 擁有一份工作的人。
- 只擁有一棟自用住宅的人。
- 存錢儲蓄的人。
- 那些擁有退休金帳戶的人。

一般來說，這些人所有的收入都是採一般收入來課稅的，當他們賺愈多錢，就要繳納愈高的所得稅。

富爸爸的教誨

雖然會計師和稅務律師多如過江之鯽，但是真正有智慧的沒有幾個。

問：為什麼人們需要替自己的退休金帳戶支付比較高的所得稅？公司不是要提撥和自負額成正比的、免稅的退休金嗎？

答：這得看你抱持的觀點為何。首先，老闆所提撥的退休金本就是你應得收入的一部分，並不是他額外捐給你這個人的；老闆只不過是聽從政府的規定，把你一部分的薪水先匯到特定的戶頭之中罷了，有的老闆還會讓你誤以為這筆錢是薪資之外，另一筆額外的收入。其次，為何理財專員常說：「當你退休之後，你的退休金帳戶的所得稅率就會下降。」原因是大部分的人在退休之後的收入，絕對會比之前在上班時少得多；如果退休之後你的收入比上班時還來得高，那麼你的退休金帳戶裡的錢全部都會被課更高的稅率（因為退休金帳戶裡的錢在稅法上是屬於一般收入的。）

在前面我曾經寫到那些受過財務教育的人，會努力把自己的一般收入轉變成投資組合收入以及被動收入，我的朋友、同時也是富爸爸顧問之一的安迪・泰納（Andy Tanner）寫了一本內容非常有意思，同時也很有娛樂性、書名又很聳動的書，名叫《一塌糊塗的401（k）》（401（k）aos）。如果你有這種退休計畫，建議你找來看看。

別讓孩子成為稅法的奴隸

在傳統學校裡所教的財務教育是：「好好上學念書，畢業後找份工作、努力工作、存錢儲蓄、買一棟自用住宅、還清所有的債務，並且把錢放到401（k）的退休基金帳戶之中。」從稅務的觀點來看，這根本就是製造次級房貸風暴的財務教育。

如果你聽從這樣的財務教育，你會讓自己的孩子一輩子成為稅法制度下的奴隸，他們會替資本家工作，拿自己寶貴的時間去換取金錢，而不是讓自己變成一位資本家。

鈔票印愈多，你手中的鈔票就愈不值錢

數百萬人都認同「劫富濟貧」的課稅原則，許多稅法也是以此為基礎，但這同時也是羅賓漢式的經濟觀，它正式的名稱叫做社會主義。

當尼克森總統取消了美元的金本位制，有兩件事情注定會發生：

1. 稅率提高。
2. 通貨膨脹上揚。

當政府打算發行更多通貨（鈔票）時，都會利用發行公債的方式進行，無論是政府公債、短期債券（T-bills）、中長期債券（T-notes）或者地方政府債券等，一般稱之為「借據」（IOUs）。

我們用簡單的數字來試算一番：如果政府發行年利率10％，金額1百萬美元的國債，就得要有人來支付每年多出來的10萬美元利息；絕大多數的狀況下，這個人就是納稅人，也就是你和我。

美國國債目前已經累積到16兆美元，而且還在不斷地增加當中，你不需要擁有諾貝爾經濟學獎的腦袋，就能知道這會生出一大筆利息，也就是一大筆稅金。如今美國納稅人所繳納的稅金，流往私人銀行和其他國家（例如中國）的比例愈來愈高，因為這些握有美國國債的債主，理所當然的會要求我們的政府拿錢出來還債。

當政府印更多的鈔票時，一定會造成通貨膨脹不斷地上揚，這是因為新發行的鈔票會稀釋原本市場中的貨幣價值，造成每張鈔票所具備的實質購買力逐漸降低。你可以藉著檢視下頁黃金價格的圖形來判斷美國聯準會到底多印了多少鈔票。

讓我們來看看油價又如何。只要聯準會印更多的鈔票，就會發生這種情形。

無法治本的富人稅

歐巴馬很明顯的抱持著「增加富人稅」的思維，尤其在他連任的時候更甚，問題在於每當他採取行動

倫敦PM Fix黃金價格走勢圖（二〇〇〇年至今）

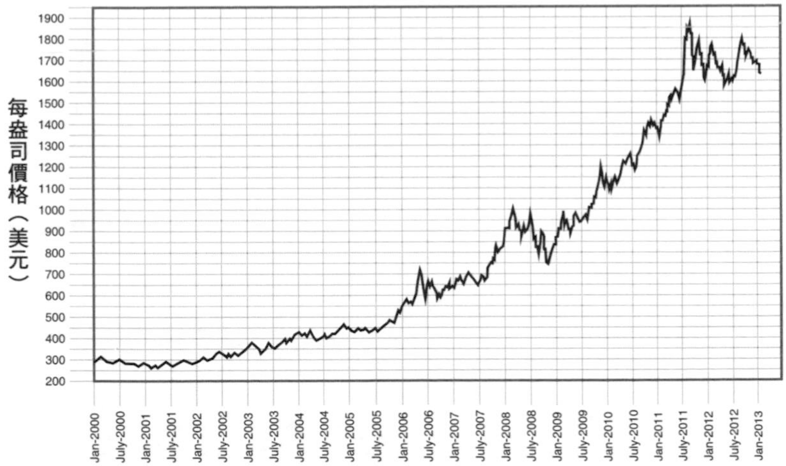

資料來源：kitco.com

想給有錢人增稅時，所得稅增加的反而都是窮人和中產階級。

問：為什麼會發生這種情形？

答：因為絕大部分的稅制瞄準的是「高所得」的雇員（上班族），這也是為什麼我先前提到人們能出賣的三樣事物：勞務、不動產和資金。

當通貨膨脹上揚，一般人的名目收入也會跟著增加，在這種情況下，原本低收入戶的收入在數字上也會有所增加，造成他們被歸到更高的稅率級別之中。

雖然歐巴馬總統一開始會有些勝利的假象，但是資本主義根本不會有所動搖。如果老闆繼續按稅法的規矩聰明的行事，政府絕對會雙手歡迎這些合作夥伴，幫助政府完成它辦不到的事，因此會給予老闆稅賦上的特別獎勵。如果你的作法是非法逃漏稅，政府就應

原油平均市價圖

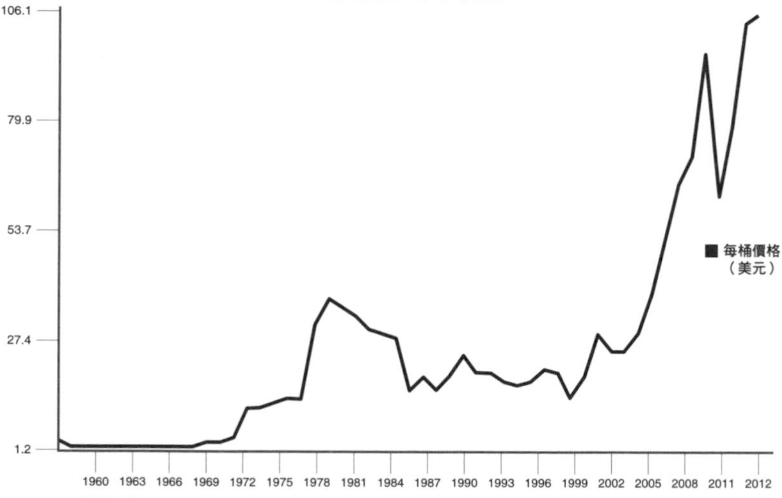

資料來源：mongabay.com

該按照法律逮捕你，這是天經地義的事。

政府會給哪些人稅務優惠或減免

總而言之，政府在稅務上會給這些人特別的優惠或減免：

雇主（老闆）：政府需要有人創造更多的就業機會。

願意貸款的人：因為現在的錢都是債務演變而來。

不動產投資者：因為政府需要有人提供更多的住宅。

原物料生產者：因為民眾需要食物和能源（石油）。

如果民間的私人部門沒有協助政府滿足一般大眾所需，我們就會變成共產主義，因為共產主義下的經濟活動，完全是由政府一手來主導的。

這就是為什麼美國通用汽車公司（GM，政府插手管理的企業）無法生產出符合經濟效益的電動汽車；這也是為什麼太陽能初創公司（**Solyndra**，也是歐巴馬總統的最愛）無法量產太陽能板的原因。

請你想想以下這些問題：為什麼全球的公共住宅都是所有住宅當中最危險的建築？為什麼美國郵政業務一蹶不振？為什麼聯邦醫療制度充斥著貪腐、價格昂貴，又完全沒有效率？為什麼很

富爸爸的教誨

稅賦是你個人最大的一筆支出，真正的財務教育必須要包括稅務方面的知識，了解稅是由哪些人在負擔的，以及為什麼有人能享有稅賦減免或優惠。

多國家瀕臨破產的邊緣？以及本書的重點核心：為什麼我們的教育體制無法提供孩子足夠的資訊和知識，讓他們長大後在金錢方面能做出明智的抉擇？

也別忘了問自己：如果政府拿下某間航空公司的營運權，你敢乘坐他們的飛機嗎？這就是為什麼政府會提供民間單位租稅優惠的原因之一。

行動金融家

教孩子要從兩邊不同的眼光來看待稅務

雖然稅賦的確會讓一些人變得更窮，但同時也能讓其他人變得更有錢。這完全是觀點不同所致。因為稅賦經常被視為一種懲罰性的手段，畢竟它的確是一個家庭裡最大的一筆開支；有錢人卻把稅賦當成政府提供民間的獎勵措施，讓民營部門協助政府完成預期的工作，這樣做的好處是可以創造出更多就業機會、提供價格合理的居住空間以及提供民眾充足的能源等等。

如果孩子的年齡合適，另外還有一個關於稅賦的議題可以拿出來和他們討論，也就是告訴他你每一年都要申報所得稅；讓孩子看看你的所得申報書，把所得和支出欄位指出，讓他知道扣抵欄位的項目與內容，也要讓孩子知道所得稅、退休金、勞健保等等從薪水當中預先扣除的項目，讓他了解社會福利制度的財源，以及國家財政的資金是從哪裡來的。

如果可以，讓他更進一步地了解政府課稅是以總收入來課徵所得稅，讓他知道毛收入和淨收入及名目薪資和實際取得現金，兩者間的差別。
我鼓勵你教孩子稅務這枚硬幣的三個面，並且協助他理解這些面向的不同之處。

一般觀點：「石頭棍棒或許能讓我斷筋錯骨，但是別人說什麼都傷害不了我。」
另外一種觀點：「話說錯了可能比斷筋挫骨還更加嚴重。」

第十四章
從不同的角度來看詞彙

主日學教過我們一句非常重要的話：

道成了肉身（聖言成血肉），住在我們中間。

——約翰福音 1:14

說出口的話會成真

在現實生活當中，講出來的話的確會變成真的。而且不同的階級會使用不同的詞彙來反映並且強化他們所處的階級：有錢人說的是有錢人的話，中產階級說的是中產階級的話，窮人也有專用詞彙。俗諺說：「心想事成。」我相信我們在用字遣詞方面也是一樣的道理。

窮人最喜歡說：「我買不起。」有錢人反而會說：「我要怎麼做才能買得起？」簡單來說，如果想要改變自己的生命，要先改變自己所說的話。

生活現場

有錢好辦事

富爸爸常說：「有錢能使鬼推磨，只會耍嘴皮的別來攪局。」他告訴我們金錢有自己的語言，而學校裡從來就不教這種語言。他建議我們：「如果你想要變成有錢人，請撥出時間學習金錢的語言。」

富爸爸又說：「只要講到錢的時候，你就會發現有一群人開始胡言亂語。」數百萬人陷入了財務危機，是因為他們聽信這些人鬼扯淡。與其教導孩子們金錢的語言，學校專注於教師們所用的獨特語言，而這個語言經常會使用到以下的詞彙，例如：動詞、微積分、名詞、歷史、化學及物理等等。

這些詞彙固然重要，但是他們對於學生未來面對真實的金錢世界卻一點幫助也沒有。

就如愛因斯坦曾經說過的：

> 愚蠢和天才最大的差異，就是天才是有極限的。

如今的金融危機就是無限的愚蠢所造成的。

***　　***　　***

話語會傷人也會成就人

美國兒童有一首兒歌，其中有一句是這麼唱的：「石頭棍棒或許能讓我斷筋錯骨，但是別人說什麼都傷害不了我」。

沒有比這一句更荒唐的話了。沒有比語言能給孩子帶來更的大傷害（除了極少數的其他原因例外），語言的威力是超乎一般人所能想像的。

- 語言是有傷害性的
- 語言是有療癒性的
- 語言可以讓人變得非常有錢
- 語言可以讓人變得非常貧窮
- 語言可以鼓舞人心
- 語言可以打擊士氣
- 語言可以反映謊話
- 語言可以反映真相
- 語言可以帶來痛苦

別聽信理專的鬼扯淡

許多財務方面的問題，起因都是因為語言的關係。許多人之所以會面臨財務上的問題，是因為聽從了差勁的財務建議，也就是理財方面的屁話或鬼扯淡，而且還相信給建議的人是真心在幫助他們賺錢。很多時候並非如此。

什麼叫做鬼扯淡？鬼扯淡就是當某個業務員為了成交客戶，而從嘴裡說出任何客戶愛聽的話。如果客人希望聽到，他投入共同基金裡的錢會不斷地滋長，業務員就會說：「共同基金每年的平均報酬率都有8％左右。」但是該業務員不一定會告訴你，這種投資報酬率只發生在一九七〇年到二〇〇〇年間股市大多頭的期間；他們會利用各種語言和資訊，支持自己成交話術的內容，並且完全忽略那些對成交沒有幫助的資訊。業務員同時也會在心中祈禱，希望這位客戶並沒有足夠的理財經驗區分這種差別。

目前政府退休基金面臨了極大的困境，就是因為當初制定該計畫的時候，採用股市每年會成長8%作為計算的基礎。這個就是真正的財務鬼扯淡。將來會有許多退休的公職人員受到重創，是因為他們不懂得金錢的語言。

還有其他幾個財務方面的鬼扯淡如下：

「你的自有住宅是一項資產。」

「多元化的投資就可以分散風險。」

「投資並且長期持有，包含股票、債券以及共同基金等多元化的投資組合。」

許多人誤以為這些話是一種財務教育，但這些話和觀念根本不能算是財務教育。在絕大部分情況下，這些都只是銷售話術，只是把它包裝成財務教育的樣子。當有不動產業務員跟你說：「你的自用住宅是一項資產，也是你這輩子最大的投資」時，或許這時候他在心裡正想著：「趕快決定買這間房子吧，我好需要你這一筆佣金」。

如果一位理財專員建議你要：「長期投資，持股續抱」時，或許他乾脆就直接跟你說：「這樣子你每個月繳的錢就會有一部分匯到我這裡來。我非常需要這些佣金。等你退休時（發現股票不值錢），我也早就不在這裡工作了。」

當理財專員建議你要進行所謂的「多元化投資」時，實際上他們是在建議你要「多惡化」。因為這句話真正的意思是：「希望你同時購買各種不同的金融產品，因為我也實在是不清楚將來哪一些會賺錢、哪一些會虧損（但是不管你買了之後是賺是賠，我通通都有佣金可以賺）。」

最糟糕的是，就算投資者真的相信並以多元化投資分散風險，事實上卻不然。當平庸的投資者進行多元化的投資時，他們通常只是在同一種資產類別中進行多元化的持有。雖然他們會購買高成長的共同基金、新興市場的共同基金，以及債券市場的共同基金等等，但是他們所買的仍然都是同一種資產類別，也就是共同基金。嚴格來說，投資者並沒有進行多元化的投資，因為他們所有的投資都集中在同一種投資工具上，也就是共同基金之中。

當一個銀行家建議你要「存錢儲蓄」時，他們的意思是在說：「這麼一來我才有機會推薦銀行發行的信用卡給你，甚至你將來也會來找我申請房貸。」千萬別忘了，銀行沒有辦法從你的存款上賺到錢，他們是靠債務來獲利的。

理專給你的是財務建議，不是財務教育

所有財務方面的問題，都是因為人們把財務上的建議（銷售話術或者是鬼扯淡）跟財務教育弄混了。許多人以為建議和教育是一樣的意思，其實不然。

- 請教別人提供建議的意思是：「告訴我應該要做哪些事情」。
- 希望能獲得教育的意思是：「請告訴我要學習哪些知識，這樣我才會知道自己應該要怎麼做」。

雖然建議和教育兩者之間的差別看起來微不足道，但是這種小小的差異很可能會大大地影響某人的一生。如果你聽從別人的話，把自己的錢交給理財專員幫你處理，那麼你只不過是他們的

一名客戶而已，而不是一位接受過財務教育的人。

當馬多夫的龐氏騙局被揭穿時，許多人在財務上受到了重擊。比起賠掉大把的銀子更糟糕的，是這些受害者在這個過程當中，幾乎沒有累積到任何和財務相關的知識和教育。

富爸爸鼓勵我和他的兒子，在金錢上盡可能犯一些誠實的錯誤。他說：「如果是你自己犯了錯，那麼你就會從這次的錯誤當中汲取教訓：如果你的理財專員犯了錯，那麼跟當初你把錢拿給他的時候比較起來，你完全沒有變得更聰明一些。」

股市是政府認證的老鼠會

我經常不斷地被人問到：「我有1萬美元，我應該要拿它怎麼辦？」

我的回答是：「第一件事就是不要大聲嚷嚷。千萬不要讓全世界知道你手頭上有錢可以投資，但是你又不曉得要投資些什麼。如果你問理財專員這筆錢要怎麼處理，他們的答案一定都是一樣的：『把你的錢交給我就對了。』」

員工退休基金的制度比以上的內容更差勁。當新進員工報到時，人力資源部會讓他們填寫一張表單，並且說：「從裡面選一個當成你累積退休金用的共同基金。」

也許直接給員工這樣的建議還好得多：「乾脆把錢拿去拉斯維加斯好好享受一下吧，或許你會有贏大錢的機會也說不定。而且若你賭贏了，可以100％擁有這筆錢。」

在之前的一個章節裡，我引用了先鋒集團（Vanguard）創始人約翰．柏格所講的話。他不斷地警告投資者，當你投資共同基金時，你必須拿出100％的資金，並且承擔100％的風險與損失，但是當基金獲利時，你卻只能分到二成的利潤（這是在基金有獲利的前提下）。而共同基金更藉著各種手續費和管理費等名目（完全清楚的用極小的字印在公開說明書上），可以取走所有獲利的八成。

更糟糕的是，有時候你投資的基金賠錢了，你還得要額外掏錢出來繳納你從來就沒有享受過的資本利得所得稅。為什麼會發生這種事情呢？假設你投資的這支基金十年前曾經買下甲公司二百萬股的股票，又假設甲公司股票從原來的10元漲到50元，就在這個時候你進場買了這支共同基金。結果買進兩天後股市突然大崩盤，此時這支共同基金為了維持足夠的現金部位（同時避免被清算），被迫出售甲公司的股票；而身為這支共同基金新的持有人，你必須要為賣股票多出來的40元（50－10）支付資本利得所得稅，但是你個人卻從來沒有看到或享受過這40元的獲利。

也許我們應該把股市改名叫做「政府背書認證的龐氏騙局」。提早進場的人可以連本帶利地把自己的錢先行取走，後面加入的人卻要埋單付稅。這也就是為什麼理財專家都會建議：「一定要長期投資並且多元化地分散風險」。又是一些鬼扯淡的屁話。

客觀來說，每當有人為了資本利得而進場投資（也就是所謂的買低賣高），這樣子的交易可以視為一種龐氏騙局。為什麼會有這麼多人認為投資的風險非常高，是因為這些人都是為了賺取資本利得而投資；當那些投資不動產之後，再翻修轉賣的人遇到房市崩盤而滅頂，是因為他們當初是為了資本利得而投資不動產的。如今上百萬人競相購買黃金和白銀，希望價格可以持續不斷地上揚，這種行為也是為了資本利得而投資。

別當大傻瓜

在投資界裡有一套理論叫做「更大的傻瓜投資理論」。任何人為了資本利得而投資時，他是希望會有一個「更大的傻瓜」出現，那個比他們更笨的人，願意拿出更多的錢來把我們手中的東西（股票、不動產、銀幣等等）買走。雖然已經聽到耳朵長繭了，但是我還要再重複一遍：這就是為什麼很多人會認為投資的風險很大；當民眾為了賺取資本利得而投資時（絕大部分的人的確是如此），那麼他們就是那個大傻瓜，因為他們還幻想著會有比他們更傻的人出現。

這也就是為什麼語言如此重要。在本章稍後我會解釋，為了資本利得投資（期待會有更大的傻瓜出現），和為了現金流而投資這兩者不同之處。

我的故事

賣金蛋，留下金雞母

當我跟年輕人解釋資本利得和現金流不同之處時，經常會使用《伊索寓言》裡〈生金蛋的鵝〉這則故事。一個為了資本利得而投資的人，會把這隻下金蛋的鵝賣給別人。反之那些為了現金流而投資的人，會細心的照顧這隻鵝，然後只把牠生下來的金蛋賣掉。

諷刺的是，賣金蛋所要繳的所得稅比較少（有時候甚至完全免稅），反而賣烤鵝的要付出更高額的所得稅。

既然許多理財專家和理財顧問都是業務人員（而非真正的投資者），他們就是在賣鵝。

既然許多成人都無法區分資本利得和現金流兩者的差別，因此他們相信所謂的投資就是不斷地買鵝賣鵝。絕大部分的人都不懂得如何投資獲得金蛋。好笑的是，真正的投資者賣金蛋，反而可以繳納比較低的所得稅，有時候甚至完全免稅。他們會掌控整個生產流程（就是買進鵝隻），維持穩定的生產線（金蛋），然後不斷地把這些產品（金蛋）賣出去。

這也是為什麼，詞彙以及學習金錢的語言，對孩子的教育而言是非常重要的。

***　　***　　***

很多人都不知道怎麼用錢

有一點一直令我匪夷所思：每當講到錢時，很多人是等著別人來告訴他該怎麼做。我相信，這是因為學校沒有給我們任何財務教育，才會發生這種現象，而這對大銀行和金融界來說則是正中下懷。繼續讓你在財務上無知，就是他們最完美的理財計畫。

許多人對於買賣股票、不動產以及保險等，會尋求業務員、營業員、理財專員的建議——而這些人就是靠給予各種財務上的建議（而非財務教育）來賺錢的。

這也就是為什麼富爸爸經常會說：「他們之所以會成為業務員，就是因為他們比你還窮。」

巴菲特也曾經說：

「就只有在華爾街才能看到這種現象：乘坐勞斯萊斯的有錢人，向乘坐地鐵上班的財務顧問請教投資建議。」

信不信由你，想要獲得按摩師執照必須有足足兩年的訓練，而成為一個理財專員，只要兩個月就可以弄到執照了。

這也就是為什麼，家長要提早讓孩子接受財務教育的原因，孩子必須能區分財務建議以及財務教育兩者的差別；也就是，「告訴你怎麼投資」以及「清楚知道自己要如何投資」這兩者的差別。

學習用金錢的語言

如果你打算到德國工作，那麼學點德語絕對有所幫助；如果你想要成為一位醫生，你就必須學會藥物學的詞語；如果你想打美式橄欖球，你就必須學會美式橄欖球的專業術語；當我去商船學院學習如何駕駛油輪時，我必須要學習航海學的專業術語；而當我進入航空飛行學校時，我的教育就著重於有關航空的名詞。

富爸爸從九歲起，就開始教我和他的兒子金錢的語言，我把金錢的語言也交給了金；我和她因此提早退休，把剩餘的人生投入倡導財務教育的使命。

我和金發明了現金流遊戲，好讓家長可以把金錢的語言教給自己的孩子。

好消息是，金錢的語言基本上只有七個名詞要學。一旦你精通了這七個詞彙，你的金融字典就會不斷地增長，你會產生不同的想法，而且你對世界的看法也會隨之改變。藉著玩現金流這款遊戲，你的孩子就會清楚的區分「下金蛋的鵝」和「金蛋」，以及資本利得和現金流兩者之間的差別；讓他們理解以上這兩個財務名詞，他們就可以大幅增加將來在投資理財上所具有的優勢。如果他們能把七種基本語言都學會，誰知道他們將來會有多大的成就？或許他們一輩子都不需要去找工作；或許他們會為了累積一些人生經驗而工作，但決不是為了領那一份死薪水；他們或許會成為雇主老闆，而不是一輩子做員工；或許他們會成為真正的資本家，而不是那些管理型資本家。

財務報表是你生活的成績單

下頁的圖形是現金流遊戲當中的財務報表。現金流這個遊戲真正在玩的，就是這一張財務報表；你在現實生活中的成績單是這張報表，銀行家要看的也是這張表。藉著不斷玩這款遊戲，你跟孩子將會精通金錢語言裡的七個基本詞彙，為自己的財務教育打下良好的基礎。

財務教育中所有詞彙的基礎，首先要從收入、支出、資產和負債開始教起，也就是財務報表中的關鍵要素。

如果不懂得其中一個或一個以上的詞彙，財務狀況可能會成為人生中很大的挑戰。舉例來說，數百萬人現在所面臨的困境，源自於他們被告知：「你的自用住宅是一項資產。」對很多人來說，他們的自有住宅其實是負債；還有些陷入困境的人，是因為有人告訴他：「要趕快找工作賺錢」。這些人並不了解，收入可分為：一般收入、投資組合收入以及被動收入三種，而工作的薪資所得被歸類成一般收入，其實是這三種收入中所得稅稅率最高的一種。

職業 ____________ **玩家** ____________

目標：藉著讓自己的被動收入金額大於總支出，來跳脫老鼠賽跑進入快車道

收入支出表

收入

項目	現金流
薪資：	
利息／股利：	
不動產／事業：	

審計員 ____________

（坐在你右手邊的玩家）

被動收入：（從利息／股利＋不動產／事業獲得的現金流） $ ____________

總收入： $ ____________

支出

稅賦：	
自用住宅貸款：	
學費貸款：	
汽車貸款：	
信用卡：	
消費性貸款：	
額外支出：	
小孩支出：	
借貸支出：	

小孩個數： ____________
（遊戲一開始為零）
每位小孩的支出： $ ____________

總收入： $ ____________

每月現金流（發薪日）：（總收入－總支出） $ ____________

資產負債表

資產

儲蓄存款：

股票／基金／定存單	股數	每股成本

不動產／事業：	頭期款	成本

負債

自用住宅貸款：	
學費貸款：	
汽車貸款：	
信用卡：	
消費性貸款：	
不動產／事業：	貸款／負債
貸款：	

英文有一百萬個以上的詞彙，一般人只能了解並且運用一萬到二萬個詞彙左右，這表示，我們永遠都有空間增加有助於提升金錢智慧的各種詞彙。

財務報表的重要詞彙

好消息是，金錢語言最重要的七個基本詞彙，大部分你早熟悉，而這七個詞彙通通都會出現在現金流遊戲之中。這些詞彙就是：

收入

就如前面提過的，收入一共有一般收入、投資組合收入以及被動收入三種。這是一個很好的例子，當你懂得並且學會一些基礎的詞彙，你的財務智慧就會快速累積。

支出

支出和負債，兩者都是把錢從你的口袋裡拿走的東西。對很多人來說，最大的支出項目就是稅賦；其他一般人的支出包括：房屋、食物、衣著、醫療、教育以及娛樂等等項目。

資產

資產就是，會把錢放到你口袋裡的東西。基本上資產有四大類：

事業

這個世界上最有錢的人，很多都是打造B象限裡的事業，例如賈伯斯、比爾．蓋茲、賴瑞．

艾里森、愛迪生、理察．布蘭森以及賴瑞．佩吉等人。打造Ｂ象限裡的事業非常困難，而且需要最高等級的財務教育。如果你成功了，那麼你所得到的報酬也是無法想像的天文數字。

想要打造Ｂ象限裡的事業，創業家需要學習數種不同的語言，舉例來說，創業家會需要能講法律、會計、工程、行銷、銷售、ＩＴ、領導力等方面的語言；他們不需要精通每一種語言，只要能說並且聽得懂一部分專業術語，就可以幫助自己的企業獲得成功。

在大部分情況下，學校是將孩子培養成專才，雖然學習的內容一直不斷地增加，但是其範圍卻愈來愈狹隘；創業家需要成為通才，意思就是他們需要會講數種不同的專業語言，但是每一種只需要懂得一點點即可。

Ａ等生之所以不能成為傑出創業家的原因，是因為他們喜歡跟其他同一性質的專家為伍。舉例來說，老師會和老師相處，醫生會跟醫生打交道。我的窮爸爸工作的時間有九成都是跟老師們相處，我的富爸爸則是花了九成的時間跟那些銀行家、會計師、律師、建築師、工程師以及ＭＢＡ畢業生相處。

大學畢業後，很多Ａ等生會進入專業學院念碩士班（例如醫學院、法學院、醫學院等）；畢業後他們上班了，通常還會跟其他的醫生、律師和牙醫打交道。他們會變得愈來愈專精，愈來愈孤立，而且愈來愈不容易和其他專業領域的人士溝通。

擁有Ｂ象限事業的好處，就是有機會擁有鉅額的財富、國際級的人脈以及稅務上的優勢，其中最大的優勢則是會講多種不同職業的術語。

不動產

不動產是第二個最具挑戰性的資產類別，因為不動產和債務有關，而債務就有自己獨特的語言；投資不動產同時需要不動產物件管理以及人際相處兩種能力。

投資不動產最大的優勢就是債務和稅賦，劣勢則是不動產物件管理；換句話說，申請到貸款相對來講是比較容易的部分，而管理不動產並且要能從中獲利才是困難之處。不動產物件管理也有它獨特的語言，讓那些剛剛開始投資不動產的新手吃足苦頭。

成為專業的不動產投資者最棒的地方，就是你進行投資時可以同時獲得資本利得以及現金流兩者，而且就算是要繳稅也幾乎等於沒有一樣（接下來幾章會有更進一步的說明）。

有價證券

有價證券是大眾最熟悉的一種資產，其優勢在於，任何業餘人士都可以很輕易的跨足這個領域，因為諸如股票、共同基金、債券以及指數股票型基金（ETFs）等有價證券的「投資部位都是很有彈性的」。這意思就是說，任何投資新手一開始可以決定要從1百美元或者是10萬美元投資都行。

對這些有價證券的投資者來說，在稅務上的優惠就非常少了。舉例來說，如果有人藉著不動產證券化基金（REITs）投資不動產，他們就會失去直接投資不動產在債務以及稅賦上的優惠，這對那些藉著有價證券來投資原物料商品（例如ETFs等）也是一樣的道理。

如果你熟悉富爸爸這間企業，你就知道我們不銷售投資項目給客戶，市場上雖然有很多機構會舉辦各種財經課程，但是這些課程通常都是要你購買或者使用他們的金融服務，或者購買他們所銷售的金融產品。換句話說，這些機構的財經課程，在本質上根本就是一種經過包裝的銷售話術，或者是財務的鬼扯淡（也有人把它稱之為「發掘潛在客戶」）。利用話術做銷售沒有什麼不對，這都是資本主義的一環，而且我是支持資本主義的。在真正資本主義的環境下，要你小心翼翼進行投資的說法叫做caveat emptor，它是從拉丁文「顧客購買時務必要小心」這個辭彙轉變過來的。從這裡就知道，為什麼財務教育遠比財務建議還來得重要許多，真正的教育應該能讓你更熟悉並了解自己周遭的世界。

原物料

原物料商品是串連當代各種生活所需的媒介，這個資產類別包括了石油原油、煤炭、黃金、白銀，以及玉米、黃豆、豬肉等。每一種原物料商品都有它自己的語言。

許多原物料商品有非常優渥的租稅減免與優惠（例如原油和食物）。

只要各國政府持續大量印鈔票，我會繼續買黃金和白銀收著當儲蓄，而不是在銀行儲蓄沒有用的紙幣。

現金流就是源源不絕的金蛋

簡單來說，如果你想要成為一位創業家，那麼前兩個資產類別，也就是事業和不動產，可能就非常適合你投資。在成為這兩項資產類別專家的過程中，你將會獲得絕佳的人生體驗；而這兩項資產類別需要極高的財務教育、堅韌不拔的個性，以及全心奉獻的決心。

如果你不想要成為創業家，那麼有價證券和原物料商品可能會比較適合你。

有價證券和原物料商品（例如金幣和銀幣）等，非常適合欠缺創業技能的人。以金融界的說法，有價證券、黃金與白銀的「流通性」都非常好；這代表買賣這些資產的過程非常迅速方便，可以一年三百六十五天在全球各地隨時進行電子交易。

投資有價證券、黃金或白銀時，不需要很強的人際關係處理技能。許多A等生在投資有價證券、黃金或白銀這些原物料時，都會有很不錯的表現，是因為在這些資產類別當中所需要的投資技能，非常類似於在求學期間所需要具備的能力；你可以坐在一台電腦前和全世界進行交易，而完全不需要跟任何人直接產生互動，這種投資環境和所需要的技能，跟創業家所需要具備的領導與溝通能力非常不一樣。

負債

所謂的負債（例如房貸、學生貸款、信用卡債以及汽貸等）簡單來說，就是會一直從你的口袋裡把錢拿走，許多人會不斷累積這些讓他們增加支出的債務。

現金流遊戲的目的，就是在教你如何累積那些能賺到錢的負債。

舉例來說，當我買下一棟可供出租用的不動產時，稅賦、維護以及房貸等這些負債，都可以從房客所繳的房租裡支付。然後獲利的部分才會流到我（投資者）這裡來，但先決條件是，我必須是一個擁有相當能力的創業家才行。

債務

債務有可能會變成負債；有時候債務也可以變成一項資產。如果我以5%的利息把10塊錢借給某人，那麼這項債務是我個人的一項資產，同時也是另外一個人的負債。

現金流101和現金流202是目前我所知道、唯一教導一般人如何使用債務，以及其他財務槓桿來投資選擇權、買權、賣權以及組合式選擇權等的遊戲。學會如何利用債務以及選擇權來致富，絕對是一種非常不公平的競爭優勢。

現金流：據富爸爸所說，現金流這三個字是整個財務領域當中最重要的三個字。你必須學會看出現金在財務報表上流動的情形，否則你很可能無法確實區分資產和負債、支出和收入之間的區別。

我相信《富爸爸，窮爸爸》一書會這麼成功，是因為我利用非常簡單的圖形，讓讀者看出現金流動的方式。

舉例來說：

資本利得：當資產的價值增加時，就會產生資本利得。舉例來說，如果當初你以

窮人的現金流模式

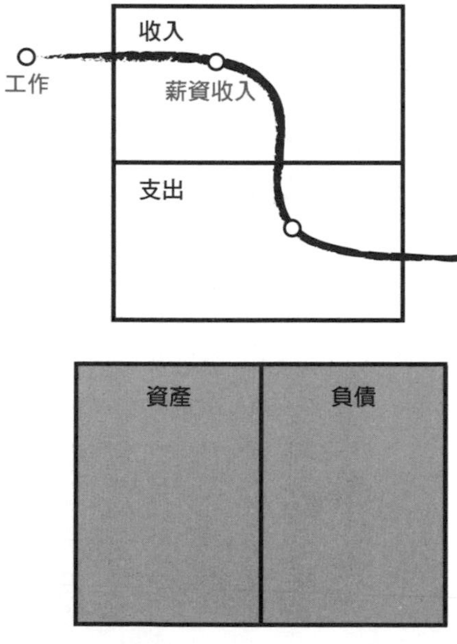

10塊錢購買一張股票，當你賣出時價格為15元，那麼每股的資本利得是5元，並且還要課徵資本利得的稅率。

這次交易的過程如下：

如果這次交易一百張股票，那麼你的資本利得會變成5百元，而粗估的資本利得稅會在1百元左右，占全部獲利的比重將近五分之一。

讓我們回顧一下：為了資本利得而投資，就好像是在買賣會生金蛋的鵝一樣。

而為現金流投資，就好比把錢投資在能生金蛋的鵝身上，然後把牠生下來的金蛋賣出去。

好債與壞債

如果你聽得懂金錢正在跟你說什麼，你的財務智商就會大大提升。

債務這個字眼有時好、有時壞；如果有

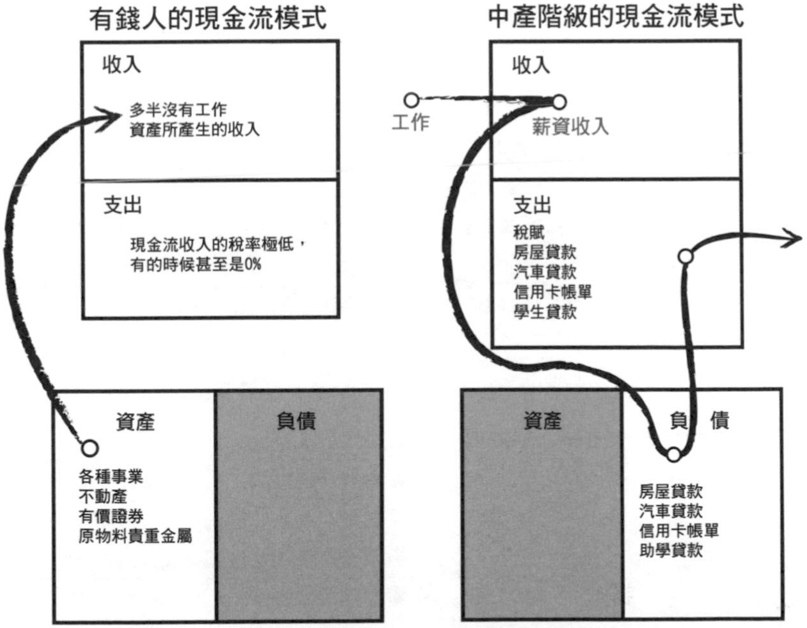

人欠你錢，就是件好事，如果是你欠別人錢，而且沒有錢還債時，那就是壞事了。能把兩邊都看清楚就能提高你的財物智商。

史考特．費茲傑羅說得最好：

「測試一流的智慧，端看腦中是否有能力同時存在兩個完全對立的想法，而且心智仍然能維持正常的運作。」

你的孩子將揹負多少國債？

美國國債於二〇〇〇年時是5.5兆美元，而截至二〇一三年已經成長至16.5兆美元；不知道下一次是多少，會不會是20兆？

1兆這個數字到底有多大？試想一下：如果從兩千多年以前開始，讓你每天花1百萬美元，直到今天為止，你仍然花不完1兆美元；另舉一個非常誇張的例子來說明1兆美元有多少：如果你從現在開始每一秒花1塊錢美元，那麼你需要超過三萬一千年才有辦法花掉1兆美元。

目前美國政府的國債已經累積到16.5兆美元，而且不出幾年就會達到20兆美元的舉債上限，而

	$15.00	每股買價
-	$10.00	減去每股成本
	$5.00	資本利得的利潤
-	$0.75	減去資本利得所得稅（目前平均是15%）
-	$0.18	再減去歐巴馬全民健保額外的3.5%
	$4.07	**實際淨現金流**

	$1,500	每股買價
-	$1,000	減去每股成本
	$500	資本利得的利潤
-	$75	減去資本利得所得稅（目前平均是15%）
-	$17.50	再減去歐巴馬全民健保額外的3.5%
	$407.50	**實際淨現金流**

這筆沉重的財政負擔，將要由你的孩子來扛。從我的觀點來看，這些數字就在反映，華盛頓特區領導階層所謂「一流智慧」的實際水準。

學校教太多無用的知識

將金錢的七大基本詞彙，跟學校傳統教育的七個基本概念做個比較：

學術教育的詞彙	**財務教育的詞彙**
好好上學念書	收入
去找一份工作	支出
辛苦工作	資產
存錢儲蓄	負債
還清債務	債務
購買自用住宅	現金流
把錢放到退休基金帳戶	資本利得

如果考慮孩子將來要面對的八百磅重的猩猩，你想哪一群孩子的生活會過得比較好些？是那些只懂學校語言的孩子，還是那些同時也懂得金錢語言的孩子？

在此引用愛因斯坦說的話：

「所謂的教育，是當孩子完全忘記在學校所學的內容之後僅存的東西。」

這是愛因斯坦用獨特的方式，描述許多人受教育的結果，往往只是「左耳進、右耳出」。我的微積分整整念了三年，但在現實生活中連一次微積分都沒有用到，現在也完全不知道如何利用微積分解決任何問題。

很多學生從大學畢業後會有這樣的計畫：「我會找一份薪資優渥的工作（而且福利待遇要特別好），然後我會把賺到的錢存起來、量入為出，然後買一棟自用住宅，接著把所有的債務還清，而且會把錢投資到自己的退休基金之中。」由於聖言成血肉，這些言語就會變成他們的現實生活，直到他們遭遇到那一群八百磅重的猩猩為止。

如果你讓孩子清楚了解金錢七個基本詞彙的意義，他們就會擁有扎實的基礎，可以持續不斷地培養出新的財務語言。別忘了，語言就是財務智商的根本基礎。

把財務知識內化成自己的一部分

當孩子玩現金流遊戲時，就能看出他們會把整個身心靈以及情緒等，完全投入在遊戲之中，每當他們在遊戲中買賣任何事物時，他們在身心靈和情緒等層面，就會不斷把金錢世界最基礎的七個詞彙轉變成自己的血肉。

這就跟學騎腳踏車是一樣的道理：一旦你懂得如何騎自行車，就一輩子都不會忘記了；學習金錢語言關鍵的詞彙以及基礎概念等，也是同樣的道理。

保護自己免受金融癌症侵襲

在玩現金流遊戲時，玩家們除了詞彙之外，還可以學到很多其他的事物與體驗，還會學到這些詞彙彼此之間的關係。舉例來說，如果有位玩家買下一項資產，他們立即就會知道這項資產增加了自己的收入；如果他不幸買到了一項負債，那他們就看到自己的收入減少。了解這些詞彙以及交易買賣彼此之間的關係，其影響力遠比只是呆呆把詞彙背起來要好得多了。

如今美國、日本、英國以及法國等國家的財務報表基本上沉痾已久，也完全染上了金融癌症，如何避免遭受這種致人於死地疾病的影響，保護自己和家人最好的辦法，就是擁有一份健康的財務報表。

富爸爸的教誨

富爸爸說：「財務報表就是金錢世界的核心，就好比太陽是我們太陽系的中心是一樣的道理。」
他也這麼說：「如果一位父親的財務報表不像樣的話，整個家庭都會陷入困頓掙扎之中；如果一個事業的財務報表不強勁的話，員工就會受害；而如果一個國家的財務報表不扎實的話，那麼全體國民就要受苦了。」

行動金融家

討論詞彙的力量，以及為什麼我們使用的詞彙這麼重要

富爸爸嚴格禁止我和他的兒子說：「我買不起」。富爸爸說：「只有窮人才會說『我買

不起』，且說的次數遠比有錢人還多很多。」而我在自己的家中就經常會聽到「我們買不起」這句話。

語言有著神奇的力量，可以讓人們站起來，或者把人徹底擊垮。但是語言和詞彙最奇妙的地方，就在於它們是完全免費的，而且我們也完全擁有選擇運用什麼樣詞彙和語言的自主權。

如果從小就能拓展孩子在金錢方面的語言和詞彙，那麼這種能力將會跟著他一輩子；藉著玩各種具有新詞彙的遊戲（例如資產、負債、現金流、資本利得等）。請花點時間找出這些名詞的定義，並了解它們真正的意思為何，並且鼓勵孩子在日常生活的對話當中，運用這些新詞彙。

當他們再長大一些就可以進行「每日一詞」的活動：在隨手可及的地方放一本財經字典，並且每天從中隨意選取一個名詞出來，閱讀這個詞彙的定義並加以討論，然後大家在當天的對話裡至少都要用到三次以上。

隨著日子的流逝，金錢的語言必定會出現在你們的家庭之中。

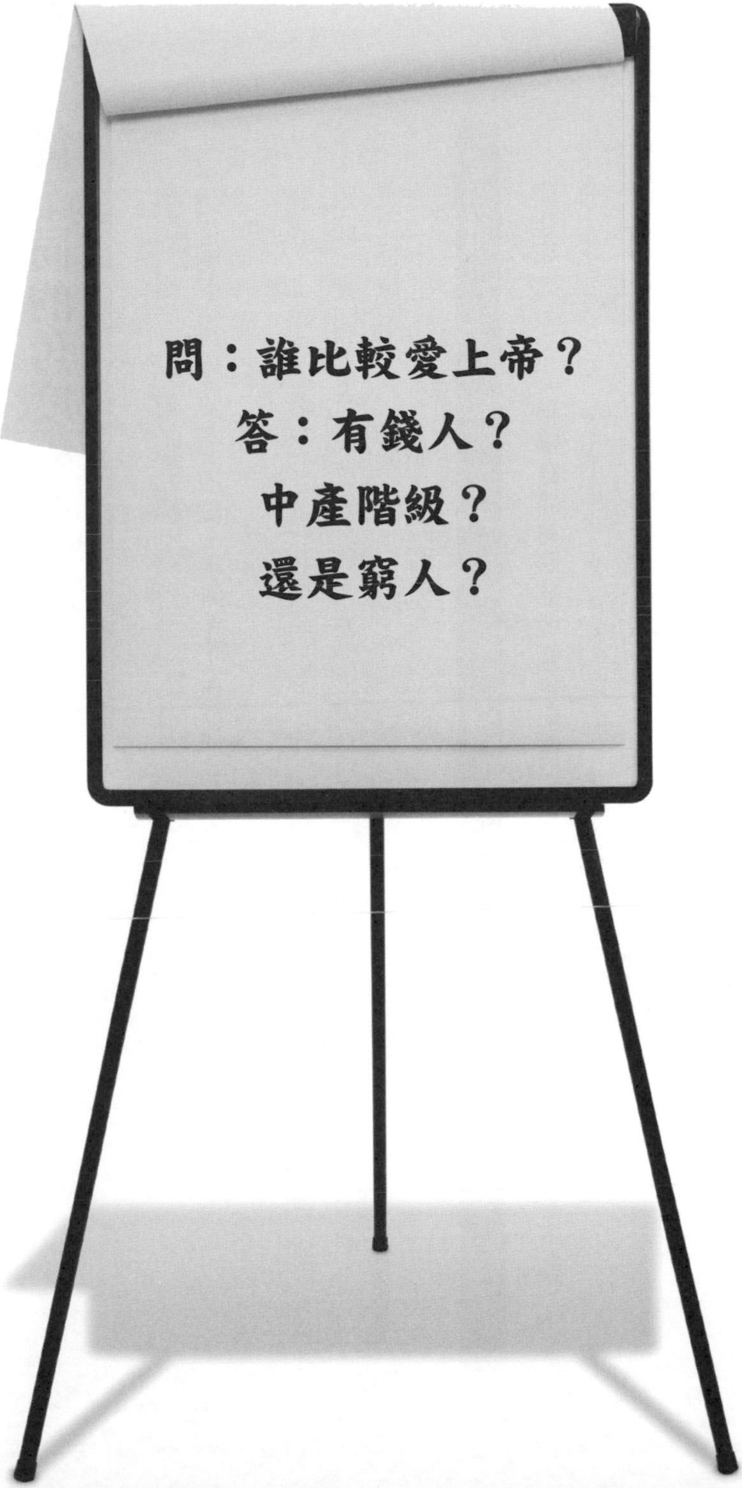
問：誰比較愛上帝？
答：有錢人？
中產階級？
還是窮人？

第十五章
從不同的角度來看上帝和金錢

穆罕默德的這一句話讓我陷入沉思：

「一個人真正的財富，是他在這個世界上所行的善。」

我認為上帝在看著我們，看我們能否會發揮、運用祂所給予的天賦才華，並且把它用來做好事。因此，誰比較敬愛上帝？看樣子應該是那些願意跟全世界分享自己天賦，諸如才華、時間以及心靈等這樣的人。

生活現場

聖經裡有很大的篇幅在講有關於金錢、財富、債務、銀行家、慷慨以及貪婪等內容，事實上，有人說聖經裡關於金錢的箴言，比任何其他主題都要來得多。

聖經中的箴言是否能引起一個人的共鳴，端看這個人站在硬幣的哪一個面上，以及他們如何看待自己和這個世界的方式有關。

- 窮人比較傾向於聆聽關於金錢是邪惡的章節。

- 中產階級比較偏愛那些講述要對自己所擁有金錢知足感恩的章節。
- 有錢人比較喜歡聽那些上帝如何獎勵有錢人並且懲罰窮人的章節。

聖經與窮人

以下是幾個我能想到的例子：

「耶穌說：你若願意作完全人，可去變賣你所有的，分給窮人，就必有財寶在天上；你還要來跟從我。」

「那少年人聽見這話，就憂憂愁愁地走了，因為他的產業很多。」

「耶穌對門徒說：我實在告訴你們，財主進天國是難的。我又告訴你們，駱駝穿過針的眼，比財主進神的國還容易呢！」

—馬太福音 19:21-26

「你們這些富足人哪，應當哭泣、號啕，因為將有苦難臨到你們身上。你們的財物壞了，衣服也被蟲子咬了。你們的金銀都長了鏽；那鏽要證明你們的不是，又要吃你們的肉，如同火燒。你們在這末世只知積攢錢財。」

「工人給你們收割莊稼，你們虧欠他們的工錢，這工錢有聲音呼叫，並且那收割之人的冤聲已經入了萬軍之主的耳了。」

「你們在世上享美福，好宴樂，當宰殺的日子竟嬌養你們的心。「你們定了義人的罪，把他殺害，他也不抵擋你們。」

——雅各書 5:1-6

聖經與中產階級

「他們若聽從事奉他，就必度日亨通，歷年福樂。」

——約伯記 5:1-6

「敬畏耶和華的，得著生命；他必恆久知足，不遭禍患。」

——箴言 19:23

聖經與有錢人

「愚昧人既無聰明，為何手拿價銀買智慧呢？」

——箴言 17:16

才華的預言

請注意，當時才華（下文中的千字）的意思是一大筆金錢。如今換算起來至少有10萬美元以上。

「天國又好比一個人要往外國去，就叫了僕人來，把他的家業交給他們，按著各人的才幹給他們銀子：一個給了五千（五個才華），一個給了二千，一個給了一千，就往外國去了。」

「那領五千的隨即拿去做買賣，另外賺了五千。」

「那領二千的也照樣另賺了二千。」

「但那領一千的去掘開地，把主人的銀子埋藏了。」

「過了許久，那些僕人的主人來了，和他們算帳。」

「那領五千銀子的又帶著那另外的五千來，說：主啊，你交給我五千銀子。請看，我又賺了五千。」

「主人說：好，你這又良善又忠心的僕人，你在不多的事上有忠心，我要把許多事派你管理；可以進來享受你主人的快樂。」

「那領二千的也來，說：主啊，你交給我二千銀子。請看，我又賺了二千。」

「主人說：好，你這又良善又忠心的僕人，你在不多的事上有忠心，我要把許多事派你管理；可以進來享受你主人的快樂。」

「那領一千的也來，說：主啊，我知道你是忍心的人，沒有種的地方要收割，沒有散的地方要聚斂，我就害怕，去把你的一千銀子埋藏在地裡。請看，你的原銀子在這裡。」

「主人回答說：你這又惡又懶的僕人，你既知道我沒有種的地方要收割，沒有散的地方要聚斂，就當把我的銀子放給兌換銀錢的人，到我來的時候，可以連本帶利收回。奪過他這一千來，給那有一萬的。」

「因為凡有的，還要加給他，叫他有餘；沒有的，連他所有的也要奪過來。」

「把這無用的僕人丟在外面黑暗裡；在那裡必要哀哭切齒了。」

—馬太福音 25:14-30

你想當哪種人？

不知道哪些章節最能引起你的共鳴——是那些有錢人、窮人，還是中產階級喜歡的箴言呢？

我的故事

雖然我個人不是這麼篤信宗教，但是在靈性和宗教方面所受的教育對我很有幫助，這些教育在我生命當中面對低潮困境、戰爭以及事業艱困的時刻，給了我指引。

當我在本章提到所謂「上帝」時，我並不是在指某個特定宗教裡所指的上帝，我講的是一種靈性的存在，而不是人類。我相信有一個靈性之神，我經常把上帝這個字眼當成「全面總指導」的意思。

我喜歡賈伯斯的說法：

「天堂的門不只有一個。」

我也很喜歡馬克・吐溫所說的：

「我不想自己來決定將來是要上天堂或者是下地獄，因為我在兩邊都有一大堆的朋友。」

我特別喜歡約爾・歐斯丁（Joel Osteen）的評論：

「我會讓上帝來判定誰該上天堂而誰該下地獄。」

我完全支持個人在宗教上的自由，這也包含了不相信任何上帝（神）的自由；我不喜歡別人把他們的信仰強加在我的頭上，而且我也完全沒有把自己的信念硬塞給你的想法。

*** *** ***

新來的傳教士

我是在十歲的時候開始接受宗教教育的，那時候有一位新的傳教士來到了鎮上，他很年輕，單身未婚，非常帥氣，而且是從德州來的；他穿著牛仔靴、牛仔褲、而且永遠在肩膀上背著一把吉他，隨時可以自彈自唱。當他布道時，他會不斷地分享自己人生的經驗，而不是一直利用地獄以及懲罰下地獄的方式來說教。

孩子們愛死他了，他就像是「花衣魔笛手」（The Pied Piper of Hamelin 又譯「哈姆林的吹笛手」）一樣，年輕人不再需要父母死拖活拉，也會自己上教堂了。

那些「教堂的姊妹們」卻不以為然，還不到一年半的時間他就被人攆走了。在那一年半的期間裡，是我人生首次對於週末上教堂這件事情引頸期盼，那時學到許多有關於上帝、金錢、宗教以及靈性等方面的事情。

可敬的伊卡博德駕到

結果這個年輕的本堂牧師被「可敬的伊卡博德」取代，孩子們給他取的這個綽號，源自於華盛頓．歐文（Washington Irving）在一八二〇年所寫的短篇小說《睡谷傳奇》（譯注：The Legend of Sleepy Hallow，電影「斷頭谷」的原著）裡面伊卡博德．克萊恩（Ichabod Crane）這個角色。

「可敬的伊卡博德」的身材高瘦，並且有個尖尖的鼻子。由於他不斷地利用上帝的天罰來說教，因此孩子們都覺得他心地非常不好；雖然他很瘦，但是胃口奇大，完全跟《睡谷傳奇》故事中的伊卡博德一模一樣。

自從他的家人抵達小鎮跟他相聚之後，教堂好像每個禮拜都要舉辦聚餐會（每個家庭都要帶一道菜前來），我們幾個孩子相信他之所以發動聚餐會，是因為他非常小氣，他藉著考驗當地信徒是否慷慨的名義，餵飽自家六個孩子以及滿足本身異於常人的胃口。

他每次佈道的時候，話題必定圍繞著金錢、貪婪、有錢人、窮人的善良以及要給教堂更多什一奉獻等等的內容。他經常會引用聖經裡這句箴言：

「我又告訴你們，駱駝穿過針的眼，比財主進神的國還容易呢！」

以及

「貪財是萬惡之根。」

靈性與宗教的教育

用不著多久，孩子們就理解到靈性教育和宗教教育這兩者之間是有差別的。那位年輕背著吉他的本堂牧師，想要把聖經裡的故事當成指引人生方向之用，他是在跟我們的靈性對話。

而「可敬的伊卡博德」利用恐懼傳授宗教教育。他非常固執而且堅持己見，他會主觀地判斷事物的好壞對錯；對他而言，人生所有的事情都是黑白分明，完全沒有灰色的區域，他也不能容忍其他的宗教派別。他跟那位年輕人相較之下，是一個更具影響力的演說家。雖然教會人士前來參加禮拜的意願提高了，但是願意出席聽講的一般民眾卻變少了。

同樣的宗教卻有不同的啟示

- 那位年輕的本堂牧師跟大家講的是上帝的愛；「可敬的伊卡博德」講的是要敬畏懼怕上帝。

- 那位年輕的本堂牧師把金錢說成是慷慨的結果；而「可敬的伊卡博德」卻把金錢說是貪婪的結果。
- 年輕的本堂牧師說每個人的內心有神的存在；「可敬的伊卡博德」講的是在我們之外有位上帝存在。

能學到宗教這枚硬幣的兩面對我來說，是一次非常好的教育經驗。六個月之後我就不再去「可敬的伊卡博德」的教堂了，我不喜歡他所處的硬幣那一面，因此我開始尋找新的靈性導師。

我們有能力創造自己的天堂或地獄

年輕的本堂牧師把焦點放在靈性教育上，遠比宗教教育還來得多；除了教導我們關於聖經和耶穌等，他會花時間教導我們每個人內在所具有的靈性力量。

他經常說：「我們有能力在地球上創造出屬於自己的天堂或地獄。」我不知道這種說法是真是假，但是對我而言是一個非常有幫助的信念；他也同時教導我們：「上帝早就把這個力量給了我們，現在要靠我們自己找到這股力量並且讓它發揮作用。」

針對這種上帝也存在我們體內的說法，真的把很多「教堂的老太太們」惹得非常不高興，因此這位年輕的本堂牧師很快就待不下去了。我不知道為什麼這些話會讓教會的老太太如此不高興，但事實就是如此。

在越戰期間，我親眼見證到那位年輕本堂牧師所說「我們每個人內在的靈性力量」；就像我一位朋友說：「我如今還能活著，是因為那些戰死的袍澤，一直奮戰到嚥下最後一口氣為止。」

幾次在火線中，我們把戰鬥直升機的槍炮和彈藥拆卸下來，變成撤離傷兵用的醫護直升機；我們在挽救生命時的表現，遠比殺敵的時候更加英勇而且險象環生，就像機長所說：「每當我們關心別人勝過自己時，通常都能發揮我們這組最佳的一面。」

做生意的時候

我把年輕本堂牧師的教訓融入事業之中，要不是因為他的教導，或許我根本無法熬過一路從E和S象限到B和I象限的這趟旅程；我一路上遇到許多邪惡、貪婪及需索無度的人，這些人為了錢什麼都做得出來。這個世界充斥各種現代猶大，也就是為了區區30枚銀幣背叛耶穌的門徒。或許你這輩子已經遭遇過像猶大這種人了。

富爸爸的教誨

富爸爸常說：「我認為上帝根本不在乎你是有錢人或窮人，不管你是什麼人上帝都會愛你。但是如果你想要成為有錢人，那麼請你務必慎選你所去的教堂及布道的牧師。」

現在社會的猶大

當《富爸爸，窮爸爸》成了全球暢銷書之後，我的生命就發生了巨大的改變；當財富名聲不斷湧進時，發生在我身上的法律訴訟也跟著增加。而控告我的都是我的朋友和事業夥伴，也就是那些現代的猶大。因此《富爸爸，窮爸爸》這本書第五章第四節裡的內容〈公司組織的力量和歷史〉，對於任何想要成為有錢的人來說是一個非常重要的章節；第四節最主要講的是有錢人如何利用各種保護工具（例如「法律實體」等），避免自己遭受現代猶大的背叛。

我的窮爸爸一直說：「我的房子和汽車都在我的名下。」我的富爸爸卻說：「什麼都不要放在我的名下。」他藉著法律實體保護財富，免得受到來自於朋友、事業夥伴的法律訴訟，以及猶大的染指。

我有一位律師的好友，同時也是富爸爸顧問的蓋瑞・索頓（Garrett Sutton）在他所寫的《經營屬於自己的公司》（*Run Your Own Company*）這本書裡，詳細描述有錢人如何保護自己免於受到現代猶大的背叛。

我在這裡講這些話是想要提醒各位，當你變得有錢之後並不表示你所面對的問題就會消失不見，在很多情況下會有新的問題產生；要走完整個法律系統來捍衛自己、事業及金錢等過程，就是活生生的現代地獄。

有一句古老的俗諺說：「當你打算穿過地獄，那就繼續走下去，千萬不要停下來。」

上百萬人還身陷財務泥淖裡

二〇〇七年爆發金融海嘯之後，數百萬人掉進財務地獄，他們沒有繼續走下去，到現在還卡在地獄之中。很多人把自己的財務問題怪罪到有錢人的身上。

很多年輕人也一樣身處在財務的地獄之中，受盡學生貸款和低薪工作的煎熬，如果他們自己不願意做出改變，就很可能一輩子都得活在財務的煉獄之中（就算他們受過高等教育一樣在劫難逃）。

這句極富靈性的智慧之語，出自愛因斯坦——

「想像力比知識更重要。因為知識是有限的，而想像力是無限的，它包含了一切，推動著進步，是人類進化的源泉。」

煉獄中學到的經驗

現在我回顧以往，理解到自己需要擁有四種不同的教育，幫助我走出確實存在於這個世界上、活生生的地獄；這四種教育就是：

1. 學術教育。
2. 專業教育。
3. 財務教育。
4. 靈性教育。

行動金融家

討論宗教與信仰在自己家裡所扮演的角色，以及信念會如何影響自己的金錢觀

在許多宗教信仰裡都可以找到很多強而有力的典故和教訓，無論是否相信上帝的存在或者信仰某種宗教派別，這些典故和教訓可以在金錢方面和它在人生當中所扮演的角色，提供另外一種嶄新的觀點。

和孩子一起討論慷慨這個主題與上帝和金錢有著什麼樣的關係；跟孩子分享什麼是「做出選擇」，也就是每當賺到一塊錢之後，他就擁有花掉、投資或捐獻的權利。討論關於正直和誠實的概念，因為這些都跟生活、創業及宗教信仰等相關聯。也可以跟孩子討論靈性上的財富，以及回饋社會的重要性。

第三篇

讓自己的孩子擁有不公平的競爭優勢

以下機構真正存在的目的：

1. 銀行
2. 股市
3. 保險公司
4. 政府稅務機關
5. 退休基金

導讀

財務教育本身擁有許多好處，家長在家裡給孩子的財務教育，將會讓他這輩子擁有三種不公平的競爭優勢：

- 賺到更多的錢。
- 把更多的錢留在身邊。
- 保護更多的錢。

合法的掠奪

法國政治經濟學家佛雷德里克．巴斯夏（Frederic Bastiat）在一八五〇年曾說：

> 每個人都想依賴國家，卻忘了國家得依靠國民才能繼續存在。

巴斯夏同時也說特權階級會利用政府進行「合法的掠奪」；今日，這種合法的掠奪稱之為「油水」，例如軍方合約、到處可見的公共工程，以及許多由政府規劃、可立即實施的大型建設案等。有錢人擁有可以影響該國法律的力量，這也就是為什麼會有這麼多的關說團體會「建議」總統、參議員以及國會議員各種「特別的互惠方案」，以增進自己所代表的團體的利益。

那些最大型的公司企業，如銀行、藥廠、農產品寡頭及石油公司等，都打著提升民眾福祉的口號，行干預立法法案之實；401（k）退休金計畫和個人退休金帳戶（RothIRA）都是「合法掠奪」的絕佳範例，我個人認為這也是學校裡從來不安排財務教育內容的原因之一。

學校裡唯一能教的財務教育，就是教孩子要「存錢儲蓄並且用股票、債券及共同基金填滿自己的退休金帳戶。」也就是把錢直接送進世界上最富有的銀行和有錢人的口袋中。再次強調，我並不是說這是一件壞事，我可以在硬幣的邊緣上看見兩個面，也就是整個大局的全貌；當現金流進這些巨型的投資銀行之後，我和事業夥伴就會把這些錢借出來，用在我自己所投資的出租公寓以及鑽探油井上。

巴斯夏說有錢人合法的掠奪會鼓動下流社會的暴動，此時民眾就會利用合法化、社會主義形式的掠奪報復有錢人，這種社會主義形式的合法掠奪手段有：社會福利制度、糧票、福利津貼、聯邦醫療健保及現在的歐巴馬醫療健保等。當年就是因為大型企業進行合法掠奪的關係，催生現代的工會組織，如今最大的勞動工會並非由工廠員工組成，反而是由政府公家機關的公職人員所形成的；全美最大的工會組織目前是教師工會，其中也包括了國家教育組織（National Education Association），該組織的焦點並不是擺在孩子所受的教育上，而是擺在如何賺到更多的錢，好用來買通華盛頓特區裡遊說陳情的白手套。

巴斯夏建議，無論是資本家還是社會主義者，都應該停止所有這種合法的掠奪行為；他和那些學術專家一樣，活在想像的世界裡。不過他也精確地預測到，當這些組織的掠奪行為開始扭曲，便會反過來對組織造成傷害。

換句話說，一旦資本家利用合法掠奪的手段讓自己變得更富有時，就會開始走下坡，這也就是為什麼雷曼兄弟、大型銀行、華爾街及許多政府贊助輔導的企業會開始產生各種問題，最後只好由政府出手接管。或許你還記得在政府接管這些有問題的企業之前，那些公司高層主管（也就是管理型資本家），發給自己數億美元的薪資和獎金。

而社會主義者合法的掠奪行為，是醫療健保制度、聯邦醫療健保、各種公家機關的退休基金等，這些計畫在財政上無以為繼的原因，其中一個就是因為這也是一種掠奪。

一般市井小民就被這些巨型組織合法地掠奪，結果是辛苦工作一輩子之後仍然無法得到政府的保障（破產了），同時也會失去退休基金裡大筆的財富（被掠奪光了）。

當沃爾瑪（Walmart）或家得寶（Home Depot）等巨型公司開張後，許多當地的中小企業就被迫關門大吉；這些大型公司的管理階層都是由我們最頂尖的商學院所培育出來的管理型資本家所掌控，這些企業取代了原本到處林立的「家庭式」雜貨店。我們現在接觸到的都是冷漠的公司管理制度，而不是散發著濃厚人情味的家庭事業；大型企業裡盛行「人不為己天誅地滅」的心態，而不是「我們都在同一條船上」的精神；巨型企業創造出一種新的、窮忙的工作階級，而不是提供更多高薪的工作；薪資水平不斷地下降，而非逐漸調高薪資；隨著薪資收入的下跌，有愈來愈多的人在財務以及醫療方面，必須依賴政府的各項補助才能夠繼續活下去。

有一句歇後語是這麼說：「城門失火，殃及池魚。」

如果你缺乏財務教育，不管你之前工作有多麼辛苦或者有多久的工作資歷，都會被各種大火給燒到。

變本加厲的掠奪

一八七〇年經濟蕭條期間，擁有賓夕法尼亞州鐵路公司的湯姆・史考特（Tom Scott）開始在賓州興建私有的石油輸送管道，激怒了石油大亨洛克斐勒，因為他早已壟斷全國的石油運輸管線；洛克斐勒關閉賓州的煉油廠作為報復，使史考特蒙受重大的財務損失。

雖然史考特和洛克斐勒都因此產生鉅額的財務損失，但損失最大的卻是兩家公司的員工，因為他們失去了原本的工作。

史考特為了生存，被迫大量裁員並且降低留任員工的薪水，憤怒的員工們縱火燒掉史考特的鐵路設施，其企業王國開始崩壞；於是更多的員工失業、家庭面臨財務上的窘境，使得一八七〇年的經濟蕭條雪上加霜。

如今各種貿易協定促使近兩百五十萬個工作機會從美國流到海外，遷移至一些不一定具備勞工法、最低工資、勞健保福利、薪資保障等法規的國家之中。

在這種情況下，大獲全勝的都是像沃爾瑪、通用公司、微軟及蘋果等巨型跨國企業。而最大的輸家就是美國的上班族，他們沒有太多的選擇，只能到沃爾瑪或亞馬遜購買通用公司和微軟生產出來的廉價產品；蘋果電腦則是建立自己的通路和物流銷售自家商品。

這就是為什麼現在你的孩子更需要財務教育的原因。

現在美國有很多家長都希望孩子能在學校裡獲得好成績，將來才能進入這些大企業裡謀得一份高薪的工作，或者將來能成為律師或醫生。

就算孩子真的找到了位於E象限裡高薪的工作，或者成為S象限裡高收入的專業人員，在缺乏財務教育的狀況下，他將來賺取的財富絕大部分也會被這些合法掠奪的手段給侵蝕殆盡。

隨著全球經濟的委靡不振，可以預見這種合法的掠奪手段只會變本加厲。法院裡有處理不完的訴訟案件，都是為了金錢或賠償而彼此控告；和毒品有關的犯罪、暴力、綁架及闖空門等，已經成為日常生活的一部分，而這些人並不是一開始就想要成為罪犯，對很多人來說犯罪變成唯一的生存手段；同時，白領階級的犯罪趨勢也逐漸升高。白領階級罪犯對我個人造成的財物損失，遠比那些街頭小混混高出許多。

二〇一二年，美國總統大選期間就反映出全球各國都存在這種「合法掠奪」的行為。一邊的政黨代表有錢人，不斷要求刪減社會福利制度的預算，並且堅持國防預算要維持不變；而另一方則代表窮人，要求政府提撥更多的失業給付、聯邦醫療保險以及社會福利等補助和津貼。

就如巴斯夏所說，雙方都在合法的掠奪，我在此重申：

「每個人都想依賴國家，卻忘了國家得依靠國民才能繼續存在。」

換句話說，我們已經不再是個資本主義的國家，而是逐漸成為一個社會主義的國家，一個民眾需要仰賴政府照顧、並且提供日常生活所需的國家。

英國前首相柴契爾夫人說：

自古以來社會主義的政府部門都會把國家的財政搞得一團糟，這些崇尚社會主義的人老是把別人的錢花得一乾二淨。這一點是他們的人格特質之一。

本書第三篇著重於讓孩子擁有不公平的競爭優勢的重要性及方法，當城門失火的時候，利用財務教育保護自己，就是小魚兒的最佳防禦措施。

誰想要成為
百萬富翁？

第十六章
擁有財務教育的十大優勢

這一章整合前兩篇的內容，完整複習財務教育的十大不公平競爭優勢，並且了解這些優勢將如何影響孩子的未來，藉著回顧這些競爭優勢，你就能做好充分的準備迎接最後一篇——〈自己做聯準會〉。

生活現場

「不公平的競爭優勢」的意思，就是接受財務教育之後所獲得的一種競爭上的優勢。身為家長的你，同樣可以運用以下的內容並且從中獲益；在家中以身作則、成為終身學習的榜樣，將會對孩子產生終身的影響，並讓他們有機會走上富裕的人生大道。

不公平的競爭優勢#1：擁有改變自己收入和人生的能力

如你所知，一共有三種不同的收入形式，也就是：

- 一般收入。
- 投資組合收入。
- 被動收入。

大部分的人畢業之後的工作所得都是一般收入，也是三種收入當中所得稅最高的一種。

如果把賺到的錢存起來，不管是放在活存帳戶或退休基金裡，這些錢都會被視為一般收入，你需要擁有財務智慧才有辦法把一般收入轉變成投資組合收入或者是被動收入。

簡單複習一下標準的收入模式：

- 窮人為一般收入而工作。
- 中產階級最主要是為了投資組合收入而工作。這些收入包括了資本利得、自有住宅房價增值、股票市場的投資以及各種退休金帳戶等等。
- 有錢人是為了被動收入而工作。

這表示無論工作與否，現金都會不斷地流進他們的戶頭之中。

小時候我愛看的電視喜劇叫《比佛利山莊的凱子》（The Beverly Hillbillies），劇情是在講述一個窮光蛋打獵的時候，子彈沒有擊中兔子反而在地面上打了個洞，因而讓他發現了石油，結果這些「黑金」讓他們家變得非常有錢，因此他們決定搬到比佛利山莊，從此努力學習如何適應超級有錢人豪奢的生活。

擁有被動收入就好比在你家後院挖到石油，只要這口油井不斷地產出石油（資產），你就會一直有進帳；如果你挖的油井數量愈多，就會有更多的油（或者現金）流進你的口袋中。

我也很喜歡利用「下金蛋的鵝」這則寓言故事，詮釋投資組合收入及被動收入兩者之間的差別。如果你把鵝吃掉了，它就屬於投資組合收入，亦即資本利得；如果你把鵝留下來，就會擁有愈來愈多的金蛋（現金流），亦即被動收入。

問：為什麼懂得如何改變自己的收入形式是一件非常重要的事？

答：自一九七一年起，所有的紙幣就不再用黃金做為擔保品。如今全球各中央銀行不斷地發行鈔票，就表示你現在所擁有的錢的實質購買力一直在降低。能轉變自己的收入形式就表示你更有機會跟上鈔票貶值的速度。當年輕人懂得如何轉變自己的收入形式，他們就能改變自己的命運，從窮人變成中產階級，然後再變成有錢人。與其為錢工作，不如嘗試在自己的腦袋裡挖到石油，就跟賈伯斯、迪士尼以及愛迪生的作法一樣。

教育這個名詞是從拉丁文 educe 這個字根演變而來的，這個字根的意思是「引出」而不是「塞進去」的意思。很不幸的，我們傳統教育體制根本沒有興趣發掘並引出孩子的財務天分，他們仍然想要往孩子的腦袋裡塞進更多的東西，而大部分的狀況下，這些東西將會把孩子調教成一輩子的上班族。

不公平的競爭優勢 #2：更慷慨的能力

為何這個世界變得如此貪婪？可以在馬斯洛需求第二階段「安全感」中找到答案。

如果擁有扎實的財務教育，你的孩子就會比別人更有機會到達馬斯洛第五個階段「自我實現」，在這個階段，孩子會變得更加慷慨同時也更願意付出，而不是一味地想要有所得。

只要孩子內心對於財務狀況充滿不確定及不安的感覺，他就會需索無度、變得貪婪。

這也就是為什麼你的孩子必須要懂得如何轉變自己的收入形式，特別是要知道如何把一般收入轉變成投資組合或者被動收入。

搖滾樂之王

當我還小的時候，電視上曾經報導過一些關於貓王慷慨解囊的故事，其中有一則故事是說一位女士非常讚賞貓王手上的鑽戒，貓王微笑著把鑽戒取下來送給她了。

貓王非常相信應該分享他所受到的祝福，因此盡可能地幫助了許多人及慈善機構。他的遺產繼承人非常多元化，完全沒有任何年齡、種族或者信仰的分別，他唯一關心的是那些真正有需要的人；有一部叫做《兩百輛凱迪拉克》（200 Cadillacs）的紀錄片，就是在講述這位巨星的慷慨之舉。

富爸爸的教誨

現在各國政府鈔票愈印愈多，都是刻意讓該國貨幣的實質購買力大幅下降，每個政府都希望自己國家的製造生產成本比其他國家來得低廉；如果薪資水準不斷上漲且該國貨幣沒有疲軟的現象時，那麼產品在國際市場上就會比較昂貴，造成出口貿易量的衰退。

工資低廉表示我們可以創造更大的出口量，同時也可以保住員工的飯碗；雖然窮，但至少有工作可做。

這也就是為什麼你的孩子必須要懂得如何轉變自己的收入形式，特別是要知道如何把一般收入轉變成投資組合或被動收入。

根據馬斯洛人類需求五層次理論來說，貓王已經到達了金字塔的頂端，他分享自己的天賦才華，成為一個娛樂眾人的明星，同時也讓自己達到頂端，當他付出愈多，收穫也愈多。

我有些摩門教徒的朋友跟我分享他們的諺語，「上帝沒有接受的需求，但人類需要多多施捨。」這也就是為什麼摩門教徒的信仰是這麼的堅定，他們不只是對別人進行什一奉獻的說教，自己也會身體力行的做到，對他們來說什一奉獻就是一種義務。

什一奉獻這個詞在古文中是「十」的意思，也就是要把收入的十分之一拿去做奉獻。

許多人會說：「等我有錢之後就會做什一奉獻。」他們現在之所以沒有錢，就是因為他們不曾做過什一奉獻。

不公平的競爭優勢＃3：更低的稅賦

當你愈慷慨，你所需要繳的稅就會愈少。雖然這麼說似乎過於簡化，但也很精準。

就如本書前面兩篇所述，稅法就是政府訂出來的行事標準，如果你根據政府的意思去做，政府就會給你租稅上的優惠或其他獎勵。

許多人只擁有一間自用住宅，而政府會給予居住空間提供者稅務上的優惠；同理，工作機會提供者，政府也會給予稅務上的減免，而一般人離開學校後卻只會為自己找一份工作而已。

許多人努力工作是為了避免負債；而政府卻會獎勵那些願意運用債務的人。因為美元就是一種新債務，如果人們不再運用債務，經濟就會開始停滯不前；絕大部分的人只會消耗原物料商品（例如石油和食物等），所以，能提供食物和石油的人，政府就會給予稅賦上的減免與優惠。

誰要繳最多的稅

你還記不記得本書一開始現金流象限的圖示？上面記載每個象限所需要承擔的所得稅稅率。

財務教育能讓孩子在稅務上擁有不公平的競爭優勢，只要他們更加地慷慨，願意運用身邊的資源和財富支撐經濟，同時協助政府提供其他民眾所需的住宅空間、工作機會、就業機會以及特定的產品或服務等，就能享有稅務上的好處。

每個象限所要支付的稅率

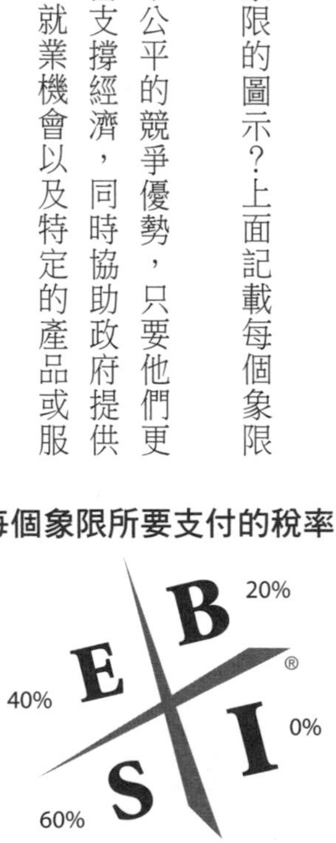

不公平的競爭優勢＃4：利用債務成為有錢人

自一九七一年起美元就變成一種債務，也就是美國納稅人所發行的借據。身為家長的你也曾經親身經歷過，知道學校傳統教育不教學生任何有關於金錢或債務這方面的知識。現在許多年輕人從大學畢業後，背負著沉重的學生貸款及信用卡卡債；當他們結婚之後，又會因為房貸、汽貸及其他消費性貸款，讓他們再次陷入更深的債務之中難以脫身。

藉著財務教育，你的孩子將會學會如何區分好債與壞債不同之處；好的債務會讓人更加富有，而壞的債務會讓他們變得更貧窮。

既然債務是新的金錢，那麼財務教育就應讓孩子知道如何利用債務變得更加富有，他們一輩子都不需要從嘴裡說出「我買不起」或者「錢不夠用」這類的話。

如果學會如何利用債務來累積資產（例如不動產），孩子就有機會變得更加慷慨，因為他在選擇投資標的時，將刻意選擇一些對整體社會更有價值與幫助的資產（例如人人都可以負擔得起的出租公寓等），這麼做，不但能賺到更多的被動收入，同時繳納愈來愈少的所得稅。

不公平的競爭優勢＃5：增加自己的收入種類

許多財經界的「類專家」都會建議大眾：「生活要量入為出。」這種建議是很糟糕的財務教育，有誰只想過著「量入為出」的生活？這個世界上有太多美好的事物要讓我們去享受和經歷，我個人認為，強迫自己量入為出根本就是在扼殺自己的精神。

當孩子畢業離家生活後，日常開銷的問題就迎面而來，由於失去了父母的支持，諸如房租、食物、衣著、交通以及娛樂等開支，就會造成很大的壓力；如果他們去旅遊、購物，甚至發生意外時，他們毫無選擇的只能使用信用卡付帳，於是又增加了一項支出：信用卡昂貴的循環利息。

如果他結婚了，雖然大部分的新婚夫婦此時會擁有兩份收入，而且因為一起居住而能節省許多額外的開支，直到第一個孩子出生為止；孩子呱呱落地後，原本只有一個臥房的套房就顯得太小了一些，因此，買大一點的房子這個需求就更迫切了。

由於缺乏財務教育的關係，他們會相信「我們的自用住宅是一項資產，也是我們這輩子最大的一筆投資」。銀行和不動產業務不斷地散播這種似是而非的財務建議，年輕人就會咬牙買下自己人生的第一棟房子，而且經常遠比他們真正能負擔的金額高出許多。

因為這間新房子，支出項目又增加了；現在他們還需要各種家具、家庭設備及一輛汽車。如果不幸出了些意外狀況（例如屋頂漏水、車子出狀況等），他們就刷卡解決眼前的問題。

他們會不斷地告訴自己「我們必須量入為出」，同時會更認真賣力的工作把債務還清。把消費性貸款完全還清確實是一個好主意，問題是：在缺乏財務教育的狀況下，極少數的人才會懂得如何利用債務獲得可以創造現金流的資產，讓他們提高量入為出的金額。

由於缺乏財務教育，許多孩子離家後完全和父母一樣陷入老鼠賽跑之中，我跟世界其他地方的父母打過交道，清楚地知道所有的家長都希望孩子將來的生活能過得比他們更好。

老鼠賽跑

俗話說：「老鼠賽跑最大的問題，就是牠贏了也還是隻老鼠。」

許多理財專家都會建議趁早替孩子開始累積教育基金，在美國，這種教育基金被稱之為「529計畫」。雖然這個基金的立意良好（架構氛圍是好的），但政府卻規定「529計畫」的錢只能投入共同基金，而這種作法是累積財富時成本最昂貴、也是最沒有效率的方式；同時也是巴斯夏合法掠奪的範例之一，也就是現代大企業推動立法機構通過法案，強迫民眾要把更多的錢送進企業家的口袋中。

如何打敗其他的老鼠

與其聽其他老鼠告訴你應該要這麼做，你應該學會的是如何擊敗這些老鼠，打敗老鼠的方式，就是想辦法拓展自己的收入來源，而不是強迫自己量入為出。

當孩子學會拓展自己的收入來源，就具備了一種不公平的競爭優勢。

我如何增加自己的收入種類

我愛死跑車了，如果我有更大的車庫，那麼我一定會去買更多的跑車。問題在於這些車子都是一些負債，因此每當我想要買更多跑車時必須要先拓展自己的收入來源，也就是想辦法再買下一些資產，然後讓這項資產所產生的現金流來支付這輛跑車所產生的負債。

我會用以前寫的一本書裡的範例做解釋。

多年前，有輛非常稀有的保時捷敞篷車被拿出來賣，當時開價5萬美元，雖然我手頭上的現金足夠，但如果買下了這部保時捷，我根本就是在買一項負債並且讓我短少5萬美元現金。當我跟金商量這件事時，她沒有叫我不要買這輛跑車，她跟我說：「趕快去買一項資產，用它來養這部保時捷。」

因此我拿了5千美元給車商，請他替我保留這部跑車九十天。

雖然花費了一些時日，但是我終於在德州找到了一間小型倉儲公司，利用手頭上5萬元現金再加上一些銀行貸款就把它買下來；這間小型倉儲公司每個月所產生的現金流，遠遠超過這輛保時捷每個月的汽車貸款。

如今我仍然擁有這一輛保時捷，而且貸款已經全部還清了，貸款還清之後，這間倉儲公司所產生的現金流，讓我買下更多「玩具」；幾年前我們把倉儲公司賣掉了，並且把獲利拿去投資一棟公寓大廈（同時做稅務上的遞延）。這一輛保時捷讓我們更富有，而不是更窮；當我買下自己那輛賓特利（Bentley）時，也是用同樣的手法。

以上就是增加收入來源，並且利用自己的資產來購買負債的典型範例。金和我把這句話當成圭臬並且信守不渝。

另一個例子，就是我們的海灘度假小屋。在買下這間位於夏威夷島的海灘小屋之前，我們花了好幾年的時間買下許多出租公寓，再用這幾間出租公寓所產生的現金流（一些資產）負擔海灘度假小屋（一項負債）。我們沒有讓增加的負債把我們變得更窮，還能不斷創造資產購買負債，變得愈來愈有錢。

量入為出的生活對很多人來說並不是一件讓人開心的事，我們應當好好享受生命當中的美好事物；與其量入為出，應該教你的孩子去追尋美好的人生，並在過程當中變得更加富有，把「過好生活」的夢想變成動力和動機，引導他們不斷地前進。

如果你的孩子能夠及早接受這樣的觀點，就能打敗其他的老鼠並脫離老鼠賽跑，而且只需要一點點財務教育就能學會利用資產購買負債，光是這一點就是一種非常不公平的競爭優勢。

換句話說，如果你能利用資產來養負債的話，那麼就連這些負債都可以讓你變得愈來愈有錢。

金錢與快樂

富爸爸說：「那個說出『金錢不能使人快樂』的人，必定有重度憂鬱症。」

不公平的競爭優勢#6：增加自己的情緒智商

當我買進能創造現金流的不動產來供養保時捷時，就是在現實生活中玩起地產大亨遊戲；從購買綠色的小房子著手，我和金逐漸能買得起更大的不動產，例如那間小型倉儲公司。

許多人無法依樣畫葫蘆的原因，是因為他們缺乏情緒智商。

在本書前面，我曾經列舉了嘉納教授的多元智能理論，我們先複習：

- 語文智能。
- 數學邏輯智能。
- 肢體動覺智能。
- 空間智能。
- 樂音智能。
- 人際智能。
- 內省自知智能。

情緒智商通常也被稱之為「成功的智慧」。

展現高度情緒智商的一種方式，就是懂得遞延報償；為什麼會有這麼多人在財務裡掙扎，是因為他們想要獲得立即的滿足感，很多人會一時衝動的利用壞的債務或信用卡來購買保時捷，或

為什麼金錢不能讓你更富有

要讓擁有數千萬美元的職業運動員破產，看起來似乎是不可能的事情，但是根據美國運動畫刊（Sports Illustrated）調查顯示，在退休後的兩年之內，有78%已退休職業橄欖球選手會宣布破產，或者面臨財務上的壓力。怎麼會發生這種事？從非常富有變成每天有一餐沒一餐的日子的原因很多，例如非常糟糕的消費習慣、不良的投資決定，甚至對慈善機構的捐款，也可以讓富有的運動選手淪為無家可歸的街友。

這不是只有發生在美國職業橄欖球選手之間的問題：在退休五年之內，六成的NBA職業籃球選手也會面臨破產。

者是豐田汽車的油電混合車。

藉著教小孩先購買資產然後用這個資產來養債務，你就是在提升孩子的成功智慧。

不公平的競爭優勢＃7：致富的途徑有很多種

成為百萬富翁有很多種方法，列出幾個如下：

- 你當然可以為了錢娶（嫁）別人，但是我們知道會這麼做的都是哪一種人。
- 你可以去簽樂透彩，但玩樂透彩的都是輸家，因為如果沒有數百萬個賠錢的玩家，就不可能產生一個大贏家。
- 你可以報名並贏得「誰想要成為百萬富翁」這個電視節目。不管是誰設計這個節目，他必定是個A等生，只有A等生才會抱持「你必須知道對的答案才會成為百萬富翁」這種觀念；只有極少數的人是因為知道正確答案而獲得他現在的財富與成功，絕大部分的百萬富翁都是因為不斷地犯錯（而且是非常、非常多的錯誤），然後從錯誤中汲取教訓才得到今天的地位。
- 你可以成為一位職業運動員。但是大部分的職業運動員在退休後五年之內就會宣布破產，如果他們不幸敗掉了數百萬美元的積蓄，隨著年齡的增加，他們想要再把這些錢賺回來就會愈來愈困難。
- 你可以藉著擁有財務智商而成為百萬富翁。

各種不同的百萬富翁

許多人都自稱為百萬富翁，每當我聽到時，我第一個問題是：「你是哪一種百萬富翁？」以下就是各種不同百萬富翁的類型：

- **空有身價的百萬富翁**

二〇〇七年，金融海嘯爆發之前，這一類的百萬富翁有如過江之鯽，舉例來說，如果他們自有住宅的市價為3百萬元，而房貸還有1百70萬元尚未清償，那麼他們的身價算來就是1百30萬元，因此讓他們躋身百萬富翁之列。

但是在金融海嘯後，住宅的市價只有1百50萬元，也就表示他們不再是百萬富翁了，因為房子的價格竟然比他們所積欠的貸款來得低。

許多股票投資者也是屬於這類的百萬富翁，他們雖然有價值數百萬元的股票，但是從投資中獲得的現金流量卻非常少，他們只是在帳面上擁有百萬身價而已。

- **高所得的百萬富翁**

許多執行長、醫生、律師、職業運動員、電影明星及娛樂圈內人士都是高所得的百萬富翁，他們一年有超過1百萬美元以上的收入，這種百萬富翁最大問題就是所得稅，這些人幾乎都屬於所得稅稅率最高的一群人。

- **遺產的百萬富翁**

這群人通常被戲稱為「幸運精子俱樂部的成員」，他們只不過出生在富有的家庭之中。這群人最大的問題，就是該如何持盈保泰；許多家族的財富都是富不過三代，也就是創造財富的祖父，但是並沒有把創造、累積及滋長這些財富的知識傳給後代。

● 現金流的百萬富

現金流百萬富翁是那些可以從投資工具當中獲得上百萬元現金流，而且完全不需要工作的人。身為一個現金流百萬富翁最大的好處，就是債務和稅法都對自己有利；而債務和稅法對其他所有形式的百萬富翁來說，則是極為不利的。

我知道自己如果想要成為百萬富翁，最有利的方式就是成為現金流的百萬富翁。我很清楚知道自己在學術、歌唱、演藝及運動，都沒有出眾的能力或者是特別的表現，九歲的時候我就知道必須靠自己尋找成功的途徑，這也是為什麼我會這麼喜愛地產大亨這款遊戲的原因，我很清楚知道我也能做得到；先從綠色的小房子開始累積，一路上不斷地培養自己的自信和資產，現在我已經能在現實生活當中玩地產大亨這款遊戲。

跟孩子們討論和金錢有關的知識時，討論不同類型的百萬富翁，以及他們適合成為哪一種百萬富翁是很重要的，這能啟發他們學習、研究以及認真工作的動機來實踐夢想。孩子的夢想非常重要，富爸爸也曾說過：「你可以在夢想裡找到自己的天賦才華。」

藉著鼓勵孩子認真追求屬於自己的夢想（而不是逼他們去找一份工作），就能讓孩子擁有一種不公平的競爭優勢。記得啟發這個字根和精神這個名詞有關，如果你能點燃孩子的精神，他們就很有機會展現天賦才華。

不公平的競爭優勢#8：保護自己的資產

許多窮人或中產階級會自豪地說：「我的房子在我的名下」，或者：「我的汽車在我的名下」，這種感覺稱之為擁有權的自豪感。

反觀有錢人，他們不會把這些放在自己個人名下，有錢人藉著各種不同的法律實體保護自己的資產，例如S型公司（編註：小型股份有限公司，課稅對象是股東）、有限責任公司及C型公司（編註：一般股份有限公司，課稅對象是公司，課稅後的盈餘分紅給股東，股東還會再被扣所得稅）等等。

有錢人藉著法律實體，並且利用兩種不同的策略保護自己免於受到兩種侵略者的掠奪：

1. 政府（稅收）。
2. 人類（法律訴訟）。

如果你們的孩子打算要變成有錢人，那麼事先把法律事務都安排好是極為重要的，特別是在還沒有真正發達致富之前更形重要；如果你已經非常有錢了，但是並沒有把這些法律實體建構好，那麼你很可能會落得身無分文的下場。

避免掠奪者的侵害

掠奪者可分為兩種。

其中一個就是政府，如果你沒有任何保護你的法律實體，你所要繳納的所得稅就會愈來愈高；另外一種掠奪者是兩隻腳直立式行走的動物，也就是人類，他們是披著人皮的豺狼虎豹。

在本書前幾章裡曾提到我的生活原本過得很愜意，直到因為闖出名號而被注意力，由於高知名度所致（還加上我的性格使然，因為我是個實話實說的人），不幸的引起了一些不必要的注意，並且把我們當成攻擊目標，從二〇〇〇年至今，我們已經歷過數場的法律訴訟。

在這裡想要強調的重點是：如果你想要孩子變成有錢人，那麼在他們真正發跡之前就要教他們如何保護自己的資產，就如俗話所說：「等你出事了再來買意外險就已經來不及了。」

不公平的競爭優勢#9：趁年輕就能提早退休

巴菲特曾經提出警告，退休風暴危機一旦發生，將會比次級房貸風暴還要嚴重。

全球各地陸續退休的戰後嬰兒潮世代，將捲入這一場完美的風暴，多年來累積的各種謊言、無能、欺瞞，很可能會把他們退休的黃金歲月一夕之間轉變成黑暗的無底深淵，或許那時全球的中央銀行就必須對這些人的退休金帳戶進行紓困也說不定。

對這些即將退休的人而言，他們要面對的問題很可能是活得比自己想像中的要久，錢卻不夠用的窘境。換句話說，雖然他們知道自己一共累積了多少退休金，但無法預知自己會活幾年；由於通貨膨脹不斷地上揚，很多人會比自己原先預期的更早把手邊的錢花光。

對孩子來說想要「提早退休」，最好的計畫應該是盡早開始接受財務教育；從小就開始讓孩子培養終生受用的各種知識和經驗，可以讓孩子坐擁不公平的競爭優勢，讓他在自己的意願下選擇是否提早退休。在替未來做準備時，財務教育就是最關鍵的一步，讓孩子將來可以擁有自由選擇人生途徑的權利，由於擁有金錢和投資方面的基礎教育，你的孩子或許用不著像戰後嬰兒潮世代一樣，必須一輩子不停地工作賺錢。

我和太太金於一九九四年退休，當年她三十七歲而我四十七歲，我們宣布提早退休的原因之一，就是為了測試我們的投資是否健全。萬一搞錯且投資沒有產生現金流的話，我們仍然年輕，還有機會從錯誤當中再次翻身；結果我們不但沒有失敗，投資表現還出乎意料之外的好，尤其是在二〇〇七年金融海嘯期間，我們的資產都通過了那次風暴的壓力測試。

未來的退休大環境看起來非常不妙，美國五十州當中就有四十九州的公職人員退休基金的資金來源不足，除此之外，社會福利制度及聯邦醫療健保也都瀕臨破產的邊緣。

預計在二〇二〇年左右，退休危機將引爆另一波全球金融風暴，這些戰後嬰兒潮世代的退休生活，很可能沒有他們想像中的這麼美好。未來很可能會看見三、四代擠在同一個屋簷下的光景。

不公平的競爭優勢＃10：種豆得豆法則

種豆得豆的法則是：隨著經驗的提升，得到的回報也就會跟著變大，換句話說，當我變得更加聰明而且更有能力的時候，我就能賺到更多的收入。舉個職業運動員的例子來說，年輕新進的選手都是從薪水最低的地方開始爬，如果他們不斷地累積經驗並且持續進步，他們的薪資水準就會開始提高；如果他們沒有進步，很快就會被球隊剔除。

這次金融危機之所以拖上好一陣子，其中有個原因是數百萬年輕未就業人口一直沒有機會累積專業的經驗；金融危機創造了一個失落的年代，因為他們在第三次學習時機，也就是二十四到三十六歲期間，大多處於待業的狀態。

如果你能教孩子尋找良師益友，並且願意免費工作換取經驗和指導，那麼你的孩子就可以擁有一種不公平的競爭優勢。當時我也就是這麼做的，我替富爸爸免費工作所學到的，遠比在學校裡所學到的一切都還來得有價值；我相信當年替富爸爸免費工作是我現在可以享受財務自由的原因之一。

或許你會感到驚訝：其實有很多成功人士，都非常願意把自己的心得和經驗分享給下一代，多到超乎你的想像。成功人士都清楚知道當他們付出愈多，相對也就會得到更多；大部分不成功的人不懂或不相信這個道理。時下有很多非常不錯，適合年輕人參加的傳承輔導計畫。

我從富爸爸那裡學來的能力，都是B象限和I象限裡的主要技能。也就是：

- 知道如何籌措資本。
- 知道如何領導群眾。
- 知道如何設計商業模式。
- 知道如何利用債務來賺到更多的錢。

我的故事

我在一九七四年加入檀香山全錄公司的分行學習銷售，這是我長大後的第一份正式工作。接下來的兩年內，我一直不斷試著克服自己害羞的個性及怕人拒絕的心理，同時還得擔心隨時被開除；四年後，我可以穩定的維持全錄公司夏威夷州前五名的業績表現。雖然我賺到了許多錢，但是我知道是該從E象限開始邁向B象限的時候了，因此創業的念頭逐漸在我腦海裡形成，也就是我的尼龍錢包事業。這個事業一開始確實幫我賺到了很多錢，但後來終究宣告失敗，雖然承認失敗非常痛苦並且也在財務上造成了巨大的損失，但是我知道我正在培養B象限和I象限裡的實戰經驗。在二十八歲第三次學習時機結束的時候，我離開了全錄公司並且開始踏進B象限之中，對我來說，這又是一次鼓足勇氣朝向未知的領域跨出第一步（我這輩子已經有不少次這樣子的經驗了）。很多創業家之所以會成功，就是因為他們非常懂得「僅僅憑著信心而跨出第一步」的這個道理。

***　***　***

工作是為了學習

我到全錄公司工作的目的就是為了學習銷售，身為一個資本家的新鮮人，我知道我最主要的工作就是要學習如何籌措資本，直到現在，這仍然是我最主要的工作。如果你去問任何創業家，他一定會跟你說同樣的話，創業家最主要的工作就是要從客戶、投資者及員工的勞力上，不斷地籌措所需的資金。

川普跟我一致推薦可以利用多層次傳銷事業來培養出同樣的能力和經驗。我們知道如果你學會如何銷售、處理異議、培養出領導的能力，那麼你就非常有可能在B象限和I象限裡獲得成功。種豆得豆的原則也適用於傳銷這個行業之中，可惜多數人放棄得太早，因此無法從中學到任何值得累積的經驗。

種豆得豆的原理直到今日仍然是適用的，對我而言，當年在B象限和I象限這個教室裡不斷地努力奮鬥如今都已經值回票價。個人所擁有的不公平競爭優勢，就是我的富爸爸花了好幾年的時光協助我準備成為創業家的這個過程。你也可以用同樣的方式來幫助自己的小孩。

幫孩子培養兩種專業能力

讓你的孩子擁有至少兩種專業是非常重要的一件事情，一個是他們自己熱愛的事物，另外一個則是可以賺錢的專業。對我而言，我的職業雖然是老師，但是我在B象限裡進行教育工作，和大部分處於E象限裡的教師不一樣；而我另一個賺錢的專業就在I象限裡，和事業、不動產、智慧財產、石油、黃金和白銀等相關的各種能力。

學習領導能力

對創業家來說領導能力至關重要，我分別在軍事學院、海軍陸戰隊、運動代表隊及後來的事業中，學到了許多領導力。

孩子可以藉著各種不同的方式學習領導技能，每當他們參與團體活動時，都有機會學到這種能力。首先在成為一個好領袖之前，他們必須要先學會如何成為一個最傑出的跟隨者，太多的人（尤其是在S象限裡的人）都想要成為最棒的領袖，但是他們自己卻是極為糟糕的跟隨著。

許多A等生也缺乏這方面的能力，這也就是他們為什麼會傾向於成為S象限裡的醫生或律師的原因之一。

好好利用別人的金錢

如果你懂得如何利用債務（也就是別人的錢）購買資產，那麼你很可能會獲得無限大的投資報酬率，本書第四篇〈讓自己成為聯準會〉裡會對這一點有更進一步的說明。或許你已經知道當你利用別人的錢時，政府在租稅上會給你特別大的優惠，這就是為什麼財務教育可以給你的孩子另一種不公平的競爭優勢。

全球各地都有人在利用「別人」的錢進行投資，全世界最大的企業和最高的大廈通通都是靠別人的錢才能完成的，簡單來說，全球的資本家都是利用「別人」的錢致富的。

別忘了，世界的現金流大致上看起來如此：

當E象限和S象限的人把錢存放到銀行活存戶頭裡之後，投資銀行（或者是保險公司）等金融單位就會開始動用這一筆錢；雖然E象限和S象限的人經常聽到別人建議他們要「停泊」自己的資金，但是B象限和I象限裡的有錢人，反而不斷地

要讓錢動起來，原因就在於停泊不動的金錢，對B象限和I象限裡的人來說是一種負債。

E象限和S象限裡的人，以及他們的儲蓄和退休金帳戶，就是上一段裡所講的「別人」，也就是提供「別人的勞力」和「別人的資金」的這一群人。每當你建議孩子要「上學念書、找份工作、存錢儲蓄，並且把錢放到退休基金帳戶之中」時，你就在建議小孩子成為B象限和I象限裡被人利用的「別人」。

當前的教育體系就是不斷地培育出大量的這種「別人」。如果你不想要孩子成為金錢世界裡的「別人」，身為家長的你就必須從家裡開始讓孩子接受財務方面的教育。

讓孩子有更多選擇人生途徑的自由

象限就是教室：千萬要記得不同的象限就是不同的教室，並且各自教導不同的技能，從小教導孩子關於這些象限的知識，讓他們可以提早為將來的教室作準備。

象限遠比職業類別還來得重要許多：別忘了現金流象限的重要性遠大於孩子所選擇的職業類別，雖然我這輩子從就來沒有想過要當老師（尤其是在念書的時候還經常面臨被退學的命運），但是我現在就在從事教職工作，並且是位於B和I象限裡的老師，而不是E或S象限中的老師。這其中的差別是我想賺多少錢就可以賺多少錢，而且只要繳納非常少的所得稅（完全合法），也完全不需要仰賴固定的薪水或者是退休金。

藉著讓孩子擁有這十種不公平的競爭優勢，在他們的一生當中就會獲得很大的優勢。

財務教育在財務方面的優勢：

- 賺到更多的錢。
- 讓自己保留更多的錢。
- 妥善保護自己更多的錢。

財務教育在靈性上的優勢：

- 心裡更平靜更踏實一些。
- 會變得更慷慨一些。
- 更能掌握自己人生的步調。

好，現在我們就可以開始念財務研究所了，也就是本書的第四篇〈自己來做聯準會〉。

行動金融家

跟孩子解釋為什麼學習和金錢相關的知識能讓他們擁有不公平的競爭優勢。

教育的重點並不是在講求公平性，更不是在講平等。家長之所以會這麼關心孩子的教育，是因為他們清楚了解教育可以讓孩子在將來的人生當中獲得各種優勢。而財務教育就是其中非常重要的一環，當孩子懂得和金錢有關的知識之後，就會讓他擁有一種非常獨特且不公平的競爭優勢；他將學會其他小孩子沒有聽過的概念、在學校裡學不到的內容。

花點時間解釋收入不同的類型，並且解釋這些類型之間的差別為什麼很重要。如果年齡合適，你可以開始讓他們理解一般收入和稅賦兩者之間有什麼關連（就如第十三章的行動計畫裡所敘述的一樣）。

既然沒有幾間學校在教財務教育，身為家長的你可以把家裡變成一間教室，並安排類似「財務教育之夜」這樣的活動，提供一個歡迎發問、不斷學習成長的環境，分享生命當中各種財務方面的挑戰和意外。

在家裡創造出一種互動式的學習環境，你就能給孩子一個非常巨大且不公平的競爭優勢；擁有扎實的財務教育，你的孩子就會擁有追求自己夢想的自由，你將讓他有選擇的機會，他這輩子再也不需要依賴一份工作，或者仰賴一份死薪水的自由。

第四篇

資本家的研究所

我幹嘛不自己印鈔票？

導讀

許多創業家的夢想，就是成立公司之後讓它「上市」，上市的意思，就是把公司的股份，藉著首次公開發行（IPO）的方式讓大眾購買。這就是賈伯斯和祖克伯分別對蘋果公司和臉書所做的事，當他們把公司的股份公開上市時，就等於啟動了自己的印鈔機，印製數百萬的股票而成了億萬富翁。

對很多創業家來說，讓自家公司的股票上市就是他們從研究所畢業的畢業典禮：從今天起可以完全合法的印製鈔票；這同時也表示將來不太需要借錢了。藉著發行更多的股票並賣給投資大眾，以此方式印製屬於自己的鈔票，就好像是獲得資本主義裡的博士學位。

二〇〇四年三月九號是我這一輩子最快樂的幾個日子之一，我跟幾個朋友合夥成立的公司在多倫多證券交易所公開上市了；該公司是位於中國的一家礦產公司，並且擁有價值50億美元的黃金礦藏量。

雖然我實現了自己的夢想，但是我的教育並沒有停止。當中國政府發現我們找到這麼多的黃金時，遊戲才算真正開始；在談判過程當中，有一位位高權重的中國官員跟我們說，如果我們想要繼續在中國做生意，就必須讓一群特定的人士「開心開心」。接連五年徒勞無功的談判之後，我們被迫面對最後的抉擇：做一點非法的事，或把公司整個賣掉；我們決定出清持股並且永遠離開我們從一九九七年成立至今的公司。

我完全沒有責怪中國政府或是中國人的意思，全世界各個國家都有貪贓枉法的官僚，任何有金錢交易的地方都難免會有人貪汙。

我在中國的經歷讓我想起富爸爸曾說：「官僚根本不懂得如何賺錢，只懂得如何花錢，如果他們知道如何賺錢，早就變成資本家了。」又說，「在資本主義的國家裡，資本家個個都非常有錢；在社會主義和共產主義的國家中，官僚都不會窮到哪裡去。」

而現在的美國，許多官僚愈來愈有錢，這不是一種好現象，這種現象發生的原因，我認為就是我們教育系統失敗之後所衍生出來的貪汙現象。

在本書前言裡，我曾經引用法蘭克．藍茲博士在《說真的，美國人真正想要的是什麼？》一書中的內容：

如何讓下一代美國創業家成功？先把ＭＢＡ課程丟一邊去，絕大部分的大專學院只會教你如何在大企業中獲得成功（成為官僚），而不是教你開創屬於自己的事業。

再次強調，他的研究結果發現：

- 81％的美國人認為高中和大學應該要主動開發學生的創業技能。
- 70％的民眾認為美國的經濟是否能成功並且維持健全，完全取決於是否能做到前項的事情。

我完全同意蘭茲博士所說的話，絕大部分的老師都是雇員，他們要怎麼教孩子何謂創業家？就算是出身於商業界的老師，絕大部分也是屬於管理型資本家，是一個從來沒有從頭打造事業經驗的官僚，更甭提是否有讓自己公司股票公開發行上市的經驗了。

我所擔心的，就是我們的學校體制正在大量培養愈來愈多擁有高學位的官僚，如果這種趨勢不變，不但貪汙的情形會愈來愈嚴重，而且將會有更多的創業家選擇離開美國。

這也就是為什麼我堅信財務教育對你的孩子來說是這麼的重要，我們迫切地需要創業家，需要那些長大之後能開創屬於自己的事業、能為別人創造就業機會，以及懂得如何印製屬於自己鈔票的人。

鼓勵孩子思考如何印自己的鈔票

成立公司並且讓股票公開上市就是自己印鈔票的一種方式。

另外一種方式在股市中被稱之為技術交易，也就是利用放空（short）、選擇權的買權（call）與賣權（put）、保護性封頂保底組合（collar）、以及跨式組合（straddle）等交易策略，以上有部分的策略會在現金流202這個遊戲當中教玩家如何運用。每當面臨新的交易計畫或策略時，我都會強烈建議接受教育並且重複練習（大量的重複練習）之後才實際操作（玩真的）。

想要印自己的鈔票不一定非得要跟股票市場相關，每當我寫一本新書的時候，就是在印自己的鈔票；當我把本書的版權賣給國外出版商翻譯成各國語言時，我所印的鈔票就更多了。這些錢會在固定的時間，以權利金的方式從世界各個角落流到我的戶頭之中。

讓孩子發展出印製屬於自己鈔票的神經通道有很多種方式。以下舉五個例子：

1. 當孩子擺攤販賣檸檬汁，每當進行檸檬汁和現金的交易時，這個孩子就在印製屬於自己的鈔票──而這是很多人所熟悉的一種金錢，也就是出售檸檬汁。
2. 當一群孩子決定演出一齣話劇時，他們所賣的票就是在印製屬於他們自己的鈔票。
3. 如果一群年輕人在車庫裡組成一個樂團並且錄製了一張CD，那麼當他們賣這張唱片時，就是在印製屬於自己的鈔票；當有一天他們可以巡迴演唱並且出售演唱會的門票時，就是在印製更多屬於自己的鈔票。
4. 替智慧型手機或者是平板電腦開發新的App軟體並從中收到權利金（也就是每當有人下載使用時就可以拿到錢），就是藉著這個App軟體印製屬於自己的鈔票。
5. 沿街兜售女童子軍的餅乾也是印製鈔票重要的體驗之一，同時也是一種需要擁有跟資本家一樣慷慨思維的一種活動。

我想表達的重點是：在家裡就可以鼓勵並且教導孩子如何印製屬於自己的鈔票，你根本不需要政府官僚插手告訴你孩子要怎麼做這件事情。而且，找一個學術派的官僚（雇員或上班族）來教創業的知識，就好像你來找我學習如何成為腦部外科手術醫生是一樣的道理；兩者的結果通通都會對大腦造成難以挽回的嚴重傷害。

家長教導孩子如何印製屬於自己鈔票的方式有很多，而且從很簡單的到比較複雜的手段都有，唯一的限制，就是要看自己和孩子的想像力了。

我們創造了這本書《富爸爸—喚醒孩子們的理財天賦》（Awaken Your Child's Financial Genius）當成本書的學習指導手冊，這本指導手冊可以在過程當中協助你教導孩子有關於金錢的知識，並且成為一位真正能印製屬於自己鈔票的資本家。只要孩子知道如何印製屬於自己的鈔票，或許這輩子再也不用去找工作了；如果他要工作，也會是因為他打從心底想要這麼做。這是家長能帶給孩子的一份大禮。

如果家長從今天開始就鼓勵孩子擺個賣檸檬汁的小攤或到麥當勞找一份工作等，就能讓孩子有一個非常好的開始，對任何想要將來印製屬於自己鈔票的創業家來說，在麥當勞工作永遠都是一個非常好的起頭。

麥當勞可以學到很棒的SOP，而不只是煎漢堡

很多人都會用「只是把漢堡翻過來煎」來取笑在麥當勞工作的人，這是因為這些人大部分都是屬於E象限裡的人。

對於那些將來想要在S象限或B象限裡賺大錢的人來說，麥當勞卻是最佳商學院之一。

每當年輕人問我要如何獲得現實生活當中從商做生意的經驗時，我都會建議他們去麥當勞找一份兼職的工作來學習工作體系；麥當勞毫無疑問的擁有全世界最好的營運體系。

我建議他們盡可能做各種不同的工作，從收銀員、廚師、清潔工、還有排班經理（如果有可能）等。在小小的零售空間裡，年輕人絕對可以全面「親力親為」的學到足夠的商業經驗，為自

己將來經營事業做好準備。

在麥當勞打工，可以學到創業過程中將近八成的構成要素，如果只替傳統行業打工的話，或許只能從一個部門裡（例如會計部門）學習到某一項特定的技能，而無法從不同的部門當中汲取經驗。

如果你從E象限的眼光和心態來看待麥當勞，你會認為他們的薪資真的低的可憐，如果你從S象限或B象限的眼光和心態來看麥當勞的工作，他們會把這些工作經驗當成無價之寶。

對於那些追求健康的狂熱分子，我並不是在鼓勵大家去麥當勞用餐，我推薦的是他們的營運體系，就如富爸爸曾說：「我們每個人都能做出比麥當勞更好吃的漢堡，但是幾乎沒有人能打造出比它更好的事業來。」

千萬別忘了富爸爸的教誨：「永遠不是職業的問題，你所處的象限才是關鍵。」如今我是一個位於B象限和I象限裡的老師，這也就是為什麼我能比其他老師賺到更多錢的原因，在B象限和I象限裡教書，就是我印鈔票的一種方式。

本書最後第四篇的焦點，就是你可以教孩子哪一種財務教育，讓你和孩子可以成為聯準會——印製屬於自己的鈔票、繳納愈來愈少的稅金、做更多的善事、變得更加慷慨、保護好自己和家人，而不是被不斷上揚的通貨膨脹、更高的所得稅及金融亂流造成愈來愈多的貧窮現象所擊倒。

為什麼有錢人從來
不為錢工作？

第十七章
自己來做聯準會

在二〇〇七年金融海嘯爆發之前，我認為沒有多少人會去留意聯準會，也就是美國聯邦儲備委員會這個機構；二〇〇七年之前，聯準會是一個非常特異的機構，對美國和全世界經濟是一股無形的力量。雖然現在已經有很多人聽說過聯準會了，但是對很多人來說它所扮演的角色以及功能仍然是個謎。

成立聯準會的宗旨是要「有效的落實目標以期達成就業率最大化、穩定的物價，以及合理的長期利率。」很明顯的，聯準會好像沒有辦法做到它成立的宗旨，我們之所以會擁有數千億美元的預算赤字，就是因為聯準會沒有善盡職責；不但沒有解決根本上的問題，反而印更多的鈔票。

生活現場

如今就連無家可歸的街友都聽過說過聯準會，而且「終結聯準會」的招牌也頻頻出現在被遊民占滿的露營帳棚區之中。在二〇一一年9月17日從紐約市華爾街附近的祖科蒂公園（Zuccotti Park）開始發起的「占領華爾街」行動中，很多人高舉著招牌要求關閉聯準會。現在有很多的民眾已經知道美國聯準會根本不隸屬於聯邦體制，它也不是一間銀行，而且沒有任何的儲備金；它甚至不是美國人的，擁有它的都是全世界最有錢的人和跨國大銀行。聯準會有印鈔票的權利，就算它的前主席柏南克一直否認這一點也無法掩蓋這個事實。

聯準會所做的，就是憑空開出支票，再用這些支票買進美國國債以及其他的各項資產，來避免世界經濟的崩盤；這些支票接著就會流進大銀行裡，而後再挹注到我們的經濟體系之中。聯準會將從這些發行的公債當中收取利息，而這些利息是由納稅人負擔的，那麼聯準會所收到的這些利息錢又到哪兒去了？到目前為止沒有一個人能回答得出這個價值連城的疑問。

前美國總統候選人暨美國德州參議員郎・保羅（**Ron Paul**）於二〇〇九年寫了一本叫做《終結聯準會》（***End the Fed***）的書，他多年來一直在抨擊聯準會；從他的眼光來看，聯準會是一個近乎犯罪的組織，由全世界最大的私人銀行所構成的壟斷經濟體的機構。雖然我完全同意郎・保羅的看法，也就是如果聯準會和全世界的中央銀行都不存在的話，一般民眾的生活會好過很多，但是我寧可不浪費時間去做抗爭的活動，我寧可提升自己的財商，然後從硬幣的邊緣（也就是制高點），同時看硬幣的兩個面。當我能同時看到硬幣的兩面，我就能看得出聯準會也做了不少好事，雖然很多人只看到了它的壞處。雖然我完全能理解雙方的論點，我也鼓勵大家以更高的覺察力來看待整個事件，因為現在就連無業遊民也開始對抗聯準會。

一九六〇年，當我還在念高中的時候，詹森總統發起大國民計畫，通過了聯邦醫療保險制度（**Medicare**）、低收入醫療補助保險（**Medicaid**），以及美國老人福利法（**Older Americans Act**）等法案，當時大國民計畫成立的目的是要挽救貧窮的美國人。而大國民計畫的規模在尼克森和福特等共和黨總統的任內逐漸擴大，而在布希總統任期內擴張的最為迅速。由於布希總統面臨連任的危機，因此他通過了聯邦醫療保險制度D計畫，也就是聯邦醫療保險制度處方藥改進和現代化法案（Medicare Prescription Drug, Improvement, and Modernization Act），這麼一來聯邦醫療保險制度加上把處方藥納入保險給付的選擇（Medicare + Choice），因此形成了聯邦醫療保險制度優良計畫（Medicare Advantage, MA）。截至目前為止，聯邦醫療保險制度的成本是美國所有社會福利計畫中最昂貴的一個。這個決定讓很多藥廠及年長的公民非常高興，布希總統競選連任成功。

我的故事

我們現在又擁有一個歐巴馬全民健保，將來很可能成為所有總統政策當中問題最嚴重的一個。我相信很多人會同意歐巴馬全民健保不單只是醫療健保上的問題而已，它是一個有關於金錢和權力的法案，在該法案當中寫入很多跟醫療健保完全不相關的條文，而這些條文的目的，純粹是為了擴大政府當局所擁有的權力，嚴重侵犯了國民隱私權。最近幾個月來在主流媒體上，我們愈來愈常看到用社會主義和共產主義來形容美國政府，並不讓人意外。

***　***　***

挽救中產階級

在二〇一二年總統大選期間，無論是歐巴馬還是羅姆尼的競選總部，都用了「挽救中產階級」的口號，我當時不禁要問：「我們原本不是在挽救貧窮的美國人嗎？怎麼變成了中產階級？」

聯準會到底是讓窮人和中產階級的生活愈來愈好，還是愈加辛苦？我們倒是能確定一件事：

聯準會的確讓有錢人的生活變得更加美好。

很不幸的，幾乎沒有任何政治領袖有質疑聯準會的勇氣，與其公開挑戰聯準會，我們的政治領袖反而滿嘴都是「紓困」或「量化寬鬆」等政策；以聯準會的話來說就是「印更多的鈔票」。

別讓自己掉下懸崖

在二〇一二年最後幾週，共和黨和民主黨的惡鬥白熱化，所有新聞講的全都是我們國家「面臨了財政上的懸崖」；有一邊的政黨訴求是縮減支出，而另外一邊則是倡議給富人增稅。從我的觀點來看，雙方無法達成一致的協議，是因為他們很清楚大家都沒有辦法解決當前我們所面臨的問題；這些政客知道他們缺乏解決問題的力量，或許也知道應該要做些什麼，但是根本沒有勇氣實行。因此這些政客再度「寅吃卯糧」，在美國財政的傷口上貼了幾個繃帶敷衍了事，然後希望把問題丟給下一代的民意代表和美國民眾。這種做法跟當初羅斯福總統的辦法是一樣的，雖然他在經濟大蕭條期間創造出社會福利制度及其他社福計畫，但是他所謂的解決辦法（再加上詹森總統的聯邦醫療保險制度）如今都變成了大問題；不管你是否喜歡，我們早在多年前就已經種下「掉下財政懸崖」的惡果。

在上次經濟大蕭條的期間，許多住在帳篷裡無家可歸的家庭被稱之為「胡佛村的村民」（這是根據前胡佛總統來命名的），如果歷史可以借鏡，那麼更多的量化寬鬆政策、藉著印鈔票解決當前的問題，將來必定會造成更多無家可歸、住在帳篷裡的美國人。

雖然我也同意朗・保羅「終結聯準會」的看法，但是我寧願選擇運用富爸爸教給我的財務教育，也就是：讓自己成為聯準會。就像富爸爸常說：「幫助窮人最好的辦法，就是不要變成他們其中的一份子。」也說，「當你愈是想要幫助貧窮的民眾，你就會創造出愈多貧窮的人。」不像政府想藉著印鈔票解決問題，富爸爸相信應該要教導民眾如何自己釣魚，也就是教他們印製屬於自己的鈔票，才是根本解決之道。

下一個章節裡，你就能學會如何讓自己成為聯準會，而不是滿腦子想著要如何終結聯準會。

行動金融家

教導孩子如何印屬於自己的鈔票

當時身無分文的替富爸爸工作的好處（他完全沒有給我任何工資），就是當我需要錢的時候，我就被迫要運用大腦想辦法找到錢。

俗話說：「貧窮能激發一個人的創造力。」如同我在《富爸爸，窮爸爸》一書裡分享的故事，我一開始是藉著融化牙膏鉛管鑄造五分錢的鉛質硬幣來「製造屬於自己的錢」，而在美國海軍商船學院中，我利用被淘汰下來的舊船帆，縫製成顏色鮮艷的尼龍錢包來賺外快；由於真正的皮夾禁不起海上惡劣的氣象經常會腐爛，因此我的尼龍錢包在水手之間大受歡迎。

我想表達的重點是：由於缺乏金錢讓我在印製屬於自己鈔票的過程當中，不斷強迫自己發揮創造力，無論是寫書、開發設計遊戲、推廣富爸爸教育品牌，以及投資不動產和石油，

資本家的研究所

第十八章 我是如何印製自己的鈔票

以下就是我印製鈔票的方式，我已盡可能的把過程簡化。而我自己其實做得也不算很好，因為這個過程一點都不簡單。

我希望你盡可能的集中注意力來理解我所解釋的內容，但如果你聽不太懂或無法完全理解，也不要擔心：大部分的人都跟你一樣。如果你想要進一步了解內容，我建議你去找另外一位朋友，一個喜歡學習的人，然後把書中的內容念出來之後，再跟這位朋友一起討論。

每當我想學新東西，我就會找一群朋友來，然後共同討論這些我們感興趣的主題；所謂「三個臭皮匠勝過一個諸葛亮」，如果你想要學會如何印製屬於自己的鈔票，多找幾個人一起動動腦，絕對比你自己一個人快上許多。

我知道自己最佳的學習方式就是團體合作，所以我身邊總是有一群聰明又有經驗的顧問。很不幸的，這種做法在學校裡稱為「作弊」。

生活現場

每當我跟別人解釋「如何讓自己成為聯準會」的過程時，無可避免的，在群眾當中一定會有人站起來跟我說：「你不可以這麼做。」我每次的回答都一樣，「或許你沒有辦法這麼做，但是我可以。我每天都是這麼做的。」用更精準的話來說，我創造出許多工具（投資、智慧財產以及各種不同的資產）讓他們把錢放到我的口袋之中，日復一日年復一年，無論我是否有在工作都一樣，這就是「讓自己成為聯準會」或「印製屬於自己的鈔票」的意思。

用不著我多說，並不是每個人都會真正的讓自己成為聯準會，但是的確有一些步驟可以改善自己財務的狀況。

以下是一些建議：

1. 成為一個創業家：擁有屬於自己的事業。
2. 把一些顧問、律師、會計師以及其他創業家找來組成一個團隊。
3. 了解如何運用債務。
4. 了解稅法。
5. 鍛鍊高度的情緒智商。
6. 給自己在法律、倫理、道德、人格及做生意的手段方面設立更高的標準。
7. 成為不動產投資者。
8. 成為原物料商品投資者。
9. 下定決心撥出時間接受財務教育，同時運用自己所學。
10. 培養扎實的溝通技巧和人際關係。

我的故事

讓我告訴你我是如何成為自己的聯準會。

我在一九七三年打完越戰回來後，也不清楚自己是否能躋身於富爸爸的世界。即使當時我至少具備了以上十種基本的財務教育，以及富爸爸曾經親自教導過的、富人世界裡最重要的事；我知道鐵飯碗的工作以及穩定的薪水絕對不在這份清單之中，也知道原因為何。對當時二十五歲的我來說，我知道這不會是一個輕鬆的過程。

雖然我不喜歡上學，但是我確實想要學習成為一位資本家，這就是我的優勢；我非常想要學習，就像現在的你一樣，想要學習的渴望就是成功的關鍵。

當我開始研究我所選擇的成為創業家的途徑時，我理解到我正在開啟人生的另外一扇窗。飛行學校本身是一個過程，就像一隻毛毛蟲蛻變成蝴蝶的過程一樣；當我從越南回來時，我知道我正要準備進入下一個蛻變的階段，就好像之前的飛行學校一樣。我知道這是一個全新的過程，生命當中再也不會有鐵飯碗的工作、沒有穩定的薪水，而且如果我失敗了也沒有人能救我；就好像在飛行學校裡一樣，我有可能會墜機、全身著火，最後在創業的過程中陣亡。

在我教你如何讓自己成為聯準會之前，有幾個重點請你務必記得。

***　***　***

重點一：了解三種收入和相應的稅

在前面，我曾經提過收入有三種不同的形式，這裡再複習一下：

1. 一般收入。
2. 投資組合收入。
3. 被動收入。

這三種不同形式的收入非常重要。這就是為什麼歐巴馬總統為了3百萬美元的收入要繳20.5%的稅率，而羅姆尼雖然有2千1百萬的收入卻只需要負擔14%的所得稅的道理就在此；歐巴馬總統的收入偏重於一般收入，而羅姆尼的收入偏重於投資組合收入。

我認為賈伯斯接受年薪1美元的原因，是因為他根本不想要有一般收入，他的焦點必定是在投資組合以及被動收入上。

很多人只懂得如何賺取一般收入。想要成功的成為聯準會，你必須對三種形式的收入有著相當的了解。

重點二：四種不同的金錢

想要了解成為聯準會的過程，首先要了解金錢的歷史以及四種不同的金錢是很重要的一件事情。

這四種金錢就是：

1. 有價值原物料商品的金錢。
2. 有儲備的金錢。
3. 部分儲備制的金錢。
4. 法定通貨。

金融危機會爆發，就是因為運用法定通貨的關係，法定通貨完全沒有黃金或白銀擔保其價值，只有政府口頭上的保證（我不確定若檢視政府履行諾言的信用程度是否是件好事），聯準會和全球各國央行印的都是法定通貨。想讓自己成為聯準會必須稍微複習一下歷史；這個過程的第一步，就是要有能力印製屬於自己的法定通貨，然後利用法定通貨購買真正的資產，例如企業、不動產、油井等，然後從這些資產當中獲得現金流，再用這些現金流來累積更多真正的資產，例如不動產和原物料貴金屬等。這就是資本家所做的事。

從金錢歷史中所學到的教訓

原物料

數千年前人類首次採用的金錢都是有價值的原物料商品：黃金、白銀、食鹽、貝殼以及牲畜。事實上資本這個名詞是從牛隻衍生而來的。

在金融領域當中，實物（in kind）從德文kinder這個字演變而來，就是幼子的意思；所以幼稚園（kindergarten）這個字真的是從「小孩子的花園」演變而來的。當借款人利用牛隻等當成擔保品（或者是抵押品）向銀行借錢的時候，如果借方拿來擔保的牛隻在抵押期間生出了小牛，按照契約的規定，這隻剛出生的小牛要歸銀行所有。這就是支付利息的開始。

按照銀行家的術語也叫做支付實物（payments in kind，或「到期票據」）。過去，利息的意思就是抵押期間的小牛，現在，就是以金錢支付利息。

若將原物料商品視為金錢，交易過程就叫做「以物易物」。

有儲備的金錢

第二種金錢叫做有儲備的金錢。當商人要從國外引進商品必須橫越沙漠時，與其隨身攜帶黃金（當時非常的危險），這個商人會把黃金或牛隻儲放在銀行家那裡，一個值得信任、可以把東西給他保管的人或單位。

這個值得信任的人就會發出一張載明他所保管的黃金和牛隻的字據，然後這個商人就會橫越過沙漠，用這張字據支付他所購買的貨物；這張字據就被稱為有儲備的貨幣。

部分儲備的貨幣制度

沒有多久之後，那些幫人儲備有價值的商品原物料和牛隻的銀行家，忽然發現其實這些商人並非時時需要提領他們所儲放的黃金和有價值的商品。

這個銀行家絕大部分的客戶寧可使用銀行家所寫的紙條，因為這些紙條比較輕便、易於收藏攜帶，比拿著一袋袋黃金還來得安全許多。

這個銀行家腦袋忽然靈光一閃，他開始發出部分儲備的便條，意思就是說如果銀行家在保險箱裡擁商人所儲蓄的1千枚金幣，他可能會借出價值1萬金幣的部分儲備給其他向他借錢的人，並以此收取利息。藉著這種部分儲備制度，銀行開始印製屬於自己的鈔票。

上述過程使貨幣供給量開始增加，因此促成整體經濟的繁榮；以上述例子來說，這時候的儲備比例是一比十，意思就是說每放一枚金幣在銀行，外面就會有十張部分儲備制度的便條流通。所有的人都高興無比，直到有一天所有商人都要把自己的金幣領回去為止；而今天當民眾想要同時提領他們的儲蓄存款時，我們就把這種狀況稱之為銀行擠兌。

當雷曼兄弟在二〇〇八年宣告破產時，布希總統簽署了問題資產紓困計畫法案，他所做的事情就是想要避免全國性的銀行擠兌事件發生。

這也就是為什麼全球經濟演變成數兆美元的負債。各國政府印製、發行了數兆美元的貨幣，如美元、日圓、歐元、披索等等，以避免發生全球性的銀行擠兌事件，當時的銀行家因為鈔票不夠民眾提領而被捕。

法定通貨

當尼克森總統於一九七一年取消金本位制後，美元就成了法定通貨，這種貨幣推動全球的經濟；法定通貨的意思是說政府藉著法令宣告以這種貨幣當成交易流動時的通貨。而通貨原本的意思是「就如此辦理」。

簡單來說，就是政府有一台印鈔機，然後把空白的紙都變成了鈔票。如今這個過程完全可以採用電子方式完成，連紙都不用了。

如果使用法定通貨，當錢被印出來之後就會發生兩種情況：

- 所得稅會提高。
- 通貨膨脹會增加。

從本質上來看，印鈔票對窮人和中產階級來說是雙重課稅的制度，這也就是為什麼有錢人和一般民眾之間的鴻溝會愈來愈大的原因，也是為什麼富爸爸第一章就說：「有錢人從來不為錢工作。」怎麼會有人為了法定通貨而工作呢？

不斷的發行法定通貨或許對美國經濟是有所幫助的，但只不過是眼下的情況而已。通過法定通貨可以壓低薪資，讓我們生產出來的產品成本低廉，因此我們可以有更多的出口量；如果政府不讓法定通貨逐漸貶值，國家生產出來的產品會愈來愈昂貴，就會造成愈來愈高的失業率，甚至形成暴動的溫床；利用法定通貨同時可以讓政府用更沒有價值的鈔票還清之前所欠下的債務，同時也能讓政府收到更多的稅金，因為當名目薪資提高了民眾就會被迫晉升到更高的所得稅級別（但實際上鈔票的價值不斷的下跌）。

我在一九七三年離開海軍陸戰隊時，當時2萬5千美元的年薪會被認為是中上階級的薪水。而現在這樣的薪水會被列為貧窮階級。

如果我們繼續不斷的發行法定通貨，用不著多久，25萬美元的收入都會被視為貧窮階級，一條麵包可能就要價50美元。在歷史上這種事情已經發生過許多次，民眾賺的錢愈來愈多，然後晉升到更高的稅率級別、繳納更多的所得稅，同時卻變得更窮。

這就是為什麼要說讓自己成為聯準會很重要。你應該要想盡辦法印愈多的錢愈好（自己的法定通貨），盡可能繳愈少的所得稅愈好，然後累積愈來愈多的資產；這些資產將會幫你創造更多的法定通貨，然後讓你可以用這些現金流購買有價值的原物料商品（例如黃金或白銀）。

這就是有錢人致富的過程。就是這個過程讓有錢人愈來愈有錢，而窮人和中產階級不斷的困頓掙扎，並且愈來愈貧窮；有錢人從不為法定通貨工作，但是窮人和中產階級的確只會這麼做。

為什麼銀行超愛貸方

在目前銀行體系中，每當你在銀行裡存入 1 美元時，銀行就可以借出 4 塊錢。當我投資不動產時，我就能幫助銀行，讓他把這些錢借給我，別忘了，你在銀行所存放的 1 美元是銀行的債務，當我向銀行借錢時，這 4 塊錢卻是銀行的資產。

那麼這額外的 4 塊錢是從哪裡來的？完全是無中生有、憑空生出來的。這就是小銀行印鈔票的方法，也是部分儲備制度體系；在這個體系下，銀行可以把客戶的儲蓄拿去借給別人，但是必須保留部分的金額作為儲備之用，以防有客戶前來銀行提款（所以才會被稱之為「部分儲備」）。如果沒有人再向銀行借錢，那麼銀行絕對不希望你把錢存進來，因為你儲蓄的錢將會提高銀行的營運成本。在這次金融海嘯最嚴重的時候，有一大群民眾把錢往銀行裡存，由於銀行當時無法把錢借出去，因此甚至有些銀行開始向這些儲蓄的客戶收取儲蓄帳戶的保管費（負利率的異常情形）。

我是否能成為聯準會？

離開海軍陸戰隊之後，我白天在全錄公司學習如何銷售，然後利用晚上和週末的時間創業。

我那時候竭盡所能想要達成自己的聯準會的第一個里程碑，也就是成為創業家；我很清楚知道如果我成為B象限裡的創業家，我絕對會比待在E象限和I象限裡賺到更多的錢。

我的生命是一連串的成功和失敗點綴而成的，第一個大成功就是尼龍錢包事業，但只不過是曇花一現，並讓我背負了數百萬美元的債務，後來我替杜蘭杜蘭、平克佛洛伊德及警察等樂團生產他們的周邊產品把債務全部還清；我在搖滾樂界迅速成功，但沒多久也是以失敗收場。雖然我知道每次的失敗讓我愈來愈聰明，但是失敗時所經歷的痛苦還是令人難以忍受。

這也就是為什麼情緒智商和靈性教育在學習的過程中扮演著至關重要的角色。在這過程當中，我有好幾次想要放棄，也有好幾次想要作弊、說謊，甚至剽竊，但是我仍然沒有偏離正道，每天認真地把問題當成讓自己變得更聰明的機會，從中學到更多的經驗，塑造自己遵守法律、合乎倫理和道德的性格。

我後來總算是成功了，要不是有我的太太金和我那群傑出的朋友，結果就很難預料了。這種蛻變的過程的就像我當年念飛行學校是一樣的，如今我擁有一間屬於自己的聯準會。

以下就是我的聯準會所做的事情：

1. 我會印製屬於自己的法定通貨

我和金在一九九六年成立了富爸爸公司。我們從股東那裡募集到20萬美元，當公司營運步上軌道之後，我們就把錢連本帶利的還給了金主。

如今這個事業因為在全世界許多國家裡提供許多工作機會，並且創造數百萬美元的營收，因此這個事業體本身就不斷的發行屬於自己的通貨。

所有流進來的錢都是無上限的投資報酬率，因為當初我們和金主所拿出來的錢都已經完全回收了。所謂無上限投資報酬率就等於和聯準會做同樣的事，也就是印製屬於自己的鈔票。每一年我會設計新的產品，因此會創造更多的營收，就算富爸爸公司有一天關門了，由於富爸爸公司書籍擁有的國際版權和遊戲重製權等仍然會帶給我們一定的現金流。

2. 我利用儲備制度投資房地產

不動產是一種最棒的投資，因為銀行家也非常愛不動產。申請房貸遠比申請創業貸款來得容易許多，投資不動產屬於一種部分儲備制度貨幣。無論我投資的是住宅公寓或辦公大樓，只要我拿出1塊錢投資不動產，銀行會願意借我額外的5塊錢。因此這個部分儲備比例就相當於一比四。

我把部分儲備貨幣稱之為一比五的大補帖，因為我把自己所擁有的資金放大了五倍；有人把這種做法稱之為「槓桿效應」，還有一些人稱之為「別人的錢」，另外有一些人則稱之為負債，一個對我非常有幫助的名詞。

我們的目標就是要把我們所放進去的錢，也就是我們自己的法定通貨收回來。我們要把原本一比四的資產負債比

你不可以這麼做

每當我解釋我如何印製屬於自己的鈔票時，一定會有人這樣說「你不可以這麼做」，或「你在我們的國家裡不可以這麼做」。

我向他們保證全球任何一個國家都可以這麼做，我也經常這樣回答：「或許你不能這麼做，但是在你的國家之中，必定有人正在做這件事，全世界各國的法律原理幾乎都是一樣的。當你下次抬頭看見一棟辦公大廈、旅館，或者高層公寓住宅時，就提醒了你，這些大樓的擁有者，都做著跟我一樣的事。」他們到底是怎麼做到的？

轉變成零比五的比例，零比五的意思就是在該不動產物件中完全沒有我自己的資金，全部是利用銀行的錢（負債）挹注所需的資金。藉著從銀行借錢出來的方法，我們的部分儲備制度立即就變成百分之百的法定通貨。該不動產物件完全沒有屬於我們的資金，我們因而又再次達成無上限的投資報酬率，也就是以百分之百的效率印製屬於自己的法定通貨。

補償的法則

我在一九七三年上完三天課程之後，用1萬8千5百美元買下了人生中第一件不動產。我當時利用信用卡付了10%的頭期款也是我第一個百分之百利用債務所買下的投資（沒有用到自己的現金）。

二〇〇五年時，金、我、和另外兩位合作夥伴肯・麥肯諾和羅斯・麥克阿麗絲特，正在安排我們第一個數百萬美元，百分之百融資的一項投資案。金和我拿出1百萬美元當成頭期款，把該不動產物件整修之後，分割成數個小的住宅單位。由於租金收入提高了，因此銀行願意重新評估不動產貸款額度。（在小型不動產投資案上，銀行借款的額度取決於投資人的財務狀況，在大型不動產投資案件中，銀行則視該不動產所產生的現金流及財務狀況核定貸款額度，而非物件擁有者的財力。）由於這個新借出來的房貸，金和我回收了之前投入的1百萬，而且完全免稅。（因為這筆資金變成對銀行的債務，如果這1百萬是一般收入，我們可能一共要繳給州政府及聯邦共50萬美元的稅金。）

到今天我們還擁有這個不動產物件，它百分之百是運用銀行借出來的錢所購買，而且我們每個月仍然會獲得現金流收入，這筆錢所要繳的所得稅適用被動收入的稅率，也就是非常低廉的所得稅。在這次投資案中，銀行是我們的事業夥伴，提供了百分之百的資金，但是我們卻可以拿到全部的真實價值、折舊、攤提等；銀行把我們1百萬的頭期款還給我們，因此我們就拿這筆錢再去投資其他不動產物件，讓這個過程不斷循環。這也就是為什麼我超愛銀行的，只要你能讓自己成為好夥伴，那麼銀行也將會成為你的最佳夥伴；國稅局也是最佳夥伴之一，因為我們做的是政府想要我們做的事，也就是提供工作機會、借錢投資，並且提供居住的地方。

不管在一九七三年或今天，金和我投資不動產時的原理和方式完全相同，只是每個不動產案件數字後面的0不一樣罷了。由此可以證明種豆得豆定律的作用，因為在這一條法則之下，隨著經驗的提升，你所得到的回報也會不斷提高。

只要我們把錢放到投資案裡，我們所收到的現金流就屬於一種部分儲備制度下的金錢，當我們把當初投入的頭期款回收，完全利用百分之百的債務來投

貨幣流通的速度

許多位於E象限和S象限裡的人會把他們的錢放到銀行儲蓄帳戶、保單或者退休基金帳戶之中。而B象限和I象限裡的人會把這些錢借出來拿去投資資產，把賺來的錢再拿去投入下一個資產，這個過程重複循環。

他們這麼做的動機是因為之後的收入會愈來愈多，但是要繳的所得稅會愈來愈少，因為他們做的是政府想要人民做的事：創造就業機會、居住空間、食物、能源，並且利用更多的債務來賺更多的錢。

簡單來說：E象限和S象限的人會停泊他們的資金，B象限和I象限裡的人會讓錢不斷的快速流動。以金融界的說法，讓資金不斷的流動來創造買下更多的資產時，被稱之為「貨幣流通的速度（速動比率）」。

資其他生財工具時，我們所收到的現金流就是憑空印製出來的鈔票。我們變成了自己的聯準會。

銀行是你最佳的拍檔

如果談到投資合夥人這一塊，銀行毫無疑問是最棒的合夥人，銀行多半會拿出大部分的錢並且讓我保留所有的獲利，同時我也可以享有各種例如折舊、攤提及增值等稅賦上的優勢；絕大部分的合夥人都想要分享利潤和稅務上的優勢，但是銀行絕對不會。

如果折舊、增值以及攤提等詞彙對你來說很陌生，而且不屬於你所知道的財經詞彙的話，請你翻到本書後面所引用的部分。記得下次遇到你的報稅人員或者是稅務會計時，向他請教這些名詞的意思並請他多解釋一些。

3. 我把現金流轉變成原物料商品的金錢

許多號稱專家的人都把黃金當成古代遺跡，他們這麼說並沒有錯，黃金的確是一種的數千年之久的古代遺跡。

許多人買黃金和白銀把自己的法定通貨轉變成原物料商品，這樣做的缺點是原物料沒辦法自動創造現金流；法定通貨變成被隱藏起來的礦石，就如以往古老的習俗一樣，黃金白銀靜靜躺在保險箱裡的時候，無助於社會和經濟的發展。

做自己的聯準會，我就可以印製自己的法定通貨並把它們累積在企業、不動產及油井等資產，而這些資產可以服務社會同時產生現金流；這些額外產生的錢我們才會拿來買黃金和白銀，我們絕對不會儲蓄或蒐集任何法定通貨（或者是假的錢）。

既然美元已經不再是真正的金錢，而且還是一種價值不斷流失的貨幣，想要把美元儲蓄起來對我來說完全是沒有道理的事情，如果真的需要美元現金，那麼黃金和白銀的流通性非常好，我可以快速的把它轉換成一般人使用的法定通貨。

自己當聯準會之後，我完全扭轉了金錢的歷史，我從法定通貨開始，一直不斷把它們轉變成原物料商品的金錢。

兩個爸爸

我在生命當中能擁有兩個爸爸是非常幸運的，他們都是我這輩子最佳的導師，我從他們兩位身上所學到的，遠比我在學校裡所學到的還多；我從窮爸爸身上學會研究的重要，從富爸爸身上學會了慷慨的力量。

當我九歲開始玩地產大亨這款遊戲時，我就開始接受C等生，也就是資本家的教育，這是學術界的A等生以及官僚體制中的B等生一輩子都難以窺見的世界。

隨著年齡的增加，我清楚的理解到成績單並沒有想像中來得重要，而是取決於你選擇要研究哪一方面的知識。

行動金融家

跟孩子一起在現實生活當中體驗探索金錢的世界。

身為家長，教導自己孩子採取行動並且藉著親自操作來學習是一件非常重要的事。要學習金錢的使用時，最好的方法就在真實生活裡；我們所做的任何決定幾乎都和金錢有關：今天晚上要吃什麼，汽油要到哪裡加，如何支付牙醫的費用等。

以下是一些例子：

- 帶著孩子一起去買菜，然後跟他討論家庭的食物預算及家裡的飲食開銷。
- 在他們去不動產公司，參觀投資型的不動產物件，並且討論如何評估不動產的投資機會。
- 帶他去有在賣金幣和銀幣的店舖，然後跟他討論金價和銀價是怎麼決定的，以及為什麼黃金和白銀有時候是非常好的投資。
- 帶他們去認識理財專員或股票交易員，讓他仔細聆聽大人之間的對話。
- 把家裡真正面對的狀況和問題當成學習的機會。

在窮爸爸的家裡，從未不曾討論過金錢的問題，也不允許在金錢上面犯任何的錯誤，對窮爸爸來說，如果承認自己有問題，或不小心犯錯，就表示自己非常愚蠢或完全失敗，換句話說，他把他學校裡的文化帶回家中。而在富爸爸家中，任何金錢問題甚至和金錢有關的任何錯誤都是被拿來當成學習的機會。

當家裡發生真實的金錢問題或者錯誤，花時間討論如何引進新的資訊（無論是從這本書或其他來源均可），然後想辦法從硬幣的另外一面來獲得新的智慧。從硬幣的另外一面獲得新的智慧，你就是在以身作則讓孩子知道如何在生命的各個領域中增加智慧。

我的窮爸爸認為我知道正確的答案就足夠了，對他來說，知道哥倫布在一四九二年發現美洲新大陸就夠了；但是我的富爸爸則相信知識就等於行動，也就是即知即行，我的富爸爸寧可讓自己成為現代的哥倫布，而不是只知道他是哪一年發現新大陸的。

就如同學習的圓錐告訴我們的，實際操作和模仿是一種行動導向和體驗並行的雙向學習方式不但好玩而且永遠難忘。

當你在家裡發生真實的金錢問題或錯誤，花時間討論如何引進新的資訊（無論是從這本書或者其他來源均可），這會幫助你同時觀看硬幣的兩面，藉由這種方式你對事物會有多元的觀點，你就是在以身作則讓孩子知道如何在生命的各個領域中增加智慧。

最後的一點想法

家庭就是一間教室，也是孩子最重要的學習場所，人生的基礎都是從家裡開始建立的。很不幸的，有數百萬的孩子從小成長的環境（或家庭）並不十分健康，有時也沒有受到足夠的照顧與支持；許多孩子成長的環境當中夾雜著虐待、毒品、謊言、恨意、偏見，以及各種癮頭。而且在這裡所講的還是有錢人家的孩子，窮人家的孩子處境更加艱難。

我寫這本書的原因，是因為家長是孩子生命當中最重要的老師。就算家長本身沒有受過什麼樣的教育，仍然可以鼓勵孩子學習；就算家長曾經受過虐待或者被漠視，也仍然可以擁抱孩子並讓他們內心充滿安全感和被愛的感覺。愛是一個我們都有能力給予的禮物而且完全不需要花一毛錢，無論是貧是富，愛可以存在於所有家庭中。

這本書是我寫過最重要的一本，因為我知道唯有真正愛自己孩子，並且會考慮孩子的教育問題以及關心他們未來的家長才會看這本書。我盡可能的讓本書的內容簡單明瞭。

我一直強調了解硬幣一共有三個面這個觀念非常重要，要能從不同的觀點來看事物，並且保持開放的心胸接受不同的思維，也是本書一直在強調的重點。如果家長能教孩子以更宏觀的眼光來看待事物，而不是只把世界劃分成對與錯，就能大大地提升孩子的智慧。

我也強調了慷慨遠比貪婪來得重要，並且試著解釋為何美國的稅法被設計成鼓勵民眾進行慷慨的行為；我也分享了我的信念，也就是相信受教育是一輩子的事，而不只是在學期結束後的成績。我們得從本身所犯的錯誤當中學習，才是學習的精髓。

跟上改變的腳步

目前世界所面臨的金融危機是由很多因素所造成的，傳統學校缺乏財務教育只是其中的一個。這次金融危機發生的另外一個重要理由，是因為一種被稱之為「加速中的加速度」這個概念（或者也稱之為「改變的加速度」）。換一種方式來說，為什麼現在教育體系沒有辦法真正幫助到學生，是因為學校單位跟不上時代變化的速度。現在的教育體制是根據農業時代所建立的，之後在工業時代作出少許的調整；從我個人的觀點來看，在現代步調快速、不斷變化的資訊時代中，傳統教育體制完全缺乏協助孩子的能力。

在一個加速中的加速度世界裡，今天最新潮的事物很可能在兩年後就過時了。好消息是絕大部分的孩子都有能力應付這種加速度的改變，但問題在於絕大部分的學校和老師卻沒有具備這樣的能力。我們可以想像為什麼會有愈來愈多的學生被診斷成過動兒（注意力缺乏症），在許多狀況下我認為過動兒這個名詞的意思根本等於是「（現在的兒童在學校）太過無聊了」。

就是因為學術界目前的狀況，使得家長扮演孩子教師的角色更顯重要，因此我們就要問自己這個問題：父母要如何讓孩子持續抱持對學習的興趣？

其中一個答案就是玩遊戲。孩子可以坐著幾個鐘頭不厭倦地一直玩遊戲，無論是電腦、遊戲機、平板電腦或者智慧型手機等。我就是因為玩了無數次的地產大亨，才學到了很多有關於創業和投資的重要心得和教訓。許多公司（這也包括了富爸爸公司）競相研發許多適合現代小孩學習的各種產品，我相信孩子都會想要這樣學習。每天都會有令他們興奮不已的新發現——無論是新的概念、新的想法或各種吸引他們的人，都會令他們感到驚奇不已。身為家長或教師，就是要讓學習變得非常有趣、值得投入和體驗，透過這種方式，他們就能把所學到的經驗實際運用到現實的生活之中。

追根究柢來說，你的孩子在家裡所能學到的，遠比他在學校裡所學到的多。而身為家長的你，可以把家裡變成世界上最棒的教室，開啟孩子的思維並且擁抱生命中各種事物，同時也可以協助他們找出自己獨特的天賦才華，支持他們實踐自己的夢想。這麼做就等於給了他一份極為珍貴的禮物。

智慧型手機和平板電腦是不是會取代現在的老師和傳統的教育體制？我認為不會。但至少以現在來說，一個積極主動並且重視孩子教育的家長，很可能會藉著各種行動產品和創新設計的內容，來協助並且加速孩子的學習能力。好消息是：在一個大學學費不斷高漲及學生貸款愈來愈沉重的世界裡，藉著電子版本及網際網路的方式來補足傳統教育目前的不足，的確在成本上是最合理的一種方式。

位於資訊時代的世界

在資訊時代裡，傳統教育體系這個國王的確沒有穿衣服。要感謝現代創業家的各種創新產品和服務，讓人人都可以負擔得起優質的教育，如同亨利・福特當年讓人人都負擔得起汽車，如今許多真正的資本家也在為教育進行同樣的革命。

諸如賈伯斯和比爾・蓋茲等創業家，已經把所有的家庭，無論是貧是富、先進國家還是第三世界的家庭，變成了世界級的一流大學；最先進的資訊，只要按鈕或觸摸螢幕，就可以電光火石的傳到自己的手中。科技已經改變了世界，從我個人的觀點來看，這將是人類歷史上最大的一次改變，歷史上從來就沒有存在過類似一個完全沒有限制與邊界的世界，而且完全開放給你的孩子去探索。

歐普拉在電視媒體上找到了自己的天賦才華、愛迪生在實驗室當中找到了自己的天賦才華、老虎伍茲在高爾夫球場展現了自己與生俱來的能力、披頭四合唱團在夜總會裡初試啼聲，以上這些天才都沒有把書念完，從學校裡畢業。

六百年前火藥和大炮的發明，擊碎了君主國王牢不可破的堅固城牆，現在各種移動式的通訊裝置和網際網路也把傳統教育高不可攀的城牆給擊破了。與其讓政府告訴我們應該要學什麼，你的孩子現在可以在世界上任何的角落選擇任何他想要學的課程和主題；就如同賈伯斯從理德大學輟學專門選修他自己想要修的課程和學分，你的孩子將來也能跟隨自己的意願學習，讓他的內在力量驅動自己的熱誠和夢想。或許這麼一來他就能成為一位「印鈔票」的創業家，或者讓錢替自己工作的投資家，而不是成為一個要面對高失業率、低薪資水準、一輩子辛苦為錢工作的上班族。

不知道這是幸運還是不幸，汰舊換新的過程中，全球將會產生更大的混亂。學校改變的步調實在是過於緩慢，教師和教師工會都不想改變，他們只想要維持現狀，這麼做固然對他們有利，但是這對你的孩子和納稅人來說卻是非常糟的情況。

當尼克森總統於一九七一年取消了金本位制，金錢的規則發生了巨變，世界也隨之產生了巨大的變化，悲哀的是（甚至可以稱為一種罪孽），我們的學校並沒有對這個改變作出相應的調整；到今天為止，學校仍然在教孩子要存錢儲蓄（就算現在的金錢都早已經不是真正的錢），學校仍然在教孩子要把債務還清，而不是學習有錢人如何利用債務讓自己致富。就算現在不動產市場的崩盤造成數百萬民眾失去自有住宅，學校還在教導孩子「你的自用住宅是一項資產」，學校教育也仍然教導孩子把稅賦當成自己這輩子「最大的支出」，而不是告訴他們稅賦上的各種商機與獎勵條款。

我相信孩子的未來掌握在家長的手中，而且家庭因為科技的關係變成新的教室，可以發揚他們與生俱來的天賦。換句話說，這個世界的未來將肇始於我們的家庭、我們的內心以及孩子的思維。我也相信我們將會親眼見證到人類歷史上最大的一次集體蛻變。

在這過程當中會不會發生混亂？是的，一定會。會不會有暴力？很有可能。會不會發生恐慌？想當然是的。會不會有勇於面對新世界的創業家，不斷發掘各種新的商機？這一點是根本不容置疑的。

問：那麼家長可以做些什麼？

答：善用在家裡和孩子相處的時間。千萬不要忘記：孩子三次的學習時機、多元智慧的理論、學習的圓錐、遊戲的威力及馬斯洛五大需求理論。別忘了只要把家裡的學習環境做出小小的改變，不斷地慶祝並且鼓勵孩子學習，協助他們實際運用自己所學的內容，就可以讓你和孩子踏上一個更扎實而且光明的財務的途徑。身為家長的你，另外一個重要的職責，就是讓家中的學習環境培養出一種能容許犯錯、鼓勵人嘗試新事物、不斷地問問題的架構氛圍，而且家長也要學會如何向孩子承認自己並不知道所有事情的答案，並且讓孩子知道你會和他一起學習。尤其是在當今步調非常迅速且不斷發生加速度式改變的世界裡，請家長繼續努力維持一個思想開放而且會不斷因應調整的環境。

或許更重要的是要給孩子做個開明的榜樣，無論目前所想的或者在討論的任何主意、議題，或者說明時，你都可以維持在硬幣的邊緣上同時看到硬幣的兩個面。擁有這樣的智慧，不但可以改變自己的財務狀況，同樣也會讓孩子的人生迅速地向前推進。

許多人從學校畢業後都抱持著非黑即白、非對即錯的世界觀，很多人認為生命當中只有唯一正確的答案。在現實世界裡，生活其實是一道道的複選題，而且這些題目的答案可能都是對的。

我寫這本書其中一個目的，就是要拓展家長對世界的觀點，讓他們可以看到各種硬幣的兩個面；能看到硬幣不同的面，就表示一個人的智慧已經獲得了提升。這同時也是在說那些活在非黑即白、非對即錯世界中的人，就算受過高等教育，卻並不代表他們有智慧。

舉例來說，只要講到金錢的時候，很多人會說「要給富人增稅」。這種人就是無法看到硬幣的另外一面，他們就是看不出來當政府提高稅收時，這些額外增加的稅賦通通都會落在那些倡導「給富人加稅」的這些百姓身上。政府不會提高有錢人的稅賦。

再舉個例子：當大家堅信「有錢人都非常貪婪」時，他們就看不出自己本身的貪婪，並且對有錢人慷慨的行為視而不見；而當家長建議孩子要「好好上學念書並找一份薪資優渥的工作」

時，他們並沒有想過可以更有智慧地鼓勵孩子將來想辦法創造更多的就業機會。

我個人認為當前教育面臨最大的問題之一，就是我們的學校不斷地在教孩子要為錢工作，而不是在教孩子如何讓錢替自己工作。

不教孩子如何讓錢為自己工作，學校反而建議孩子將來要把自己的錢交給銀行、共同基金公司、不動產業務以及退休金帳戶等等，也就是把自己辛苦賺來的錢交給造成這次金融海嘯的同一批人。我在這裡並不是在說金融界是好是壞，我在強調的重點是這次金融危機之所以會爆發，根本原因就是因為太多的民眾缺乏財務教育。

任何孩子自然而然地會對金錢感到興趣，被它吸引，同時抱持著無比的好奇心。為什麼不利用他們天生的好奇心，激發孩子心中對於金錢財富與生俱來的能力呢？

全國教育委員會

洛克斐勒於一九〇二年成立了全國教育委員會，看起來他成立這個教育委員會的目的，就是要掌控美國整個教育體系。我經常會想：或許這就是我們在學校裡沒有任何

出賣自己的靈魂

「只要你需要用錢，那麼你必定可以出賣自己靈魂的一部分。」

——無名氏

政客藉著提供各種社會福利計畫賄賂百姓（例如社會福利制度、醫療健保制度、而現在則是歐巴馬醫療健保等），藉此操縱民眾以便獲得更多的選票。

食品界的高層經理持續不斷把脂肪、糖分及鹽分推銷給早已過重的民眾，因為只有這麼做他們才能保住自己高薪的職位、鉅額的福利津貼及豐厚的退休金。

銀行家不斷地提供缺乏財務教育的民眾各種信用卡、共同基金及學生貸款等，只是想賺取各種佣金、利息及手續費。

財務教育的根本原因。

看起來當時的洛克斐勒、約翰・皮爾龐特・摩根（JP Morgan）、康內留斯・范德比爾特（Cornelius Vanderbilt）、華盛頓・杜克（Washington Duke）以及利蘭・史丹佛（Leland Stanford）等人接管教育委員會的目的，只是希望能篩選出中產階級和窮人階級裡最聰明的孩子，在施予教育之後就聘用這些人成為雇員，也就是所謂的管理型資本家，來經營自己所擁有的企業。很明顯的，這幫貴族式的土匪不想讓學生知道任何有關於金錢的知識，他們也無心藉著教育鼓勵下一個世代成為像他們一樣的創業家。這幫貴族式的土匪需要教育體系不斷生產出可以供應他們的企業所需的員工和經理人才。

為何A等生和B等生要為C等生工作

簡單來說，A等生就是所謂的學術派，都是一些像律師、醫生、會計師、教師、工程師及記者編輯等的專業人士；B等生就是所謂的官僚，通常是傾向於管理的學生。所有的A等生與B等生都處於硬幣的同一個面之上。

而硬幣的另外一面就是C等生，也就是真正的資本家，則必須要懂得硬幣所有的三個面。這就是為什麼會這麼多的A等生和B等生都得為C等生工作的原因。

這是我理所應得的

在我看來是再明顯不過的，就是因為缺乏財務教育才導致這種「理所應得」的心態日漸猖獗；無論是被選上的民意代表或政府機關裡的公僕，或是各種工會的成員、軍方人員、私人企業裡的雇員和窮人等，有愈來愈多的民眾不斷地濫用社會福利等制度，並且抱持著政府應該會來照顧他們晚年生活的心態。隨著美元實質購買力不斷地下滑，原本可以自立自足而且具有生產效率的中產階級，很快的也會跌落到需要政府來照顧的貧窮階級。

現在的教育就和國王的新衣是一樣的

從我個人的觀點來看，與其說我們現在面臨了經濟上的危機，我比較相信我們面對的其實是一場教育危機以及理所應得心態的危機。

當你知道社會福利計畫、聯邦醫療保險，以及各種企業和公家機關的退休金制度，都擁有上兆美元「沒有資金來源的給付義務」，很明顯的就是因為我們所有的人都是被一個完全過時而且失去功能的教育體制所培養出來的。看樣子美國和全世界各國央行會繼續印製數兆美元的鈔票（亦即除了信用之外完全沒有任何價值的紙張），希望藉此把魚直接拿給人民吃，而不是好好教導民眾如何自己釣魚。

雖然大多數的人不願意承認，但是教育這個國王的確沒有穿衣服。

所有的硬幣都有三個面。教導孩子關於硬幣有三個面的事情，就等於在教導孩子將來如何靠自己釣魚來吃。這是個終身學習的過程，唯有如此，孩子才會有力量讓自己從貧窮或中產階級，蛻變成一位全球化的創業家，不斷地分享嶄新的主意、產品、以及服務給全世界。

家長在孩子教育當中所扮演的角色，比以往更加重要。這就是為什麼我要感謝你這麼關心自己孩子的財務教育及未來，希望他們將來可以獲得一種不公平的競爭優勢。對各位讀者來說，你們之中可能有很多人得要離開自己的舒適區，打開心胸接受很多嶄新的觀點，並且還要下決心讓自己和孩子接受全新的財務教育。

任何孩子都有潛力成為有錢人、窮人或中產階級。
而家長的影響力將會決定孩子未來會變成什麼樣的人。

謝謝你撥空閱讀本書。同時也因為你積極主動協助孩子接受財務教育向你致敬。
財務教育絕對有力量可以改變生命。

最偉大的愛

我相信孩子們是世界未來的主人翁，
好好教導他們並讓他們來引領我們，
協助他們發掘自己內心最美好的一面，
讓他們擁有自尊和自豪感。

摘自「最偉大的愛」
作詞作曲／Michael Masser 和 Linda Creed

遇見藍儂一家人

喬許和麗莎藍儂

十歲的海莉和七歲的傑克

許多家庭（當然包括我們在內），都認為學校體系應該會好好地教育我們的小孩。我們懷著高度的信任把小孩送去上學，但是我們必須問問自己：這真的是發自於信任，還是有的時候只是純然的無知？雖然學校傳授的都是一些基本技能，但是它的課程內容確實是以培育上班族為主。

有一天我們九歲大的女兒海莉充滿挫折感地從學校返家。我們問她：「海莉，妳怎麼了？」她告訴我們，學校老師要班上的同學各自選一份工作，而老師也準備了各種職業供她們選擇。在這個練習中其他同學都聽話照做，各自從黑板上所寫的工作中挑選自己想要從事的職業。

海莉繼續跟我們說：「當輪到我的時候，我告訴老師說我想要當商店的老闆。」

起先我們還不了解為何海莉的挫折感如此深重。對我們來說，想要當一間商店的老闆聽起來是個非常棒的主意。

後來我們才從海莉那得知，黑板上其中一項職業是在「班級的商店裡面工作」。意思就是說當其他孩子從各自的工作崗位上賺了錢，他們便可以在班級的商店裡買東西（如同班上的一種獎勵制度）。其他能選擇的工作有：銀行員、清潔工、警察、商店店員等。海莉看到有一間商店，因此她就說想要當這間商店的老闆。

老師如此告訴她：「不行，海莉。妳必須挑選一個工作來做，我們這裡並沒有商店老闆這項職業。」因此海莉就問老師：「為什麼沒有？我想要擁有這間商店。我的父母擁有自己的企業，而且他們也正在教我有關於經營事業的事情。」

海莉接著告訴我們說，她這個時候已經感覺到老師愈來愈生氣。其他的同學都在她背後竊笑，因此海莉覺得自己好像做錯了什麼事情。老師最後說：「海莉，妳現在給我選一個職業。」海莉告訴我們說她非常不舒服，而且全班的同學小孩都在盯著她看。

我們問海莉：「那麼妳怎麼辦？」

她說：「我最後選了當警察。」我們問：「為什麼？」

海莉用九歲小孩可愛甜美的語氣說：「因為媽媽在創辦旅程治療中心（Journey Healing Center）之前也是一位警察。」

海莉仍然沒有擺脫沮喪感，因此我們繼續談論她在學校裡所發生的事情。海莉告訴我們，如果她能當班級商店的老闆，她一定會很努力讓這間商店美輪美奐。她清楚知道自己有本事成為商店的老闆，看著她的想法被糟蹋，對我們父母來說是很難受的一件事情。

但這次的事件給我們一個很好的機會討論學校體系，以及學校教育的目的是要小孩長大之後成為上班族的事實。這就是傳統學校體系的思維模式：選某個專業，然後在大學選擇主修科目，接著找份好工作。

我們告訴海莉，我們在家裡教她的內容不太一樣，是因為我們想要讓她看見硬幣的兩個面。我們希望她除了了解學校體系及它所教的內容之外，也要她知道外面還有更廣大的世界——而且如果她真的想要，她在現實生活中確實可以擁有一間商店。

此時身為父母的我們，知道海莉可以暢言無阻地分享她在學校所經歷的各種事情，對此我們內心充滿了感恩。

我們告訴她後來選擇當警察也是一個非常好的決定。不只因為媽媽以前當過警官，而是這個工作可以讓她學到關於領導的能力；她可以體驗強制執法時的感受，也能學習當她執法不受班上同學喜愛時，這時候又該如何自處等等的能力。

身為一個五年級生（要受眾人喜愛並且能融入團體對他們來說是件非常重要的事情），海莉這次的經歷從另外的觀點來看，對她來說是學習領導力的難得機會。我們告訴她，她堅守自己的立場並且知道要質疑沒有道理的事，是件好事。她這次的挫折對我們家而言，是一次非常棒的學習機會。

我們擔心許多父母無法把這次海莉發生挫折的事件當成難得的學習機會，因為絕大多數的父母從小就被教育成上班族的心態。

學校根本沒有教小孩如何成為企業家，反而還粉碎踐踏許多小孩子的夢想，並且一味地要求學生的一致性（無差別性）。就算不被學校的老師認同，身為父母的我們責無旁貸，一定要能鼓勵孩子相信任何事情都是有可能的。

作者註記：喬和麗莎是我的好友、富爸爸顧問群之一，也是富爸爸顧問系列叢書《社會主義的資本家》（*The Social Capitalist*）一書的作者。

遇見麥克羅一家人

肯和蘿拉
十四歲的凱爾和十一歲的凱德

我們的兩個兒子凱爾和凱德，年齡分別為十四和十一歲，都是很平凡的孩子。就像其他的小孩一樣，他們在學校也要面對一些令他們非常頭痛的學科，有時候協助他們完成作業都是一場艱辛的奮鬥。

我們相信身為父母，應該對於教導及指引自己的小孩負起完全的責任，這根本不是學校體系應負的責任；這是因為學校體系無法培育出充滿自信的小孩，而且這完全不是學校該承擔的責任。孩子將來能否發展成獨立並充滿自信的年輕人，完全取決於家長跟孩子相處的時間長短與品質來決定。

我太太蘿拉和我討論出許多能幫助孩子學習的方式。我們甚至還討論到為什麼孩子不知道他們到學校上課的目的為何，我們決定如果能找到方法讓他們明瞭學校所教導的內容的重要性，或許他們將來會懂得如何把在學校所學到的知識應用於日常生活中；我們也認為如果能使學習的過程變得有趣，並且能幫助我們的孩子用更宏觀的視野看待學校，或許他們學習起來會比較輕鬆容易些。

當小孩對某件事感興趣時，我對於他們的學習速度和效果感到驚訝不已。我發現對他們來說，只要是自己想要更進一步學習的事物，他們很快就能觸類旁通。此時我發現自己也一樣：只要是我想要學習的內容，就能學得更多更快。

我們一致認為對凱爾和凱德來說，讓學習的過程變得更有意義的方式，就是協助他們建立自己的事業。創立事業的過程讓我們有機會教導他們，讓他們明白要如何把在學校裡所學的內容與現實世界做連結。這種辦法還有一個好處，就是給他們自己賺錢的機會。

我們從未想像過這個辦法會這麼成功，在過去的三年中，孩子一共建立了三項事業，而且他們在過程中所獲得的經驗簡直是無價之寶；他們所學到的新知識以及在財務上的獨立自主，培養出自信心，他們不再把父母當成資金的來源，以便購買想要的東西。而身為父母最令我們感到驚訝的是：他們對自己賺的錢竟然會這麼的錙銖計較，口袋裡的錢都可以撐得比之前久，就是因為那些錢是自己努力賺來的。

讓這次的創業教育過程獲得成功的關鍵，就是要允許凱爾和凱德承擔風險，並且允許他們犯錯。絕大多數的人害怕犯錯，給予犯錯的自由並且從錯誤中學習的空間，讓他們獲取智慧、知識以及經驗，這一切都是學習過程中非常重要的一環。在任何層面所犯的錯，都應該要能被視為一種學習；當今的學校體系卻都教導校內最優秀的孩子如何避開風險，同時也讓表現平平的學生感到氣餒。

透過這個辦法讓我們有機會教導他們一些人生的智慧，例如：「一定要先支付自己」及「回饋群眾」的重要性。我們同時也教他們如何把錢投資在資產上（而非負債），並且如何運用自己的錢在未來賺到更多的錢。

我們幫助他們開立銀行戶頭，同時也教導他們如何做收入和支出預算，我們也一併教了他們單利與複利的概念。

在現代的社會中，最新型的智慧手機、筆記型電腦、名牌服飾、價值1百25美元的運動鞋及電動玩具等，都是學校生活不可避免的部分，父母必須及早判別小孩子想要的「東西」對他有助益還是有害。

每個小孩都有特別的天賦，特別的才華，但是在傳統教育體制下，不太能夠自由地讓這些天賦發揚光大，那些願意重視孩子教育的父母可以辨別並孕育孩子特別的天賦，協助孩子走上一個美好的途徑，讓他享有一個他自己喜歡，同時懷抱熱忱的人生。

作者註記：肯・麥克羅（Ken McElroy）是富爸爸顧問之一及我的事業夥伴，也是富爸爸顧問系列叢書《不動產投資基本功》（*ABC's of Real Estate Investing*）一書的作者。

作者簡介：羅勃特．T．清崎 Robert T. Kiyosaki

身為史上個人理財暢銷書籍總排行第一名的《富爸爸，窮爸爸》一書的作者而聞名的羅勃特．T．清崎，不但挑戰、同時也改變了數千萬人對於金錢的看法。他本人也是一位創業家、教育家以及專業投資家，並且堅信這個世界需要更多能創造民眾就業機會的創業家。

由於他對金錢和投資所抱持的觀點經常會挑戰一般的傳統模式，羅勃特在國際間贏得直言不諱、大不敬和勇氣可嘉等的名聲，是一位充滿熱忱並且活躍於世界舞台的財務教育者。

羅勃特和金．清崎（Kim Kiyosaki）不但是財務教育公司富爸爸的創辦人，也是現金流遊戲的發明人。該公司於二〇一三年充分利用富爸爸公司各種遊戲在國際間受歡迎的優勢，在移動裝置上推出具有突破性的各種理財線上遊戲。

羅勃特被公認為是一個有遠見的，同時具有能把關於金錢、投資、財務及經濟等較複雜難懂的概念予以簡化的才華與能力，並且把他自己追求財務自由的過程分享給大眾，因此不分年齡與背景，引起了眾多讀者的共鳴。他最精華的道理與訊息，例如：「你的自用住宅不能算是資產」、「要為了現金流而投資」、及「存錢儲蓄的人是大輸家」等，在當時引發了眾多人的抨擊與輕蔑，但這十年來全球經濟的發展與趨勢的確和他原先所預言的一樣令人惶恐不安。

他個人認為傳統「老舊」的理財建議，也就是所謂的「上大學念書、找份好工作、存錢儲蓄、清償所有的債務、長期投資並且擁有多樣化投資組合」這種觀念，在當今步調迅速的資訊時代已經完全不適用了。他的富爸爸哲理和訊息不斷挑戰大眾面臨的狀況，在他教導的過程當中不斷鼓勵眾人接受財務教育，並且要為自己財務的未來扮演積極主動的角色。

身為十九本暢銷書的作者，同時包含了全球著名的《富爸爸，窮爸爸》一書，羅勃特成為全球著名媒體的採訪來賓，其中包括了美國ＣＮＮ、英國ＢＢＣ、福斯新聞 Fox News、半島電視台 Al Jazeera、葛倫·貝克電視台 GBTV，以及美國公共電視ＰＢＳ，還有賴瑞·金 Larry King Live、歐普拉 Oprah、人民網 Peoples Daily、雪梨晨間新聞 Sydney Morning Herald、名醫晨間訪談 The Doctors、新加坡海峽時報 Straits Times、彭博資訊 Bloomberg、ＮＰＲ、今日美國 USA TODAY 等數百間媒體；他的書籍十年多以來，年年都在排行榜前十名以內，直到今天他仍然在教導並啟發全球各地的民眾。

他最近的暢銷書包括了《富爸爸賺錢時刻：挑戰有前人不公平的競爭優勢》（*Unfair Advantage: The Power of Financial Education*）及和川普合著的第二本書《點石成金》（*Midas Touch*）等。

想要獲得更多資訊，請造訪 RichDad.com。

致謝

當我一開始動筆寫這本書的時候，我就知道這將是我寫過最重要的一本書。這本書兩年來整整被重新寫過四遍，就如同人生許多事物一樣，本書的寫作也是一種過程。

在此特別感謝蒙娜・甘貝塔（Mona Gambetta），我們在出書方面合作過許多次，但是這本書的確考驗了她的耐心和我們的友誼；這兩年來從來不曾聽見過她任何的抱怨，而且一如往常，由於她和整個 Plata 出版團隊的努力本書才能付梓，再次感謝他們全體。

我也同時要感謝那些和我分享對於教育體系、孩子的未來及人生想法的家長。

我也要特別感謝我親愛的太太金，忍受她先生心有旁鶩、為期兩年的寫作磨難。雖然這兩年來我們仍然住在同一個屋簷下，也會一起到各地旅行，但我經常是人在心不在。

更重要的是謝謝正在讀本書的你，對於財務教育這個重要無比、也對生命的影響又如此巨大的主題感興趣。

詞彙表（富爸爸的定義）

時代 Ages

農業時代 Agrarian：土地和不動產由國王所擁有，由賤民來耕種土地。

工業時代 Industrial：西元一五〇〇—二〇〇〇年，新的富翁擁有生產能力（工廠），而賤民變成了工人（雇員）。

資訊時代 Information：西元二〇〇〇年至今，新的富翁（創業家）擁有事業並創造出智慧財產。

增值 Appreciation

資產經過一段時日之後所增加的價值。價值增加的原因可能為需求的增加或供給變少，或者因為通貨膨脹或利率發生改變所致。增值可以用來形容任何資產價值的增加，舉凡股票、債券、貨幣，或不動產等均可。增值的相反詞為貶值（Depreciation）。

資產 Asset

一個能把錢放到你口袋裡的事物，就算沒有在工作也一樣。

礦坑中的金絲雀 Canary in the mine

警告災難即將發生的一種比喻。由於金絲雀可以偵測到微量的瓦斯外洩，因此礦工會提著金絲雀的鳥籠探索新的礦脈；只要金絲雀一直鳴叫，空氣品質就不會有問題，發現死亡就是立即進行疏散的訊號。

資金 Capital

財務資源或資產。

資本家 Capitalist

一位能印製屬於自己鈔票的人或一位能提供就業機會的創業家。

資本利得 Capital gains

簡單來說就是買低然後期待能賣高。為了資本利得而進行投資也是一種「賭博」的行為，寄望某種投資能夠增值。

現金流 Cash flow

從資產一直流往自己口袋裡的錢稱之。

美國國會預算編列事務中心

Congressional Budget Office of the United States , CBO

執行長 CEO

Chief Executive Officer

原物料商品 Commodities

金錢演化過程當中的第一種形式，一些直到今日仍然被使用的實質物品，例如：黃金、白銀、原油、天然氣、鹽礦及牲畜等等。

貨幣 Currency

被大眾認同並接受的金錢（例如硬幣或鈔票等），通常由政府發行並在特定經濟區內流通，是各類產品或服務的交易媒介，也是貿易和外匯的基礎。

債務 Debt

壞的債務 Bad debt：是一種購買「額外支出」或負債時所累積的債務，而且這種債務完全得靠你自己來清償（與別人無關）。

好的債務 Good debt：也被人稱之為「財務槓桿」（leverage），亦即利用別人的錢來購買屬於自己的資產。這種債務由別人（例如房客等）來幫你清償。

債務與國民所得毛額的比值 Debt-to-GDP Ratio

就是把國家的國債（有多少現金流出）及國民總生產毛額兩項數據所做出來的比值，當百分比愈低，就代表經濟愈健康。

貶值 Depreciation

可以用兩種方式來定義。其一：由於市場看壞使得資產的價值減損；其二：在有形資產壽命的期間，一種分攤成本的模式。各行各業為了稅務與會計的原因，都會針對長期資產攤提成本，舉例來說，貨幣和不動產是兩種可能貶值或失去價值的資產。

衍生性商品 Derivative

某種產品所衍生出來的另外一種產品（或副產品），橘子汁是橘子的衍生性產品。衍生性商品另一個特定的解釋是：一種有價證券，其價值取決於（或衍生於）某種標的物（資產，或一群標的物）的價值。衍生性商品本質上是交易雙方（及以上）彼此之間所訂定的契約。衍生性商品的價值取決於標的物（資產）價格的波動水準。

額外支出 Doodads

是現金流遊戲中所具有的名詞之一，本質上是一種負債，一些我們渴望能擁有（但和生存無關），但不一定是我們生活中的必需品。

教育 Education

從 educe 這個字演變而來，而這個字的意思是「從中引出（抽取）」之意。我們當今的教育體系卻認為這個字的意思是要把各主觀念、事實、資訊等「塞進」我們孩子的腦袋之中。

創業家 Entrepreneurs

願意承擔風險來解決問題。

受僱人員退休所得保障法案 ERISA

亦即美國政府於一九七四年通過的 Employee Retirement Income Security 法案，進而導致401（k）退休金帳戶的產生；該法案宣告每位員工應該要自己負責退休金的事宜，因此具有里程碑的意義。

美國聯邦儲備銀行 Federal Reserve Bank

控制美國貨幣發行權的一群國際私營銀行所形成的組織。聯準會於一九一三年成立，完全不隸屬於聯邦體系的管轄，也不是一間銀行，而且根本沒有任何儲備的資產。

法定通貨 Fiat currency

由政府印製發行的紙鈔，完全不具有任何實質的擔保，純粹仰賴使用者對發行政府的信心。歷史上所有法定通貨隨著執政者印製發行愈來愈多的紙鈔，其價值最後都必定會貶到零。

財務報表 Financial statement

是現實生活中的成績單。財務報表會呈現資產負債表與收入支出表之間現金流的關係。

國內生產毛額 GDP

Gross Domestic Product 代表一個國家的總收入（尚未扣除支出與費用等）。

天賦才華 Genius

亦即內在與生俱來，能發揮魔法效應的自己（Genie-in-us）。我們的天賦才華就是獨特的能力和才華，而孩子所擁有的天賦才華通常可以藉著他們從小所抱持的夢想來一窺端倪。

黃金法則 Golden rule

傳統上該法則的意義就是「己所不欲，勿施於人」。該法則還有另外一種定義就是「誰握有黃金，誰就有制訂規則的權力」。

政府重點輔導企業 GSE

亦即 Government Sponsored Enterprises，例如房利美（Fannie Mae）和房地美（Freddie Mac）。

高頻率交易系統 HFT

亦即股票市場中靠電腦系統進行超高速自動化的交易 High Frequency Trading，每分鐘可進行高達九千多次的股票買賣。

惡性通膨（超通膨）Hyperinflation

通貨膨脹在短期內急遽上揚，讓一國的貨幣變成毫無價值（廢紙）的現象。

收入 Income

一般收入 Ordinary：因為從事工作而獲得的薪資、佣金、費用等酬勞，其所得稅稅率最高。基本上這種收入的意義就是：你在為錢工作。

投資組合收入 Portfolio：亦稱為「資本利得」的收入。絕大部分的投資者都是利用買低賣高的方式來進行投資。

被動收入 Passive：亦稱之為「現金流」，也是三種收入當中所得稅稅率最低的一種。被動收入的意思就是：錢在為你工作。

完備（誠信正值） Integrity

完整完備。

智慧財產權 Intellectual property

一種嶄新的財富，一種可以印製屬於自己的鈔票的方式。

投資 Investing

基本面投資 Fundamental：現金流101遊戲的內容

技術面投資 Technical：現金流202遊戲的內容，要運用到選擇權（options）、賣權（puts）及買權（calls）等，來對投資部位擁有更高的控制權。

投桃報李的定律 Law of Compensation

意思就是隨著經驗的提升，你的報酬或補償也會跟著水漲船高。

負債 Liabilities

就是把錢從你口袋裡拿走的東西。

有限責任公司ＬＬＣ

亦即 Limited Liability Coproation，用來保護事業或資產用的法律實體。

工商管理碩士ＭＢＡ

亦即 Master’s degree in Business Administration，重視該文憑的都是那些想要在大企業向上爬（獲得晉升）的人。

金錢 Money

原物料商品 Commodity：有形實質的金錢，例如黃金和白銀。

儲備制度 Reserve：有質押品的借據（note）或信用狀（credit）。

部分儲備制度 Fractional reserve：讓銀行能借出比實際擁有還要更多的金錢的能力。

法定通貨 Fiat：一種借據，完全沒有實際價值，發行額度沒有上限的假錢。

多元智慧理論 Multiple intelligences

霍華德．嘉納教授（Howard Gardner）所提出的理論，認為每個人都有獨到的一種（或數種）的天賦才華：七種最基礎的智慧有語文智能、數學邏輯智能、肢體動覺智能、空間智能、樂音智能、人際智能及內省自知智能等。

多層次傳銷 Network Marketing

一種已經發展成熟、風險又低也可以接受銷售訓練的方式。

別人的金錢 OPM

Others People's Money

別人的時間 OPT

Others People's Time

農夫佃農 Peasant

耕種土地之人，從法文 paisant 演變而來。

龐氏騙局 Ponzi scheme

一種騙局，根據查理士．龐氏（Charles Ponzi）來命名的。這種騙局的特色就是拿新加入投資者的本金，拿去當成之前稍早加入成員鉅額獲利的一種騙局。隨著時間的流逝，整個騙局注定要崩壞，所有投資者將血本無歸（社會福利保險制度經常被人稱之為由政府所贊助的龐氏騙局）。

油水 Pork

屬於有錢人專有的福利津貼。

不動產 Real estate

其意思就是「皇室的土地」，西班牙文中 real 就是皇室 royal 的意思。

有錢人 Rich

擁有不動產和生產線的人士，他們專注於資產並且讓錢替他們工作。

盲點 Scotoma

也就是視野被阻擋遮蔽、視而不見或扭曲。

問題資產紓解計畫 TARP

亦即 Troubled Assets Relief Program，由布希總統於二〇〇八年簽署頒布，讓政府可以實施刺激景氣的各種方案。

富有程度（財富）Wealth

以富爸爸的說法，就是你完全不工作之後還可以存活多少個日子來計算。

401（k）退休金帳戶

由美國政府資助的退休金計畫，其資金來源多半是先扣除員工薪資的一部分，然後把錢投入到某種共同基金之中。將來提領支用401（k）時，將會被課徵最高等級的所得稅稅率。

高寶書版集團
gobooks.com.tw

RD 018
富爸爸告訴你為什麼A咖學生當員工，C咖學生當老闆！
Why "A" students work for "C" students : and "B" students work for the government

作　　者　羅勃特·T·清崎（Robert T. Kiyosaki）
譯　　者　王立天
書系主編　陳翠蘭
執行編輯　葉惟禎
美術編輯　斐類設計
排　　版　彭立瑋
出　　版　英屬維京群島商高寶國際有限公司台灣分公司
　　　　　Global Group Holdings, Ltd.
地　　址　台北市內湖區洲子街88號3樓
網　　址　gobooks.com.tw
電　　話　(02) 27992788
電　　郵　readers@gobooks.com.tw（讀者服務部）
　　　　　pr@gobooks.com.tw（公關諮詢部）
傳　　真　出版部　(02) 27990909　行銷部 (02) 27993088
郵政劃撥　19394552
戶　　名　英屬維京群島商高寶國際有限公司台灣分公司
發　　行　希代多媒體書版股份有限公司/Printed in Taiwan
初版日期　2014年10月

Why "A" Students Work for "C" Students and Why "B" Students Work for the Government
by Bobert T. Kiyosaki

國家圖書館出版品預行編目(CIP)資料

富爸爸告訴你為什麼A咖學生當員工，C咖學生當老闆！ / 羅勃特.T.清崎(Robert T. Kiyosaki)作；王立天譯.
-- 初版. -- 臺北市：高寶國際出版：
希代多媒體發行, 2014.10
面；　公分. --
譯自：Why "A" students work for "C" students : and "B" students work for the government@@rich dad's guide to financial education for parents
ISBN 978-986-361-053-3(平裝)
1.個人理財 2.親職教育
563　　103015268